公法名著译丛

管理市民社会

——国家权力理论探讨

〔英〕马克·尼奥克里尔斯　著

陈小文　译

商　务　印　书　馆

2008年·北京

Mark Neocleous

Administering Civil Society

Towards a Theory of State Power

First published in Great Britain 1996 by Macmillan Press Ltd

First published in the United States of America 1996 by St. Martin's Press, Inc.

中 文 版 序

姜明安

本书是一本研究国家权力的理论著作,作者通过国家与市民社会之间的关系揭示国家权力的重要性,通过管理与法律之间的关系揭示国家权力的运作方式。本书作者秉持西方马克思主义的立场,首先回顾了国家与市民社会概念在黑格尔和马克思作品中的重要性,认为黑格尔与马克思都认为国家与市民社会相辅相成,它们之间是一种辩证的关系。当然他们两人的立场不一样。后来的马克思主义者和修正主义者摒弃了国家与市民社会的分立,将社会从二元对待中革除了。在西方马克思主义者如葛兰西那里,国家与市民社会的分立关系得到了恢复,但是丧失了辩证关系的本质。福柯的观点也可以算作西方马克思主义的一种,但是具有强烈的后现代性。他强调社会的作用,实际上摒弃了国家,走向了另外一个极端。作者通过考察英国国家发展的历程,认为应该恢复国家与市民社会之间的辩证关系本质,自由主义者将国家与市民社会对立起来,强调二者截然分立,河水不犯井水,是不符合历史事实的;马克思的后继者摒弃了国家与市民社会的分立,偏废国家与市民社会的一方也是行不通的。作者认为,国家与市民社会的辩证关系是通过现代社会的管理机制体现出来的，而法律则是这种机制的内核。作者将这种管理机制称之为建构权力，其具体表现有三个方面：建构法律主体、塑造市场和扬弃斗争。

本书虽然是一本社会政治理论的书籍，但是对于我们公法学者也有很大的助益和很多的启示。首先，国家与市民之间的关系也是公法基础理论研究的课题之一，行政法的功能与范围都与这一基础理论相关。其次，行政国是当今西方国家的不争事实，但是这种状况是如何发生的呢？本书作者用大量的实证研究揭示了英国国家走向行政国的端倪。第三，在行政法的研究中，存在着两种路径，一种认为，行政法就是维护私人权利，控制行政权力的法律，是为控权论；一种认为行政法就是维护公共利益，管理社会的法律，是为管理论。本书作者用英国国家发展的大量事实说明，国家在将个人建构成权利主体的同时，也将其建构成了管理的客体。个人在享有权利的同时，必须承担相应的义务。这实际上是一种平衡论的观点，对我们的公法研究具有启迪。第四，福柯用规范取代法律，诚然比较极端，但是我们也应该看到，当今的社会越来越多的领域用规范调整自身的行为，这些规范充当了传统上法律扮演的角色，在公法上有人称之为"软法"。可见，软法的出现有它的社会理论基础。这些助益和启示还有很多，我就不一一列举了。当然，不同的读者会有不同的理解，也许会得出与我完全不同的结论。

改革开放三十年，中国的公法得到了长足的发展，取得了可喜可贺的成就，逐步发展出较为强大的公法研究队伍。但是我个人总是感觉到，在行政法的研究中，制度建设的研究较多，而基础理论研究相对薄弱。古人云:“问渠哪得清如许,为有源头活水来。”只有在坚实的理论基础上,我们才能建筑更为宏伟的制度大厦。本书严格说来不是一本研究公法的书,基于上述的感受,我建议将它放到《公法名著译丛》中,希望引起我们公法学者的注意,为我们的公法基础理论研究作出贡献。本书的译者陈小文同志有志于研究行政法的基础理论,他费尽心力翻译了这本书,请我写中文版序言。他在北大法学院读行政法博士的时候,我是论文指导老师之一。学生的志业,老师乐于其成。是为序。

目　录

序　言

本书阐述的是一种马克思主义国家理论。

正如一般的国家理论一样，马克思主义国家理论的历史相当混乱，近年来尤其如此。不管马克思主义内部的情况如何，但是在马克思主义之外，各种理论方法层出不穷，都在寻求将国家从分析的中心革除。这些新方法中，有一种方法将焦点从国家转向"市民社会"。这种方法瞄准东欧出现的一些势力、集团和组织，它关注的是这些国家的政权是如何为社会运动所颠覆的。这些社会运动又是在所谓"市民社会"中兴起的。据说这种"模式"在西欧同样起作用，它宣称"新的社会运动"需要利用"市民社会"这一概念作为转向"彻底民主"的一个部分。[1] 从理论上和政治上说，这是对国家据说受到了过度关注而做出的回应，尤其是在马克思主义和社会主义的文献中国家受到了过度关注。

第二种方法以米歇尔·福柯的著作为出发点。福柯完全摒弃了国家－市民社会的分立。福柯以及在福柯理论框架中工作的那些人论证说，我们不是需要将分析的焦点从国家转移，重新聚焦市民社会，而是需要摒弃这样的二元对立。这种论点的基础是：据说，权力的行使已经出现了一系列的巨大发展，最为引人注目的发展出现在整个 19 世纪，因此国家与市民社会的分立被认为是多余的。在这里，国家－市民社会模式本身就是问题的一部分，要想对“权力”进行内在一致的分析，就需要摒弃国家－市民社会的分立，而不是重新思考这种分立。

本书的论点与上述两种论点有很大的不同，而且在某种程度上对上述两种论点提出了批评。本书承认，上述两种论点对经典马克思主义的思考所提出的批评自有其长处，但本书力求克服它们所提出的大量问题。本书的论点是，国家权力必须依然是社会政治理论的核心。然而，若不同时分析生产关系的建构和再生产中存在的国家权力，就不会有国家理论。[2] 我还会论
viii 证，国家这个概念只有当人们将它与“市民社会”联系在一起加以使用时，**才有意义**，**反之亦然**。就此意义而言，本书所提出的国家理论有赖于国家－市民社会分立的使用和发展。因此，本书对“市民社会”这一范畴的使用，完全不同于当前现实中各个政治派别的知识分子对这一概念的迷恋。

通过论证我们**既**需要考虑国家**也**需要考虑市民社会这一论点，本书也与马克思主义内部的一些特有传统判然有别。马克思主义内部的这些特有传统，要么忽视国家与市民社会的分立，要么将这种分立归结为一种粗鄙的经济基础－上层建筑模式。本书的解释，其特征之一就是：它在国家－市民社会模式中重申国家权力。国家不再被视为“经济基础”的附属现象，考虑到它对市民社会的**建构权力**，国家被赋予了它应得的地位。然而与此同时，国家是藉由市民社会内部的斗争形成的。这些斗争建构国家权力的制度实体，并且在国家权力的支持下迫使形成一套管理机制来调和阶级斗争并扬弃[3] 之。因此，尽管国家－市

民社会二分法需要保留，但是也需要加以反思。而这一反思是通过这种阐述完成的：即将政治管理解释为国家与市民社会的中介，政治管理既是阶级斗争的产物，又对阶级斗争加以监管。换言之，本书试图做的工作就是：**利用植根于斗争中的政治管理这个范畴来反思国家－市民社会的分立**，以此阐发一种国家权力的理论路径。

这一反思的理论根基是从黑格尔、马克思和西方马克思主义多姿多彩的思想传统发展来的。西方马克思主义是通过强调马克思主义中的黑格尔思想的重要性来强化马克思主义的。西方马克思主义对黑格尔思想的强调常常聚焦在黑格尔思想的哲学和方法论的方面，而本书关注的是黑格尔思想中更为明晰的政治环节；就很多方面而言，本书可以解读成试图揭示黑格尔和马克思之间的结合对于理解政治这一概念的重要意义。正如罗伯托·波比奥所说的那样，马克思主义者常常是在这样的幻想下来工作的，当他们处理任何问题时，首要任务是去找出马克思说了些什么。这一点无疑是事实。然而这种做法的困境在于，人们不是去发展国家理论，而是致力于诠释“经典”马克思主义文本。一旦查实这些文本的内容，就认为一种马克思主义的理论可以从这些内容中宣示。[4] 然而这个世界当下最不需要的就是 ix
再出一本马克思学(Marxology)的著作。尽管马克思没有写过论述国家的理论专著，而且因为历史发展之故，人们不能只是简单地宣示一种马克思主义观点，或者将这些观点简单地“拼凑在一起”，但是在马克思的著作中，有一整套从黑格尔那里继承过来的范畴，它们对于理解国家权力至关重要。这些范畴需要从两个方面加以发展。一方面，通过从马克思那里向前追溯，去考察国家与市民社会之间的重大历史变迁；即便马克思写过一本关于“国家理论”的专著，但是国家权力性质的历史发展——1832年开始的广泛监管机制的发展[5]——也意味着对这一理论无论如何需要重新大量加工。另一方面，要像马克思从黑格尔那里采纳理论问题一样，从马克思那里向后追溯去考察理论问题，或者换一种说法，不要在列宁那里探究马克思主义国家理论的因素，在黑格尔那里，有成果丰硕的深挖细究工作有待完成。国家权力性质和表述的重要发展，是本书论点的核心部分，它既可以通过发展马克思国家权力的路径来理解，也可以通过发展黑格尔国家权力的路径来理解。从一开始我就要声明，这种做法并不是试图将马克思归结为黑格尔。它也不试图“从黑格尔出发回到黑格尔”[6]。然而，它试图避免这样的情况：倾一生心血逃避黑格尔，却发现黑格尔等候在终点。[7] 本书建立在这样的前提之上，一个批判的马克思主义计划必须包括对马克思的批判[8]，而其核心必定是对马克思与黑格尔，以及马克思对黑格尔的解读加以内在的批判。非正统的马克思主义——我认为本书是其一部分，并且为此做出了一份贡献——如果没有黑格尔，是不可思议的。[9]

本书第一章概述黑格尔对国家权力的理解对于马克思分析国家的影响和重要性。在这一章中，我论证的是，马克思并没有摒弃国家－市民社会分立（而偏爱经济基础和上层建筑），而是在其整个工作中都在利用这一分立；正是这种分立使得马克思能够搞清楚国家权力在阶级社会中的关键作用。通过研究马克思和黑格尔对国家权力和国家-市民社会分立的理解，我将采纳他们的一些关键范畴和理论洞见。这些将在后面的几章，尤其是讨论工人阶级整合的历史过程和现代资本主义的法人性质（第四章和第五章），以及讨论法律与管理的统一性（第三章和第五章）时阐述。第一章还有一个任务，就是揭示共产主义计划应该如何不被视为“市民社会”的复兴，而应该被视为对市民社会——连同国家一道——的克服，被视为一种政治社会化和社 x
会政治化的计划，对此，马克思的社会（social）概念——理论上不同于市民社会（society）概念——具有一种明显的批判性。

对黑格尔和马克思进行内在批判的成果将在第二章讨论“古典”马克思主义传统的关键作家时给出。在这一章，我将表明，葛兰西的著作在分析国家权力与市民社会之间的关系方面具有更为丰硕的成果，因为尽管它也有缺点，但是它从马克思和黑格尔那里吸收了很多关键的范畴，连同他所扩展的国家概念一起，比第二国际或阿尔都塞的著作有用得多。列宁没有能够将工人阶级的整合概念化，尽管事实上这一过程到 1918 年西方资本主义国家中已几乎全面完成了。这种失败的部分原因在于，他的分析依赖的是国家（帝国主义）的外在关系，而不是“内在”的管理过程，而且他的分析摒弃了市民社会。反之，阿尔都塞倒是考虑了工人阶级的整合，但他是通过类似于社会机体的一系列“意识形态”国家机器对这种整合加以概念化的。这就取消了“市民社会”概念，分解了政治的特殊性，从而不能对国家权力进行真正的唯物主义分析。

第三章致力于对福柯的著作进行内在的批判。通过思考权力对人类主体的作用以及权力通过人类主体所起作用的方式，福柯发展了对权力的建构性质——主体是被权力建构成为一个主体的——以及管理在这种建构过程中所起的作用的理解。他在这方面做出了重大的理论贡献。此外，他是通过思考历史变迁来做到这一点的。这些历史变迁都是在权力的表现性质中出现的。因此他以马克思主义所不曾做的方式，直接从历史上研究管理的出现。对福柯的批判是内在的批判，因为这里的批判是在其最坚实的基础上[10]与他相遇的。由于福柯将他的分析置于“权力”和“社会”上，因此他的管理概念没有分析管理对国家
xi 或市民社会的作用。这就削弱了他关于管理的核心地位的洞见。我们将论证，福柯的著作没有确认国家的建构权力以及法律对于管理的形成和运作的重要性。福柯为我们理解权力所做出的积极贡献被他的双重分解系列严重地削弱了。这双重分解系列就是：国家被分解成了权力，从而被分解成了“社会机体”；法律被分解成了规范，从而被分解成了管理。这就从根本上破坏了所有理解政治性质的努力。福柯的权力是通过管理机制运作的。他对管理机制的关注需要政治化，从而转变成对政治管理的解释。

法律与管理之间联系的重要性将在第五章阐述。前面各章所阐述的论点至此完成。我首先探讨1832年的资产阶级革命对社会变迁所产生的影响，接着探讨英国工人阶级被整合到政治机体中的年代，由此来探讨管理被政治化的年代。这一章还追溯国家运用管理的三重目的：建构法律主体性、塑造市场和扬弃斗争。为了实现这三重目的，政治管理承担了准立法和准司

法的作用，相应地，就需要理解现代英国国家中法律与管理的统一性。只有通过这三重目的，才能最清楚地说明国家的权力。根本说来，我将论证，现代工业资本主义不只是通过国家权力来维护的，而且是由国家权力积极塑造的——为资本建构法人形式，为劳动建构准法人形式，最清楚地说明了这一点——用来塑造现代资本主义的这些政治管理制度同样被用来扬弃斗争。这一章所关注的不是揭示新的历史材料，而是从理论上思考哪些概念最适合解释这一时期所出现的变化。我将表明，这一时期是英国工人阶级形成的时期。因此这一章是建立在(第四章)对关于这一时期的其他理论解释的批判的基础上的。这些解释包括:工人贵族、社会控制和对国家特殊性的关注。这些解释中显然没有管理过程和阶级斗争。因为聚焦在理论上，因此讨论局限于英国国家的发展，以及在这种发展过程中英国工人阶级的地位。这些讨论被用来说明和强化本书所要完成的理论工作。 xii

鲍伯·杰索普在其《国家理论》一书中区分了“强”理论和“弱”理论。前者“根据一套单独的因果关系机制对国家提供整体性的解释。它在一种给定的事态中解释国家的所有制度性和运作性特征。”反之，“弱”理论是“一套有用的理论指南或方向，它告诉我们一种马克思主义的分析，而不是试图以一种决定论的方式解释一切事情。”取而代之的是“向我们指出那些最重要的因素。这些因素共同塑造了那种由现代国家和国家权力在其不同的影响领域中所形成的多种决定因素的复杂综合体。”[11]杰索普认为，我们不可能发展一种强理论，但是即便是在建构各种弱理论时，马克思主义者也都失败了。借用杰索普的这种区分，我们可以这样说，下面各章的论点提供的是一种弱意义上的理论，它以黑格尔式的马克思主义对政治的理解为基础，提出了一种理解国家权力的方向，根据历史变化发展了各种新的范畴，并力图表明，这些范畴如何可以用来理解一个主要资本主义国家中的发展。通过把政治管理解释为国家与市民社会之间的调解形式，我们就能够明确管理形式的制度重要性，并在具体的历史特殊性中研究它。

本书中的部分内容曾以下述题目发表过："从市民社会到社会"，载《英国社会学杂志》，第46卷，第3期(1995年)，"'持久战'还是'一战接一战'：施米特、福柯、纳粹主义"，载《哲学与社会批判》，第22卷，第2期(1996年)。

我要感谢彼得·奥斯本，他帮助我审读了几章的几个样稿，坚持不懈地提出深刻批评意见，而且在学校当局威胁要扬弃计划背后的政治意志时，他仍然支持这一计划。感谢杰弗瑞·凯伊为本书费时费力(以及最终同意"建构"毕竟是一个有用的词汇)。感谢彼得·迪尤斯、基斯·麦克莱伦对本书所依据的原初论点所提出的批评。感谢吉尔·法辛所表现的巨大耐心(一种可以理解的有限耐心，尽管如此，仍然是巨大的)。感谢雷切尔·休斯的爱和支持(以及对第三章注释139所做出的贡献)。

第一章　国家权力，社会权力

黑格尔和马克思的国家和市民社会

黑格尔和马克思都认为，国家和市民社会的分立是现代性鲜明的政治特征；在这种分立之中，政治关系采取的是一种分立的国家职权形式，同时也是通过这种分立的国家职权进行运作的。在黑格尔之前，一个常见的区分并不是“国家”与“市民社会”的区别，而是以“国家”和“市民社会”为一方、“自然状态”为另一方的区分。“市民社会”和“国家”这两个名词处在同一范围之内。在实践中，这就意味着，要成为市民社会的成员就得成为国家的成员——即公民。[1] 市民社会与国家的首次区分只是在1750年左右才开始与诸如亚当·福格森的《市民社会史》(An Essay on the History of Civil Society)(1767年)等著作一起出现的。黑格尔认为，大量历史性的发展使得国家与市民社会之间必须有一个概念上的区别。首先，法国大革命给黑格尔提出了时代问题：在政治上实现自由，尤其是面对过去的统治制度。[2] 其次，工业化这种截然不同的现代生产方式显然导致了贫富两极分化，产生了一个因为贫穷而只能以出卖劳动力为生的阶级。第三，私人个体在一个既非家庭又非国家的领域里日益集结在一起，涉及意志的冲突、敌对和紧张，而这些看上去又是非政治的。这一领域中的各种关系被概念化为充满冲突的东西，需要公共机构进行管制。

因此，黑格尔面临着一个重要的概念问题：如何理解这种“社会”关系——社会经济的自由、工业活动和斗争——领域。它既不能理解为“家庭”，也不能理解为“国家”。不仅如此，传统的政治哲学和自然法理论都无法对这个领域进行充分的解释。通过《法哲学原理》(1821 年)，黑格尔在理论上做出了一个重大转变。他提出了第三个维度，即“市民社会”。这是处于家庭和国家之间的一个维度。由此可见，市民社会是现代世界的标志。

市民社会(buergerliche Gesellschaft)的意思在德语中既指市民社会，又指资产阶级社会。黑格尔用这个词抓住了这一全新领域的两大主要特征：它是社会经济领域，而不是政治领域。这
2 就是说，政治环节已经被抽象到别的领域中了。另外，这一全新领域在**本质上是资产阶级的领域**——它是一种原子化的、寻求自我的个体的领域。正是通过这种概念上的区分，黑格尔一直努力解决它们的真正历史差别，并寻求取代这种差别。马克思从黑格尔那里继承的恰恰就是这个未决的问题。

马克思接受了黑格尔的这些论点：市民社会的出现在本质上的现代方面、市民社会的资产阶级性质，以及这一点所需要的国家的分立。马克思认为，“政治国家的建立和市民社会分解为独立的个人……是通过同一种行为实现的。”[3] 因此，“政治国家

的抽象是现代的产物”，是现代社会的规定性的政治特征。[4] 黑格尔和马克思都认为，国家和社会的分立，即政治与社会经济的分立将政治因素从人的生活中消除了；人开始脱离政治生活，这是现代社会异化关系的一个方面。与此同时，在市民社会本身之中，人成为孤立的、原子化的人。最后，这个领域导致贫富的两极分化，威胁着要摧毁这一领域。正是因为这些原因，黑格尔和马克思把国家和市民社会的分立看成是一种应该被一种更高的秩序所取代、所克服的东西。但是，关于这种取代所采取的形式，他们出现了分歧。分歧的根源之一在于他们对于国家权力有着极为冲突的理解。他们都同意市民社会**以国家为前提**[5]，这一点只能加剧他们之间关于下述问题的根本分歧：情况为什么会如此，如何能够克服这一情况。

黑格尔认为，在一系列相互关联的机制中，国家和市民社会在结构上是互相融合的。市民社会由需求、警察以及法律和管理制度组成，而“严格的政治国家”也有三个方面的维度：国王、行政部门、等级会议。“政治国家”[6] 这个术语向我们提醒了一个事实，即黑格尔处理的是两种国家概念：“严格的政治国家”和通常所说的国家。后一种概念指的是“伦理理念的实现”、“自由的实现”、“人间的神迹”。黑格尔用这个概念指称的是由传统、宗教和道德统一起来的伦理共同体中的整个人类生活。这种普遍国家“伦理生活”的环节或者领域就是家庭、市民社会和政治国家。黑格尔认为，家庭是国家的首要伦理根源，而基于市民社 3
会的同业公会是第二根源。[7] 市民社会是国家的一种形式或一个方面：“人们可以把这种制度首先视为**外部国家，即需要和理**

智的国家。”[8] 作为伦理共同体的国家的最后环节就是“政治国家”。

尽管国家和市民社会在概念上分立开来了,但是它们通过一种双重机制同时又结合在了一起。这个双重机制的一个因素的运作方向正好与另一因素相反:警察和同业公会代表的是国家对市民社会的渗透,而等级会议代表的却是市民社会对国家的渗透。黑格尔认为,需求的体系不是也不能存在于一个不受任何公共权威“干涉”的真空里面。国家和市民社会的相互渗透正是他的这一理解的逻辑结果。尽管黑格尔沿用了亚当·斯密的很多见解,但是他只是非常间接地接受了看不见的手这一原理。[9] 原因在于,黑格尔认为需求的体系必须通过政治安排进行公共管制。即使生产者和消费者的冲突可以自动地自己重新调整,但是“它的调解需要一个凌驾于两者之上的机构有意识地来进行管制”。警察正是因为这一目的而存在的。在黑格尔看来,“警察”指的不是一个以执法为任务的国家机关,而是对个体性和普遍性进行调解的一系列机构。因此,“警察必须负责照顾路灯、搭桥、日常必需品价格的规定和卫生保健”,他们应该致力于提供教育、福利,建立殖民地。[10]

警察存在的目的是为了克服市场体制的固有问题。同样,同业公会存在的目的是为了克服超越家庭成为市民社会一员所固有的问题。通过社会等级的成员身份,我们获得一个特定的社会地位;我们不再是寻求经济私利的个体化原子,而开始为他人的福利做出贡献。从这个意义上来说,同业公会充当了其成员第二家庭的角色。[11]贸易、职业和等级组织都是市民社会的同

业公会。三种同业公会——农业的、贸易和工业的，以及官僚的
(普遍等级)——向其成员提供了一个集体的身份和目的，也抵 4
制了出现乌合之众的危险。因为下面将要阐述到的原因，不将这些同业公会视为阶级是相当重要的。等级－同业公会连续体的重要意义在于，尽管它们“属于”市民社会，但等级是由国家建构成同业公会的。“共同体只有通过法律认可才能成为同业公会”，“唯有合法组成并经承认的共同体才是在市民社会中实存的。”[12]因为国家就是法律[13]，黑格尔在此认为国家的建构权力高于市民社会。国家不是简单地对市民社会进行管制，而且按照必要的目的积极塑造市民社会。

黑格尔将警察和同业公会置于市民社会之中，这具有重大的理论意义，因为它们都将普遍性作为目的。“警察的措施首先在使包含在市民社会特殊性中的普遍物得以实现和维持”，而“同业公会的目的……在自在自为的普遍目的和这种目的的绝对现实中，具有它的真理性。”[14]由于警察和同业公会承担着这样的目的，市民社会领域就过渡到了政治国家；它们代表的是市民社会内的政治性。[15]这样，与治安机制一样，市民社会的各种协会就被建构成了同业公会。

然而，通过等级会议，市民社会也渗透到了国家之中。通过选举等级会议的代表在国家中占据一席之地，“私人等级获得了一种政治意义和功能”。这至关重要，因为私人等级充当了政府与人民之间的调解机构，以确保君主的权力看上去不是孤立的极端，确保共同体、同业公会，以及个人的特殊利益不会孤立。因此，“等级的真正意义在于，正是通过它们……人们开始参与

到国家中来”。[16]马克思评论说，这就是“问题的答案”，为他对黑格尔的批判提供了钥匙。由于国家和市民社会的分立，政治生活与市民生活丧失了统一性。而“答案”就是，等级应当恢复这种统一性。因为是群体进入国家，与国家发生联系，并因此获得政治意义，所以黑格尔认为德语保持了市民社会“各阶级”与等级之间曾经拥有的统一性，因为德语赋予了两者同一个名词：
5 *Staende*。但是，马克思认为，黑格尔忘记了他自己就现代社会的分立发表的看法。封建“阶级”并非原先是市民阶级，后来是政治阶级，它们同时既是市民阶级又是政治阶级。它们的政治意义不是获得的，而是因其存在而固有的。然而，尽管黑格尔本人已经表明了政治生活和市民生活的分立，他还是认为等级代表着它们之间的统一性。

对于马克思来说，这个“答案”就是对一个非常真实的问题进行理论综合。作为“国家和市民社会之间已经存在的**矛盾**”，它们“是**解决**这一矛盾所必需的”。[17]换言之，解决国家和市民社会之间的分立并不是通过调解机构来实现的。调解机构只能调解矛盾，不能解决矛盾。

> 黑格尔把市民社会和政治社会的分离看做一种矛盾，这是他较深刻的地方。但错误的是：他满足于只从表面上解决这种矛盾，并把这种表面当作事情的本质；而为他所轻视的“所谓理论”则要求市民等级和政治等级“分离”而已，这样要求是有充分根据的，因为这些理论以此表现现代社会的原则。在这个原则中，政治等级的要素不外是国家和

市民社会的现实关系的实际表现，是它们的分离的表现。[18]

等级是对一个现实过程在理论上的神秘化。它们造成了统一的错觉，但并没有也不可能在现实中实现统一。因为等级表现的是统一和谐的面貌，所以它们代表着政治国家和政治理论的浪漫主义。

因此，尽管黑格尔的概念化是围绕国家和市民社会这两个范畴展开的，但是他试图通过一系列复杂的机构和机制来调解它们之间的对立。而这些机构和机制又掩盖了一个事实，即只有国家才具有最终的权威。这样，国家对市民社会建构权力的占有不仅是对市民社会和国家之间的分立进行调解的一种方式，而且也是黑格尔处理市民社会各种矛盾的政治手段。政治斗争是发生在国家之中的。作为政治活动和理性的场所，国家就是解决斗争与危机的地方。通过国家，市民社会的警察和同业公会过渡成为市民社会的治安和行业组织。国家的管理组 6
织，即国家文职部门，极其清楚地说明了这一点。黑格尔将文职部门视为现代社会的一个基本特征。作为受过良好教育的精英，文职部门能够把握伦理生活的本质；其职员是有专业背景的公务员，不必辛苦地养家糊口。作为行政部门的一部分，文职部门在国家中的地位十分稳固。他们的关切是普遍性向特殊性和个体性的转变。这不仅意味着要尊重他们在市民社会中所发现的正当利益（只不过是监督维护这些利益而已），实际上也意味着组织和治理市民社会。[19]

这种认识代表着黑格尔的洞见之一：在国家和市民社会的

现代二元结构中，管理机制的存在是根本，因为国家不能只是制定在内容上具有普遍性、适用于整个市民社会表层的法律，国家也必须实施这些法律，管理特殊情况。因此，虽然法律和管理在原则上是可以分立的，但事实上是相互构建的。国家通过它们建构了一系列管理机制，以此对市民社会进行管制。

马克思认为这种观点是黑格尔的让步，因此大将挞伐；在发展他的历史唯物主义时，他断言市民社会内部的斗争是历史的推动力。尽管如此，马克思还是不时地利用黑格尔关于国家权力本质的观点。“警察”被解读为市民社会最基本的政治前提，是对财产的政治保障。而财产的保障对于资产阶级来说，是比权力更有效的东西。[20]同样，在分析特定历史时期的法国时，马克思对法国的国家权力大为称奇：

> 国家管制、控制、指挥、监视和监护着市民社会——从它那些最大生活表现起，直到最微小的生活表现止；在这里，这个寄生机体由于非常的集权制而无处不在，无所不知，并且极其敏捷，极其灵活，同时现实的社会机体却又是极无自主性、极其软弱、极不固定。[21]

7 在这里，国家的无处不在和无所不知是来管理和控制市民社会的。在别的地方，马克思评论道，法国大革命的结果之一是产生了这样一个国家，它像一条大蟒蛇一样缠卷着市民社会：“由各社会集团的彼此关系产生出来的各个细小的个别的利益，从社会中分离出来并以国家利益的形式固定下来，成为独立于社会又与社会对立的利益,这种国家利益交由那些担任经严格规定的、等级分明的职务的国务祭司们管理。”[22]国家之所以能够生存下来,是因为国家有能力区分社会利益,将它们形成国家关切的东西,通过官僚体制进行管理,从而消除社会力量。换言之,就在组织市民社会和工人阶级的过程中,国家同时将它们分散开来,并将社会力量和社会斗争合并成一种管理形式。很显然,这种观点源自黑格尔。正如曼弗里德·里德尔所注意到的,黑格尔认识到,如果社会没有从政治上进行规整和管理,那么就不可能是“市民”社会。[23]我们可以加上一点,既然社会同时既是“资产阶级”社会,又是“市民”社会(*buegerliche Gesellschaft*),那么如果社会没有从政治上进行规整和管理,就不可能是资产阶级社会。

这样,黑格尔认为文职部门是市民社会的一个等级。他在关于国家的几个章节和市民社会需要体系的章节中都讨论了这一点。[24]然而,这个普遍等级在一个非常重要的方面是不同于其他等级的,因为它是一个完全由国家建构的等级。尽管黑格尔暗示,因为行政和文职部门的职员必须受过良好教育、接受过法律培训,所以他们构成了中间等级(*des Mittelstandes*)的主体,但是,德文 *Stande* 的双层含义在这里并不能适用[25]。不是说任何人随便就可以申请公职的。[26]事实上,市民社会也没有任何等级把自己说成是法律建构和认可的官僚体制。因此可以说,国家必须从头建立管理机构,即文职部门。黑格尔极力想证实等级与等级之间的互补性,因而忽略了上面这一点,从而在这一过程上也忽略了国家权力的一个核心特征。同样,马克思在讨论公务员等级的时候也忽略了这一点。[27]不仅如此,尽管黑格尔将官僚机构视为国家内的一个等级,但是他将官僚机构置于行政机构中,而不是等级会议里。因此,正是在其建构活动中,官僚机
8 构就同其他在国家内运作的群体区别开来。管理承担着一个本质上完全不同于其他国家部门的作用,它随意跨越国家与市民社会之间的界限,同时又跨越立法与司法之间的界限发挥着同样的作用。

让我们想想为什么需要进行调解。马克思认为,之所以需要有国家权威,是因为市民社会总是处于被**阶级**对立撕裂的边缘。而黑格尔关于国家的著作很明显没有任何类似于阶级分析的东西。黑格尔承认,市民社会包含着奢靡与贫穷的两极对立,有许许多多的人可能没有达到一定的生活水平,失去了正义、正直和尊严感,成为贱民。尽管如此,黑格尔认为没有办法超越这种境况。这是一个无法克服的问题。正是基于这一点,马克思认为,黑格尔的法哲学只是试图调解市民社会的种种矛盾,而不是克服这些矛盾。

在黑格尔对市民社会各等级的三重区分中,有两个特征非常明显。第一,这一区分中没有工人阶级(我们也可以说是雇佣劳动者的等级)的空间。第二,黑格尔没有使用"阶级"范畴来表示等级,而仅仅用来表示从事雇佣劳动的人。他提出,市民社会中的需求领域和生产方式导致劳动分工,而劳动分工形成了一个束缚在这些劳动上的阶级。[28]正如阿维南热所注意到的那样,黑格尔在讨论"社会阶级"的时候都会用 *Stand* 一词,只有在指工人时,他才用 *Klasse*(阶级)这个词,而不用 *Stand*。[29]

考虑到黑格尔认为等级就是市民社会的社会经济“阶级”，这就意味着**工人阶级不属于市民社会**。

既然每一个等级都是一个不同的需求领域，而工人阶级不是一个等级，这就必定意味着工人阶级是处于得到承认的需求领域之外。但如果一个人不是某个等级的一员，就意味着他什么都不是，谁都不是：“人必须成为某种人物，这句话的意思就是说，他应隶属于某一特定阶级，因为这里所说的某种人物，就是某种实体性的东西。不属于任何等级的人是一个单纯的私人，他不处于现实的普遍性中。”[30]因此，不具有等级，个体就被排除在社会之外；不成为一个等级，工人阶级就被排除在市民社会之外。因此它不能参与伦理生活。只有成为市民社会的一员，个 9
体才拥有与之相关的权利和主张。[31]通过贸易和工业等级的成员身份，工人阶级似乎是市民社会的一部分，但其实不然。黑格尔把 Gewerbsmann(可以按照诺克斯的译法翻译为同业公会成员，或按奈斯比特的译法翻译成商人)和临时工是分别开来的，他将前者称为“工匠”，由此巩固了前者和后者之间的区别。但是他并没有将工人阶级说成是临时工。[32]因此，尽管黑格尔提出要对社会冲突和贫富矛盾进行调解，也意识到工人阶级在其中的中心地位——因为工人阶级是市民社会的产物，然而他并没有根据他的冲突模式将这些形成理论。虽然工人阶级是市民社会的产物，受其运转的危险最大，也造成市民社会最大的威胁，但是黑格尔的理论图式中却没有这个阶级的空间。或者说，给予工人阶级的唯一理论空间，就是工人阶级对社会安定的威胁。

另外，表现为阶级区分的贫困，是黑格尔一系列的调解所无法解决的市民社会的一个问题。因为贫困是市民社会的一个普遍后果，总的说来它必定要从市民社会中产生。公共权力可以缓解这个问题，但不可能克服它。黑格尔只能绝望地指出："怎样救济贫困，是使现代社会狂躁不安并使它感到苦恼的一个重要问题。"[33]但是，这也是处于贫困之中的这个阶级的一个问题：贫困是一个阶级从另一阶级那里受到的不公。黑格尔没有解决这个问题的任何方法，是因为他的阶级概念从理论上就不同于他的 *Stande* 概念。换言之，尽管黑格尔讨论的是市民社会的一系列社会分工，但他自己的分析却揭示了一套更加基本的社会分工，这种社会分工根源于需求概念。然而，黑格尔不能将其融入自己的理论中去。他无法在自己的理论中处理阶级问题。[34]

实际上，黑格尔自己对权利、阶级和国家的概念化提供了一个机会，可以从理论上将工人阶级包含进来，从而趁贫穷问题在他的著作中出现时提供一个"解决办法"。但是，黑格尔错失了这个机会。我们已经看到，只有从法律上加以建构和承认，组成
10 等级的共同体才能存在于市民社会中，然而，只有那些已经组织起来的共同体才能在法律上得到建构和承认。因为工人阶级被认为是无组织的，所以将他们排除在社会生活和政治生活之外，对于黑格尔来说，这是前后一致的。尽管如此，当贫困问题在黑格尔著作中出现之时，本可以积极地来解决这个问题，即可以**通过国家和调解机构的活动将工人阶级组织起来，在法律上加以建构和承认**。换言之，给予工人阶级以法人的形式。出于政治原因，黑格尔可能并不希望给出这样的建议。但是，正是由于他没有构想这种可能性，即将工人同时建构成个体市民和法人形

式，确定工人阶级的法律主体性，因此黑格尔的著作存在着局限性。不过，黑格尔还是提供了进行这种概念化的关键范畴。这些在后面，特别是第 5 章将会详细阐述。

尽管马克思尖锐地批判了黑格尔，尽管他将一个戴着彻底锁链的普遍阶级放在批判的中心，马克思还是犯了同样的错误，因为他不加批判地继承了黑格尔的这个信念：工人阶级是一个市民社会的阶级，但是却是**不属于**市民社会的阶级。在马克思批判黑格尔的法哲学的"导言"中，马克思使这一点更为清楚："那么德国解放的实际可能性在哪里呢？答：就在于形成一个被**彻底的锁链**束缚着的阶级，即形成一个非市民社会阶级的市民社会阶级。"在《德意志意识形态》一书中，马克思写到了这个阶级，它承受着社会的负担，却不享受社会的任何利益，从而最终"被驱逐出社会"[35]。尽管马克思与黑格尔保持着距离，可是他却接受一个在某种意义上处于市民社会之外的阶级的存在。他步黑格尔的后尘，也没有构想将工人阶级纳入为市民社会和国家的一个阶级。尽管黑格尔和马克思都认识到国家必须对市民社会加以管制，国家必须要有建构市民社会的权力，但两人都没能做到这一点。[36]

他们未能这么做部分是由于历史环境造成的。在这一历史时期，欧洲工人阶级处于一种与市民社会和国家相对立的状态。因为尚未完全"形成"[37]，他们一半处在市民社会和国家之内，一半处在市民社会和国家之外。[38]这样，在马克思有关承认工人阶级的历史可能性的著作中，这一点作为一种张力显露出来了。
譬如，1848 年至 1850 年法国阶级斗争的一个显著特点是：工人 11

阶级虽然是政治领域中一股决定性的群众力量，但他们没有取得胜利；尽管如此，工人阶级作为一股政治力量得到了承认。马克思注意到，“它[无产阶级]所获得的只是为本身革命解放进行斗争的基础，而决不是这种解放本身。”[39]同样，在讨论“宪章派”(1852年)时，马克思认为，合格选举人和不合格选举人最初的举手表决只代表部分的承认，这一表决只有在达成“令人满意”的结论时(即“正确”的候选人当选)才会获得接受。举手表决是对人民、对大众参与的一种让步，但一旦威胁到体制就会被立即推翻。“举手表决的选举只不过是一种仪式，是对‘有主权的人民’的形式上的礼貌；一旦特权受到威胁，这种礼貌就不要了。”[40]

问题是，此时工人阶级的存在是相当不明确的。它既得到了承认，又没有得到承认；既属于市民社会，又不“属于”市民社会。在斗争过程中，它宣布自己是一股阶级力量，它可以获得那些恰恰已经属于市民社会的力量的承认，但其地位太虚弱了，当它严重威胁到政治秩序时，它就会发现自己遭受到有组织的政治暴力。这就是工人阶级与国家之间的微妙关系。工人阶级得到表面的承认；只要它不太猛烈地表现自己，它便会获得承认；如果它过于猛烈地表现自己，如果资产阶级和国家感到它是一种威胁，它便“不被承认”。

此外，就在给予承认的过程之中，国家可以相应地重新构建自身和市民社会。阶级斗争通过国家行为进行调解，而这种调解又将扬弃阶级斗争。例如，两万名工人聚集在市政厅外，要求将劳工组织起来。这导致建立了一个永久的特别委员会，调查工人阶级的状况——工人阶级的要求创设了一个与所有其他国家部委并列的劳工部[41]。这样,工人阶级群众力量的要求就转化成了一个政府委员会,一个国家部门。同样,关于工作时间长短的斗争结果就是对阶级力量的官方承认,从而制定了一系列的正式法规,来处理这一问题。[42]工人阶级的要求在资产阶级政治体制中得到了正式肯定。其后一些重要的政治发展不能解读为对资产阶级社会秩序的推翻,毋宁解读为对它的“政治改造, 12
是重新在政治上加强资产阶级社会的一种改造”。[43]

从市民社会到社会

对于国家、市民社会和工人阶级的看法,马克思和黑格尔在结构上有一些基本的相似性,两人在概念上都有类似的遗漏。但是需要强调的是,马克思将自己从黑格尔那里继承的模式完全激进化了。两者的关系不是马克思站在黑格尔的头顶上,作为哲学家黑格尔不值一提,而是要比这更为微妙和难以捉摸。关于马克思早期对黑格尔的批判已有大量的讨论(本人指的是马克思对黑格尔主谓倒置的批判),这些批判从本质上说实际上类似于费尔巴哈的观点。显然,我们不能忽略马克思的这一批判环节,它最能突出马克思在写作时所处的哲学和政治背景。然而,仅仅通过这场辩论来理解马克思对黑格尔的批判的话,会把马克思降到费尔巴哈的层次,而这一点是必须避免的。因为在马克思的批判中,与费尔巴哈相似的方面其实是最不重要也最不为人关注的。本书将会论证,马克思不仅超越了黑格尔,而且也超越了费尔巴哈。他是通过对社会这一范畴的阐释来做到这一点的;这同时也增强了他对国家－市民社会分立的批判。

马克思认为,他解决国家和市民社会问题的办法也是解决贫困问题的办法。这表明马克思的重点从国家与市民社会的分立转移到了对市民社会的分析。这个转移的一个特征是,马克思采用了劳动和异化的范畴,并将它们激进化。

我们已经指出,对于黑格尔而言,贫困是市民社会的一个普遍后果,它不可避免地要从市民社会中产生。马克思接受了这种贫困理论,因为它与市民社会联系在一起。[44]可是,马克思同时又想通过对政治经济学的内在批判来克服贫困。政治经济学假定市民社会的法律和范畴都是天赋的而非历史的,藉此“解决”了既是财富来源又是贫困阶级的劳动阶级与异化之间的矛
13 盾。对政治经济学的批判促使马克思通过雇佣劳动和私有财产关系来理解市民社会。其结果是加深了马克思对于市民社会的了解,因为需求体系和政治生活的各种问题此时都是通过雇佣劳动与财产之间的矛盾来理解的。[45]不过,马克思对于劳动政治经济学的理解也是植根于从黑格尔那里继承来的关于劳动的哲学思想——黑格尔的重要性在于,他“抓住了劳动的本质,把对象性的人……理解为他自己的劳动的结果”[46]——因此,劳动既被当成哲学的范畴,又被当成政治经济学的范畴。于是,它与异化范畴内在地联系在一起。马克思与黑格尔的异化概念保持了距离。黑格尔的异化概念本质上是唯心主义的,其中,众所周知的唯一的劳动是抽象的脑力劳动,人的本质或者人等同于自我

意识，因为在这一概念里，所有的疏远都只是自我意识的疏远，而不是“真正的”疏远。这样，要克服这种疏远的话，不能通过历史实践，而必须对世界重新进行哲学阐释。[47]

在把政治经济学与德国哲学拉到一起的过程中，马克思将两者都激进化了。劳动的哲学概念加大了赋予雇佣劳动政治经济学的重要性，与此同时，异化又可以用来作为批判雇佣劳动的基础，因为雇佣劳动远非对需要的满足，而根本是一种异化和被异化的活动。[48]这一点对于此处的分析意义非凡。正如约翰·科亨所指出的那样，1844年的手稿“标志着马克思著作的一个转折点，这不仅仅是因为它们产生自马克思与政治经济学的首次冲突，而且最重要的是，它们标志着分析市民社会的一种新方法。作为市民社会和历史统一的、积极的中心，劳动二元概念(对象化的实践/历史的、具体的雇佣劳动)的提出，造成了这一转变”。[49]这使得马克思得以加深和巩固他对于市民社会内各种矛盾和斗争的批判。

接下来的两件事需要我们预先加以讨论。首先，在市民社会的运动中，尤其是在需求领域，重新统一国家和市民社会的想法现在有了物质基础。它寻求在此消除异化和贫困。这种重新 14
统一，即对现存秩序的革命性取代，必须是市民社会环节的工作，同时普遍阶级摆脱其彻底的锁链。其次，普遍自由的获得不能归结到一个民主化国家的领域。[50]马克思将会从这一点出发加以论证：国家内的解放或通过国家完成的解放不是充分的解放，也不是普遍的解放，因为政治自由不是人的(社会的)自由。后者必须指的是需求和劳动的领域，而前者指的是形式的、政治的自由。

我们已经看到,马克思对黑格尔所引进的调解机构的摈弃基于他的这种主张:黑格尔的"解决方案"实际上只不过是貌似解决方案而已。[51]在此出现了一个争论,即关于"调解"、"克服"、"取代"以及"解决"等概念——即辩证逻辑的核心范畴——所出现的争议。黑格尔的辩证范畴 *Aufheben*(扬弃)是在废弃与保存的双层含义上使用的。马克思注意到,尽管家庭、市民社会、国家等在《法哲学原理》中遭到"扬弃",但它们"依然存在着"[52]。也就是说,它们在废弃中得到了保存。黑格尔和马克思一致认为,市民社会包含着矛盾和分立,需要对此加以克服并予以解决。然而,在取代的性质问题上,却导致了根本分歧。不过,尽管马克思声称"黑格尔的真正兴趣不是法哲学,而是逻辑学"[53],但是还有一个更深层次的政治批判需加注意。马克思认为,黑格尔的解决办法代表着将分立容纳到现代社会之内。分立的存在是国家抽象和私人财产发展的产物,因此试图通过调解来将其克服的实际努力仅仅只是重新表达它们一下而已。这没有也不可能真正地克服它们。更重要的是,它保留了矛盾并将其同化到国家之中。也就是说,黑格尔的"解决"实际上是将问题转化成一种新的形式。因为正如我们上面已经指出的那样,黑格尔的调解机构所产生的结果是,市民社会的斗争被转移到了国家之中,并得到了管理。这样,从政治上巩固资产阶级社会就需要在国家组织的管理形式之下扬弃社会斗争。

马克思是逐渐地与黑格尔拉开距离的,他的前进方向似乎有三个。首先,马克思认为,发挥"调解"作用的很多机构事实上

都是国家机构，而不是市民社会的机构。其次，马克思将市民社 15
会设想为推动历史的真正动力，或者是“真正”的历史斗争上演的舞台。第三，在否定黑格尔对问题的“解决办法”的同时，马克思也阐述了自己克服国家与市民社会分立的方法。在此要说明的是，在马克思的著作中，这三个维度是处于紧张状态之中的。历史唯物主义需要保留这三者，但也必须对它们之间存在的紧张状态保持敏感。最后应该说，关于前两点，只有发展一个更加彻底的、在斗争中并通过斗争产生的“政治管理”范畴，国家权力才能得到理解。原因在于，尽管在马克思自己的著作中，这个范畴是产生紧张的最大来源，但它也恰恰是需要发展的维度。国家可以将社会斗争纳入到政治管理中。第5章将说明为什么需要根据历史的进展发展这一见解。这不是说因为后来发生了重大历史变化，因此要抛弃马克思和黑格尔，而是说需要重新思考他们的著作，强化他们的核心范畴。如果说在这段时期里，工人阶级被赋予了进行斗争的政治基础，国家对市民社会的管制加大，从而资产阶级社会在政治上得到重新巩固，那么，对于马克思的分析至关重要的国家和市民社会这种概念上的二分法似乎就是不适当的。作为一股政治力量，假如工人阶级通过自身的发展过去被同化到了国家中，而且现在仍在被同化，那么很显然，有些机构在某些方面成功地对国家和市民社会进行了调解，从而防止了革命性的转变。根据历史的发展，国家－市民社会的二分法不是需要加以摈弃，就是需要加以重新思考。本书的论点是，这种二分法需要重新思考，而且做到这一点的最好方法可能就是发展政治管理范畴。在解释为什么会如此以及如何做到这一点的时候，我们还将论证，此时工人阶级不仅已经属于市民社会，而且也属于国家。不仅如此，我们还将论证，工人阶级本身是被国家建构而成的，而这也从根本上改变了国家权力的运作。

在马克思发展自己的国家理论方法的一个重要时刻，他指出，黑格尔所描述的调解机构实际上很多都是国家的机构，而不
16 是市民社会的机构。“警察、法庭和行政机关不是市民社会本身赖以捍卫自己固有的普遍利益的代表，而是国家用以管理自己、反对市民社会的全权代表。”[54]这是马克思最根本的洞见之一，然而，尽管这一观点贯穿于他后来的著作之中，马克思却没有发展它。因为这一洞见立即被他的一个假设所取代，即市民社会是推动历史的真正动力，或者更确切地说市民社会中的斗争起着推动力的作用。当马克思宣称迄今为止所有存在过的社会的历史都是阶级斗争的历史的时候，这些斗争就是发生在市民社会领域内的。唯物主义方法的前提，即市民社会的社会经济关系，提供了理解“法律关系和政治形式”的基础[55]。

包括马克思主义者和非马克思主义者在内，许多人在评论马克思的著作时都认为，国家－市民社会的模式被降级了，转向了基础－上层建筑的模式。这一点部分根源于马克思后来的著作中所关注的东西，根源于他对这些著作的评论，尤其是 1859 年的那篇声名狼藉的“前言”。在这篇“前言”中，马克思描述说，他的研究从市民社会转向了对其进行剖析的关键，即政治经济学。[56]马克思显然转向了基础－上层建筑模式，但在关注这一模式的时候有很多东西都失去了。这个模式经常被认为是由粗鄙

经济论组成的，粗鄙的经济论非但没有给马克思主义帮上忙，反而成了马克思主义的束缚。剖析市民社会的关键在于政治经济学，从这种观点出发，人们几乎可以预见到，分析的重点不会是市民社会本身，也不会是国家和市民社会的关系，而是政治经济学。尽管马克思一直想展开对国家的分析，但他始终没有做到，其原因即在于此。现在说这些是老生常谈了。不过，这也产生了另外一个结果：马克思在展开政治经济学批判时，看上去他虽然全部放弃了对市民社会的分析——阿尔文·古尔德纳称之为残余概念，但其结果是对社会结构的所有分析都被同化到了生产方式之中。[57]

看上去马克思的重点已经完全转移到了政治经济学，而且他认为，剖析市民社会的关键在于政治经济学。这些很容易就使得在马克思之后寻求正统的马克思主义者们将市民社会视为经济体系，并以此为重点。市民社会被等同为资本主义经济，而 17
不是资产阶级社会。结果就是基础－上层建筑模式在辩证唯物主义（Diamat）更为宽广的理论结构中的发展。在后者中，经济基础被视为决定力量，而（政治）上层建筑则是该基础的一个副现象。这种思想失去了马克思从黑格尔那里继承的国家－市民社会模式的丰富性。通过将黑格尔的"市民社会"归结到需求体系，人们很容易忽略他的家庭、市民社会和国家体系的复杂性。因此，对于马克思本人关于英国政治经济的发现可以有很多解释。通过法律和管理来监管市民社会，这种考虑所牵涉的理论上的复杂性丧失殆尽了。目前流行的社会主义市民社会的理论和实践中都删除了马克思著作中的这个方面。比如，克里珊·库玛就正好犯了他指责阿维南热对黑格尔所犯的错误。阿维南热错误地认为黑格尔的市民社会只是市场机制而已。[58]同他一样，库玛错误地认为马克思将市民社会分解成了经济基础。同样，约翰·基恩错误地声称马克思将市民社会与“生产方式”合并在一起，贬低了其他机构，如医院、教堂、家庭。[59]

他们之所以对马克思进行这样的批评，是因为人们掩盖了马克思书中所延续的国家－市民社会的分立。马克思并没有摒弃国家－市民社会的模式，他也没有——请这些评论家原谅——用“经济基础”取代“市民社会”。另外，请某些马克思主义者原谅，这一概念也不应当从马克思主义的词汇表中划掉。[60]研究国家不联系**市民社会**是无法理解国家的。但是，如果把市民社会归结为“经济基础”就不可能做到这一点。因此，对于唯物主义的国家理论来说，对政治经济的批判可能是必要的，但却不是**充分**的。[61]国家－市民社会模式一直贯穿于马克思的研究工作之中，需要同基础－上层建筑一起加以保持。确实，通过保留国家－市民社会这个对子，人们便可以避免对基础－上层建筑产生过于简单和浮夸的理解，而这样的理解在马克思主义理论中比比皆是。亨特从三个阶段追溯了马克思著作中市民社会这一概念的发展。[62]他提出，在早期，它是马克思分析的核心，与国家并列，并出现在对黑格尔的批判中。在过渡阶段，马克思开
18 始同这个概念拉开距离，趋向于考虑一般性的“社会关系”。但是他并没有完全抛弃市民社会概念而发展一般性的“社会关系”范畴。在最后的阶段里，也就是从19世纪50年代后期开始，“市民社会”的概念就从他的书中消失了。正是这个时候，马克

思将劳动与劳动力区分开来。最后的这个转变是在 1859 年的“前言”中出现的。在“前言”中马克思提出剖析市民社会的关键在于政治经济学。

这种表述的问题是,马克思的连续性太多,因此无法完全支撑这一表述。亨特注意到,《法兰西内战》的定稿之所以不同于初稿,是因为“市民社会”已经被“社会”所取代。这个问题说明了两点。首先,这表明自 19 世纪 50 年代后期以降,马克思并没有彻底放弃使用市民社会。如果说在 1871 年,也就是马克思写[《法兰西内战》]这本书的时候,他仍然使用市民社会,虽然只是在初稿中,那么他当时就不可能已经完全反对使用市民社会。其次,用“社会”来取代“市民社会”只是取消了“市民”。保留“社会”就是保留了根本的一点:国家与其对立事物的区分。[63]也就是说,这些变化是马克思书中围绕国家－市民社会模式所出现的一些紧张情况,但并非对这一模式的彻底摒弃。

同样,在某些文本的译文中,比如《资本论》,关于“资产阶级社会”的使用出现了一个问题。亨特注意到,在某个译本中,buergerliche Gesellschaft 译成了“市民社会”,而另一个译本中则被译成“资产阶级社会”。《政治经济学批判》(*Grundrisse*)也是如此。此外,在同一个文本中,一处的翻译与另一处的翻译之间也有差错。[64]不过如果说这是一个问题的话,这仅仅是一个翻译问题。马克思使用 burgerliche Gesellschaft 的原因同黑格尔一样,因为它既指资产阶级社会又指市民社会。在马克思“后期”著作中,当他讨论“资产阶级社会”的时候,他同时也是指“市民社会”。如果就像某些批评家所建议的那样[65],将 buergerliche

Gesellschaft 译成市民社会，而不是资产阶级社会，那么马克思后期的著作充满了这个概念。

最后，马克思偶尔会给“市民社会”加上引号，比如在写于1857年的《政治经济学批判》的首页中就发现这一点，这也有过分阐释的危险。如前所说，《政治经济学批判》首页中的“市民社会”一词在某些译本中翻译成“资产阶级社会”，也还是带着引号。[66]这些情况旨在提醒我们注意这一概念使用时的不确定性。如亨特本人所说，这表明认识到了这一概念的局限性，从一种不
19 加批判的使用转变到批判性使用。[67]这也说明马克思并没有摒弃这个概念。

由于只关注基础和上层建筑，人们也没有注意到马克思提出的另一范畴：“社会”。前面提到，马克思拒绝接受黑格尔所提出的解决国家与市民社会之间的分立的办法。既然调解机构只能对分立进行调解，那么真正的解决办法只能是将这种分立完全加以终止。马克思使用社会这一范畴正是为了实现这个目的。

由于国家与市民社会的分立，一些学科才能得到发展。在这些学科中，“政治”关系和“社会”关系是分别加以研究的。“政治”和“社会”都成为独立的探究对象。社会学和政治科学是以独立的学科而发展的；社会领域成了社会学关注的对象。正如戈兰·塞尔本所写到的那样：“社会学的兴起是 buergerliche Gesellschaft——在资产阶级和市民社会的意义上——日益上升的重要性以及在思想上对它的发现的一个重要部分。”[68]于是，问题就成了政治和社会这两个舞台是如何彼此关联的？社会学

和政治学有没有什么内在关系？[69]与此同时，经济领域成了一个孤立的第三因素。国家－市民社会分立问题变成了各个领域的问题，以及这些领域如何相互作用的问题，如果真有这样的相互作用的话。[70]

因而，在马克思的著作中，社会领域显然是基本的。但是，它之所以基本，不仅因为它是马克思通过市民社会这个概念从黑格尔（应该说，还有圣西门）那里继承来的，而且因为马克思使用社会（作为社会动物的人）概念实现了令他闻名于世的一些基本突破。通过关注人的存在的社会本质，而不是从辩论上转向哲学唯物主义，马克思克服了哲学唯心主义。马克思并不是像批评者所声称的那样[71]，以费尔巴哈的方式用唯物主义取代唯心主义，而是通过发展“人的感性活动、实践、人类社会或社会化的人”这一概念来同时批判唯心主义和唯物主义。同样，通过同一概念运动，马克思克服了人与自然二分法：“自然界的人的本质只有对社会的人来说才是存在的；因为只有在社会中，自然界对人说来才是人与人联系的纽带……因此社会是人同自然界的完成了的本质的统一。”[72]

社会（the social）概念也将马克思与社会学学科区分开来。 20
因为尽管社会学也使用了“社会”这一概念，可是这个概念在社会学中所起的作用却大相径庭。韦伯正确地指出，“社会（the social）”和“社会（society）”混用，可以加以如此广泛的解释，以致被用来包括全部的现实，掩盖了文化、经济和政治活动的复杂性。[73]在社会学家的书中可以很清楚地看到这一点。在这些书中，“社会（the social）”和“社会（society）”一样，被用来当作可以用来与别的事物相对立的范畴。[74]然而，马克思却有一些具体的概念，来抓住社会的特定要素——国家和市民社会这两个概念即可为例。更重要的是，在马克思的书中，社会是他用来批判资产阶级社会的一个基本范畴。[75]在这个意义上，就其在马克思的书中所起的作用来说，“社会”不是一个描述性范畴，从根本上来说，是一个批判性范畴，它指出了资产阶级社会人类关系的异化本质，并设定一种集体人类主体来克服这些关系。因此，韦伯批判的是社会学，而不是马克思主义。尽管社会学和马克思主义看上去有概念上的类似和重合，但两者是互不相同的。马克思主义用社会作为批判的中心范畴，而这是社会学所没有的。通过这一点，马克思与同时期大部分的社会思潮和政治思潮区别开来了[76]。这也将成为马克思与福柯之间的根本区别。我在第3章会讲到，原因在于：福柯摈弃国家－市民社会分立，重蹈社会学学科中所存在的困境，使得他除了“社会”（加上管理）之外没有别的概念来思考“现代权力”的发展。此外，这从一个新的角度提出了一个统一的关于人的科学的问题。在这种科学中，“政治学”和“社会学”不再是分析社会整体的学科，而是分析社会整体的环节[77]，社会学和福柯与其追随者的著作中所缺少的正是这种整体计划。

以马克思为一方，哲学唯物论、社会学和福柯为另一方，他们之间的区别表明了马克思的概念运动的重大意义。这在他其余的著作中都得到了说明。比如，当马克思在“论犹太人问题”中对“政治解放”进行批判时，他论证说，特定的群体通过国家获得的解放是政治解放；但政治解放并非人类的解放；完全的

人类解放不能通过国家获得，而是需要超越市民社会中个体的 21
人与进入新的“社会的”总体的政治生活之间的分立。“只有当人认识到自己的原有力量并把这种力量组织成为社会力量因而不再把社会力量当作政治力量跟自己分开的时候，只有到了那个时候，人类解放才能完成。”[78]马克思拥护巴黎公社，就是因为它使社会而不是国家重新有了活力。“旧政府权力的纯粹压迫机关应该铲除，而旧政府权力的合理职能应该从妄图凌驾于社会之上的权力那里夺取过来，交给社会的负责的公仆。”[79]马克思认为，巴黎公社打碎了国家权力，不仅证明“工人阶级不能简单地掌握现成的国家机器，并运用它来达到自己的目的”，而且证明，工人阶级也能形成自己的政治存在形式，它同样会是一种新的社会存在方式。因此，举个例子来说，通过断绝与资产阶级国家权力（“该权力以民族统一的体现者自居同时却脱离民族、凌驾于民族之上”）所有关键方面的关系，并承诺成为“生产者的自治机关”，压迫力量就会被消灭，而国家的正常功能就会由社会本身的成员来行使。用理论术语来说，对马克思主义理论而言，这意味着工人阶级能够而且确实超越了政治国家的历史抽象。“社会把国家政权重新收回，把它从统治社会、压制社会的力量变成社会本身的生命力”，这就构建了一种新的社会形式[80]。

马克思对政治经济学批判的力量所在，正是在社会概念之中。在资产阶级关系中，社会联系（the social bond）就是交换价值，活动的社会特点“看上去是某种异化的、客观的东西”；这样的资产阶级关系所具有的拜物主义导致社会关系呈现出“物与物之间的关系的荒谬形式”。这是同这样的未来社会设想齐头并置的:在这样的未来社会里,“个体得到普遍性的发展,他们的社会关系就如同他们的共同体的(gemeinschaftlich)关系一样,都服从于他们自己的共同体的控制”。在《资本论》中,马克思描述道,资本主义积累的历史趋势造成了资本主义私有财产转化成社会财产。之后,他要求我们“改变一下,设想一个由自由人组成的联合体,用共同拥有的生产工具进行劳动,完全意识到自己是作为一支单一的社会劳动力来消耗他们的很多不同的劳动力
22 形式”。当然,关键在于共产主义需要作为社会个体的个体再生产;在此,财富是“个体需要、能力、快乐和生产力的普遍性”[81]。因此,理解异化劳动的关键是异化劳动是不完全社会性的;同样,理解异化社会的关键是异化社会没有完全被社会化。

有意思的是,在马克思的书中,这两者之间存在着一种紧张的局面:一方面,他将 buergerliche Gesellschaft 理解为一种应该取代的东西;另一方面,他又认识到市民社会是将经济力量社会化的首要形式,而且在此过程当中恰恰产生了革命潜能的主体,即行将毁灭市民社会、成为其掘墓人的那个阶级。生产从本质上来说是“社会”的,但有待被完全社会化。这只能通过革命的主体,即工人阶级才能实现。因此,作为一个普遍阶级,工人阶级将完成社会化的任务。然而,如果有人在一个新的社会统一性中克服了国家和市民社会的两分,从而消除了政治与社会之间的分立,以至于国家消失了,而市民社会也必定消失,那么,留给这个人的就只剩下社会了。[82]在这个意义上,可以认为,在马克思的著作中,普遍性的特征是社会,而不是无产阶级。

马克思从黑格尔那里继承了普遍阶级的概念，但他用一个戴着彻底锁链、行将成为人类救赎的阶级取代了作为普遍等级的官僚机构[83]。但是，如果更加仔细地阅读马克思关于普遍阶级的论述，会得到一个隐含的概念，即社会是普遍性的基础。对于黑格尔关于官僚制度的解释，对于他声称任何人都可以成为公务员的说法，马克思都进行了批判。因此：

> 在真正的国家中，问题不在于每个市民是否有可能献身于作为特殊等级的普遍等级，而在于这一等级是否有能力成为真正普遍的等级，即成为一切市民的地位。但黑格尔所依据的前提是虚假的普遍等级、空幻的普遍等级，是特殊的等级普遍性。[84]

在此，马克思似乎扩展了普遍阶级的概念，使它包括，至少潜在包括，每一个市民，即整个社会机体。“因此，解放者的角色在充满戏剧性的运动中顺次由……各个阶级担任，直到最后由这样一个阶级担任，这个阶级将要实现社会自由……从社会自 23
由这一必要条件出发，创造人类存在的一切条件”。[85]因为该阶级的权利和诉求是社会本身的权利和诉求[86]，所以这个普遍阶级成了这样一个领域，“它是一个若不从其他一切社会领域解放出来并同时解放其他一切社会领域，就不能解放自己的领域”[87]。只有工人阶级是一个真正的革命阶级[88]，因此它也是唯一适合完成普遍解放这个任务的阶级。但是，这种解放——一旦已经实现——就是个体从劳动分工和阶级本身中解放出来。

只有在一种新的社会形式中,才能实现这样的解放。[89]

马克思接受黑格尔的思想结构之深显然就在于此。因为社会、市民社会和无产者普遍阶级的三元概念化类似于黑格尔的国家、政治国家和官僚机构的普遍等级。黑格尔的官僚机构是一个特殊等级,但其目的是普遍性,因此与国家的目的是一样的。马克思的无产阶级是一个特殊的阶级,但是其目的是普遍性,因此与社会的目的是一样的。不过,黑格尔的普遍等级只能调解国家和市民社会之间的分立,而马克思的普遍阶级的目的是克服这种二元性,建立新的社会秩序;在新秩序中,社会被政治化了,而政治被社会化了。因此,马克思的计划可以解释为对普遍性的社会化和对政治的普遍化,这是一种在为实现"社会化的自由"而奋斗的过程中正在进行的政治的社会化和社会的政治化[90]。黑格尔的普遍等级的目的是,通过将社会斗争转变成管理形式,保护市民社会,使其免遭自身革命潜力的威胁,而马克思的普遍阶级的目的是实现这种潜力。通过诉诸作为历史变革主体的工人阶级,这一点强化了与哲学唯物主义的决裂,同时也可能给唯物主义分析提出了前面所说的一个基本问题:正是在为普遍性的社会化和政治的普遍化而奋斗的过程中,在争取承认的斗争中,工人阶级实现了某种完全不同的东西——发展了各种新形式的政治管理这一全新形式来调解这些斗争。

以选举权为例,可以看出,对普选权和工人阶级权利的革命
24 性要求在资产阶级社会内部得到了重新定义和承认,从而整合了工人阶级,为重新建构社会秩序和政治秩序提供了基础。此处只限于马克思对普选权的理解提出这个问题,在第 4 章和第

5章中还会更加充分地展开讨论。

对于马克思来说，选举代表市民社会与国家的联系；因此选举的延伸代表市民社会政治发展的延伸。马克思认为普选权就是选举权完全无限制的形式，但是，没有限制指的不是年龄或财产的资格，而是指将市民社会提升到一个政治存在的水平，从而超越市民社会/国家的分立。

> 选举是市民社会对政治国家的直接的、不是单纯想象的而是实际存在的关系。因此显而易见：选举构成了真正市民社会的最重要的政治利益。由于有了无限制的选举权和被选举权，市民社会第一次上升到脱离自我的抽象，上升到作为自己的真正的、普遍的、本质的存在的政治存在。但是，这种抽象的完成同时也就是它的消灭。市民社会确认自己的政治存在的市民存在成了非本质的存在；而互相分离的各环节中有一个环节脱落，和它对立的另一个环节也就随之脱落。因此选举制的改革就是在抽象的政治国家的范围内要求取消这个国家，但同时也取消市民社会。[91]

同样，马克思1844年《关于现代国家一书的计划草案》的最后一部分，就是要以"选举权，即为消灭国家和资产阶级社会而斗争"作为结尾。[92]

因此，选举改革和普选权之所以重要，不仅在于它们作为试图"征服政治力量"[93]的实际斗争的一部分的具体特殊性，而且在于马克思所详细阐述的原理的重大意义。马克思认为，选举

改革和普选权的重要性在于它们的政治逻辑和历史意义。因此
他提出,选举改革是分解市民社会的**要求**,是消灭国家的斗争。
正如科利蒂所指出的那样,与其说国家－市民社会的分立会因
25 普选权的推行而克服,不如说争取完全选举权和选举改革是克
服国家与市民社会分立这一趋势——即正在进行的政治社会化
和社会政治化——的一个表现。[94]因此,对马克思而言,出于明
确的理论原因,“普选权”这个词有着革命的回声。

马克思又一次阐明了他从黑格尔以至整个19世纪思潮中所获得的裨益,以及他与他们的距离。黑格尔对普选权观念持批评态度,他倾向于群体而不是个体的代表性。[95]更重要的是,黑格尔认为选举的目的是产生代表,而马克思却认为是导致参与。因此,黑格尔的选举概念**保留了**国家与市民社会的分立,而马克思的选举概念,通过设定最大可能的参与,旨在建构化解这种分立的方案。[96]

选举权的这种概念化是将工人阶级理解为不属于市民社会的阶级这一思想的必然结果。但是,从1867年开始,工人阶级就进入了英国的国家之中。这不是标志着国家和市民社会的死亡,**而是通过建构个体的法律与政治的主体性(在此基础上新的政治管理形式才能出现),来重新构建它们的关系**。选举权的要求可以得到同意,政治承认的要求可以得到满足,然后用这些作为新的管理形式的政治和法律基础。必须赋予工人阶级以资产阶级的权利,即作为buergerlishe Gesellshaft的真正市民的权利,在此基础上,才能把他们作为政治主体和客体加以管理。

在此我们碰到了根本问题。提倡最大可能地参与的原则、

选举权的原则和权利的延伸,这是一回事。但是,如果这种原则
得到了同意,而“社会化的自由”却没有随之出现,那该怎么办?
也就是说,如果说资本主义国家能够自行调整,承认工人阶级既
是个体又是阶级,允许工人阶级作为完全独立的成员进入市民
社会和国家,但是它是通过保留自己而不是消灭自己的方式来
做到这些的,那该怎么办?马克思认为,工人阶级的革命斗争是
要建立新的社会形式,而英国的国家却尽力将这种斗争变成了
社会问题,即工人阶级在资本主义制度中的地位问题,以及应该 26
采取什么行动来管理工人阶级。通过扬弃各种斗争,并使它们
自相反对,在为此目的而创设各种机构的过程中,国家能够重新
建构资产阶级社会。正是这一点是历史唯物主义必须适应的,
而且正是这一点也给国家－市民社会的分立提出了重大的理论
问题。后面几章的任务就是要说明历史唯物主义能够适应这些
变化。通过重新思考国家－市民社会的分立,它能做到这一点。

27

第二章 从帝国主义到意识形态

国家与革命，议会与帝国主义

在谴责第二国际的理论家们时，卢卡奇宣称他们的机会主义经由这一事实得到了最清楚的证明，即他们中没有任何人严肃地对待过国家问题，“没有立足于无产阶级整体来考察国家的特征并评价国家。只有列宁回到了马克思思想的理论高度，澄清了无产阶级对国家的态度。”[1] 把列宁关于国家的著作放到第二国际内部的争论这一背景中做一简要的讨论，能够使我们检测卢卡奇这一观点的力度。我们将说明，列宁关于国家的著作在许多基本方面是有缺陷的，而这些缺陷在考茨基、卢森堡和伯恩施坦的著作中得到了重复。因为尽管他们经常讨论国家权力，但是他们用的是基础与上层建筑这一粗俗的说法，而不是用国家与市民社会(或者更正确地，同时用这两对概念)，这导致过于狭隘地关注国家、关注国家是由经济基础“决定”的这一性质。国家从它与市民社会的关系中被抽取出来，在理论上有大量的缺失，而后又被归结为议会，从而绕过了对管理的考虑。而列宁是通过对帝国主义的思考来论述国家权力形式的变迁的。反之，由于认识到国家与市民社会分立的重要性和黑格尔对这一分立的洞见，葛兰西对马克思主义的国家思想做出了更为深远的贡献；然而，正如我们将会看到的那样，这些洞见伴随着严重的理论困境。本章用对路易斯·阿尔都塞的著作的批评作结，我们用他的著作来说明，放弃国家－市民社会的分立对马克思主义国家理论产生了深远的不利影响。

人们常说列宁的《国家与革命》与他的其他著作不一样，是一部理论性较强的著作。[2] 这种说法的根据在于，他的关注点放 28
在了马克思和恩格斯的著作上，关注的是由巴黎公社抽象出来的原则，得出了一个坚定的马克思主义观点，即国家的产生是由于不可调和的阶级的对立，而国家的存在则证明阶级对立是不可调和的。这就意味着阶级对立是不可能通过国家来解决的，调和阶级之间的冲突，只能使得阶级压迫合法化、永久化。[3]

列宁分析的核心就是批判议会民主，批判他的对手"对议会民主的崇拜"。而正是在这里，也暴露出他的分析弱点。他认为，马克思对议会制度的批判被人们淡忘了，革命性的解决方法就是将议会变成一个工作机关，并再次引用巴黎公社作为例子。他的这些观点的基础在于，然而也补充了，他对"民主"概念的批判。德国社会民主党的"自由人民国家"纲领作为一种鼓动性的立场是精致的，但是作为一种社会民主党所使用的一种纲领则被批判为是一种机会主义的口号，缺乏对国家的一般了解。它唯一的政治内容就是一个自命不凡的门外汉对民主概念的描述。列宁认为，对于**资本主义社会中**的无产阶级来说，民主共和国是最好的国家形式，但是议会制度掩盖了资产阶级社会的权力关系。革命就是要结束这种权力关系，结束资产阶级国家，从而结束民主。[4]

这些观点大多旨在反击德国社会民主党，尤其是考茨基及其对修正主义问题的搪塞。正如伯恩施坦所阐述的那样，修正主义的视角关注的是资本主义发展的一些经济特征——日益提高的生活标准、卡特尔的发展、信贷体系的扩展、资本主义企业数量的增加与其平均规模的缩小——从这些特征中得出这样的结论：资本主义必然遭受“不可避免的经济危机”这种观点是不成立的。从政治上来讲，这一结论具有双重的意义。它意味着，国家是必然性的东西，即便是在社会主义中也是如此。其次，结果是，愈来愈多地关注议会，把它视为理论和实践活动中的核心目的。由于资本主义不可能崩溃，社会主义者有义务在各个领域实现繁荣和民主化，而议会可以用来实现这些目的。[5] 尽管考
29 茨基总结说，“直接民主”的任何计划注定是要失败的——国家机器是由资产阶级建构的，它可以用于不同的政治目的，但是不可能砸碎它——然而，他认为，伯恩施坦的社会主义是“圆满地实现自由主义”。[6] 因为社会革命仍然是社会民主的基本目的，是每个独立的无产阶级政党必须为之奋斗的最终的必然目的。[7] 因此尽管这个运动是在为改革而奋斗，但是最终的目的仍然是革命，是工人阶级对权力的征服。它的核心就是一条通向社会主义的议会道路。因此对于考茨基和伯恩施坦来说，议会是社会主义理论与实践的核心。换言之，考茨基既要革命，又要国

家,二者的关键就是议会的性质。

列宁对考茨基的机会主义及其对马克思原理[8]的背叛的谴责,在考茨基对十月革命进行批判后,达到了高潮。考茨基认为,俄国的"无产阶级专政"既不是一种民主,也根本不是一种无产阶级专政,而是党内一个有组织的小集团的专政。所以,"尽管布尔什维克主义政权是从建立无产阶级专政的理念出发的,但是它必然会变成无产阶级内部政党的专政。"例如考茨基认为,1918年将社会革命党人从中央国家机关和苏维埃驱逐出去的决定是不民主的,是苏维埃宪法的逻辑结果。[9]同样,在选举没有给予布尔什维克多数票以后,在1917年9月决定解散宪法大会,又被列宁说成是正确的,因为"它没有表达全体人民的真正声音",它使得列宁宣称,"由行使普选权的群众选举的任何大会都是不合适的"。[10]

这些争论的一个特征就是,它们间接地提出了政治的社会化和社会的政治化的问题。考茨基批判的就是,革命没有将社会的关键因素政治化,也没有将政治的关键因素社会化。然而由于考茨基的立场严重地依赖一个代议制的议会,放弃了"直接民主",他也遭受了同样的批判。卢森堡对革命的批判极大地依赖于这样的观念,即必须将政治普遍化,因此她能将这一点最清楚地阐述出来。她认为,投票权与任何一般的政治权利一样,不是由某种抽象的"正义"图式来衡量的,也不是由任何其他的资 30
产阶级的民主词语来衡量的,而是由它所涉及的社会和经济关系来衡量的。[11]所以,布尔什维克将投票权给予那些自食其力的人的政策之所以受到批判,不是由于它是"不正义的",而是由于它在一个不可能使所有想工作的人都得到工作的社会中是叫人无法理解的。而且由于布尔什维克的理论和实践必然导致中央政党精英的专政,而不是无产阶级的专政,与投票权和国家控制一起出现的政治化遏制了而不是促进了所有正在进行的人类解放计划;如果自由只是为执政党的成员而存在的,那么它就根本不是自由。卢森堡重复了马克思关于普遍性的本质的观点,她写道,无产阶级的专政必须是“阶级的专政,而不是一个党或一个小集团的专政。……这意味着具有最广泛的公众形式,基于人民大众的最积极的、无限的参与,即基于无限民主”。[12]

这些争论背后的问题是这样的一个理论问题,即由于政治发生了转变,工人阶级可以以一个基本的方式参与,能够变成市民社会的一部分,并在这个过程中政治化,而资产阶级社会仍然没有发生实质性改变,此时,如何将国家权力理论化。在这里部分的困境是,在第二国际中,不同的作者所处的和所意识到的境况是完全不同的。人们一直都在说,“就字面上的意思而言,列宁不知道在讲什么。”[13]因为,尽管他讨论了议会,但当时世界上并没有能够称之为真正代议制的议会范例,即便是形式意义上的真正代议制也没有。正如戈兰·塞尔本指出的那样,到1915年,只有新西兰、挪威和丹麦赋予人民没有资格限制的投票权。[14]然而也很明显,大多数资本主义国家——尤其是英国、德国和法国这些主要国家——在1915年是朝着普选权前进的,从这个意义上来说,并不是列宁不知道自己在谈论什么,而是他忽视了他应该谈论的那些事情。

另一方面,由于列宁未能领会德国的议会和投票权所提出的实际问题，在这个意义上而言，说列宁并不知道他自己在说什么也是对的。他谈论议会和民主的时候，与理论和实践还保持着相当大的距离。真正说来，议会和民主这一孪生问题在俄国 31
是一个小问题。在德国，社会民主党在议会中为民主而战，相较而言，俄国人并没有同等的经验。鉴于它的无效率、无权力这一性质，杜马的存在提出的仅仅是另外的一个细小的策略性的问题，而且即便是在1920年，议会问题仍然只是一个策略性的问题。[15]在这个意义上，列宁表明他的根基从本质上是在俄国的状况之中，由此也影响到他对国家的分析。正如俄国的革命不是对资本主义国家进行的革命，因此在用来理解西方革命的可能性时具有一定的局限性一样，[16]列宁的理论也具有同样的弱点。

而且，在第二国际内部的很多争论中，国家与议会之间存在着一种持续的滑移(a constant slippage)，仿佛前者可以化简为后者。然而选举权的扩展并不只是一种这样的机制，即工人阶级可以藉此被整合到资产阶级社会和国家之中。这里所阐发的论点是，这种整合采取的是政治和法律主体性的形式，它为作为政治管理的客体的整合提供了基础。它据以运作的机制在1918年大多已经存在，然而却被这些作家们大多忽略了。第二国际的工作并不是要扩展政治概念(包括这里正在讨论的管理概念)，而是将国家问题分解为议会问题。这种分解掩盖了政治管理作为国家与社会之间的一种核心调解机制的作用，掩盖了它所起的扬弃斗争的作用。这并不是说议会问题是不重要的，而是说鉴于国家与市民社会的历史性的重新建构，马克思主义的国家理论需要把它的注意力放在另外的地方。

在这一工作中，由于没有真正地尝试使用国家与市民社会的分立，因此这种分解就更为严重了。在我们迄今所谈到的争论中，"社会"这一范畴作为国家的"他者"而在起作用，但是这一范畴不是被设想为"经济基础"，就是被设想为国家压迫的事物，这就严重削弱了对政治进行理论化、对政治管理进行批判的一切尝试。在解决国家与市民社会分立时，正如伯恩施坦所做的
32 那样，在1980年代至1990年代，所考虑的只是预先阻止对社会主义市民社会的需求。伯恩施坦把 buegerliche Gesellschaft 的含混性视为一个累赘，因而坚持认为，没有必要把市民社会与资产阶级等同起来；尽管社会主义可以攻击资产阶级社会，但是它不应该将它自己与市民社会对立起来。在这样做的时候，他不仅掩盖了市民社会的阶级内容，而且正如卢森堡所注意到的那样，他还将 buegerliche Gesellschaft 与一般人类社会等同起来。[17]然而，卢森堡本人并没有真正地阐述这一点。

列宁在试图将国家权力的发展概念化时，靠的是这样两个进一步的弱点：它依赖"帝国主义"这一范畴，不能将工人阶级看成是市民社会和国家的一部分，尽管他将"工人贵族"看成是市民社会和国家的一部分。这两个弱点加在一起，其结果就是，掩盖了管理在现代国家中的核心地位，以及在迫使管理机制出现的过程中，阶级斗争的根本作用。

在这里，列宁过分依赖布哈林。在后者看来，日益复杂的国家功能及其对社会经济生活的强行干预，是帝国主义的发展强加给国家的，它迫使国家将大量资产阶级组织吸收到自身之中。[18]在列宁看来，这就意味着，帝国主义的欲望和新的金融资

本会演化出新型掠夺性国家机制以保护资产阶级社会，这种国家机制将“吞噬”一切社会力量。[19]列宁用这一点来强化他所采纳的马克思在1848—1852年期间关于法国国家著作的观点。[20]但是在这样做的时候，他不加批判地采纳了这样的理解：工人阶级不属于市民社会，因此不属于国家。在这一点上，列宁得到了布哈林的支持。布哈林认为，只有两种可行的可能性：要么工人组织“变成国家机器的简单附属物”，要么他们壮大起来，超出国家的范围，从内部推翻国家。[21]由于只有“黄色的社会民主主义者”(yellow social democrats)才会接受第一种选择，因此布哈林认为，第二种选择才是可能的出路。布哈林的革命信念导致他偏离了真实的世界；他不会接受这样的观点：资本主义国家会允许那种整合的水平。在这一点上，列宁与布哈林如出一辙。他认为，资产阶级“除了把它所压迫的阶级的组织变成国家组织之外，愿意对一切让步”。[22]列宁只能将已经成为上层社会一部分 33
的工人阶级，即工人阶级的**贵族**分子，加以概念化，但是**即使是这种同化也没有正式的管理基础**。这种同化完全是追求个人利益的关键个体的产物——工人贵族受到资产阶级的贿赂，被资产阶级作为高明策略的一部分而收买了。[23]由于列宁的“微观宇宙”[24]并不包括现代管理，因此他没有能够解释这一现象。[25]列宁的分析之所以没有这一部分，正是因为列宁的分析是对过时的俄国国家的批判，而不是对现代国家及其管理机制的批判。在对20世纪的资本主义国家进行唯物主义的分析时，列宁的分析还是很不够的。然而，很多德国思想家的确体验过这种管理机制。但是他们也没有从理论上处理它。对议会的关注使得他们的注意力偏离了政治管理机制。当工人阶级被整合进去以后，这种政治管理机制被发展为对市民社会矛盾的调解。

此外，有人认为，国家之所以力求吸收社会的各个阶层，是因为帝国主义冒险活动的缘故。这样的看法是按照国家外在的、国际的方面来设定国家的全部发展的。仿佛国家的发展完全是在资产阶级的经济要求下建构的，而这正好将注意力集中在外在的市场上。这种观点完全忽视了这样的事实：这里所讨论的各种机制是国内战线上的阶级斗争的产物，我们将在第四、五章以英国为例加以说明。换言之，尽管列宁谈论了那么多阶级斗争，但他自己的分析却将阶级斗争排除在资本主义国家发展之外了。

领导权与扩张的国家

葛兰西在《狱中杂记》中有一段富有真知灼见的话。他指出，社会学产生的方法导致了政治学和政治艺术的衰落，其结果之一就是国家概念的极度贫困，他也认识到，这种极度贫困的国家概念在马克思主义中也是存在的，尤其是在第二国际的马克思主义中，由于将国家归结为议会，因此丧失了政治概念。[26]正
34 是因为这个缘故，葛兰西转向了黑格尔和意大利的唯心主义者来寻求一种更精致的国家和政治概念。因此正如许多评论者所认为的那样，尽管葛兰西的著作的确应该看成是试图对国家提供一种自恰的马克思主义的分析，但是我们还是需要强调一下

他的黑格尔遗产。如果一味地认为葛兰西的"'结构性的'列宁主义"是"对列宁主义最复杂的表述",[27]就不能公正地认识他关注政治的意义。

在其早期的著作中,葛兰西追随列宁和布哈林,认为帝国主义导致了国家作用的转换。在阶级统治的帝国主义阶段,工业权力从工厂中分离出来,集中在国家官僚机构那里,迫使国家将物质财富的生产和分配的管制作为国家的一种功能。由此,出现了两种情况。首先,帝国主义的国家扩张为所更新的工人阶级活动提出了可能性。因为国家对经济的协调有可能产生以工人委员会为基础的工厂制度。其次,国家权力的这些发展揭示了一种根本性的危机,在这种危机中暴露了不稳定的国家基础;从这样的危机中产生了工人阶级夺取国家的可能性,因此帝国主义导致了工人阶级地位的改变。[28]这就提出了领导权这一根本性的问题,我们稍后转向这一问题。在其关于国家权力变迁的早期思想中,葛兰西用的是一种粗俗的阶段化,是对资产阶级社会历史演进中的自由阶段与帝国主义阶段进行的比较。这种宽泛的阶段化一直延续在葛兰西的著作中,为他的两种国家概念提供了养分。然而,随着两种概念的发展以及"领导权"概念延伸到领导问题之外,他不再关注帝国主义问题了,他因此而能够通过他关于国家的两个概念和领导权的扩张,持续不断地努力对某些历史变化加以理论化。

尽管有我们刚才所注意到的这种历史区分,但是在其早期的作品中,葛兰西关注的是,意大利并不是缓慢地发展成为宪政民主国家的,而是由工业资本主义强迫创设为宪政民主国家的,在这个意义上说，意大利国家并不具有代表性。意大利的特色在于，“意大利国家从来就不是自由国家”。[29]事实上，意大利国家不曾掩盖这样的事实：它是有产阶级的专政。这种特色意味着：

> 在意大利，当前阶段的阶级斗争，既不是革命的无产阶
> 35 级夺取政治权力以及向新的生产方式的转变，也不是有产
> 阶级和统治等级的巨大反应。暴力不遗余力地迫使工业和农业无产阶级屈从于奴隶劳动：将会存在着这样的企图，即彻底打垮工人阶级的政治斗争机关（社会党），将经济抵抗组织（工会和企业组织）整合到资产阶级国家机器中。[30]

因此，葛兰西看到，需要对西欧的国家进行更为全面的分析，而且在这样做的过程中，他从根本上转变了“领导权”这一范畴。列宁、斯大林、布哈林、普列汉诺夫，季诺维也夫都使用过领导权这一概念，但是葛兰西广泛地使用这一概念，后来又对这个概念加以扩展。在葛兰西使用这一概念之前，“领导权”是作为推翻俄国沙皇政府的策略的一部分的一个关键词，它指的是无产阶级对反对沙皇的其他与其结盟的集团所行使的那种领导权。[31]在其早期著作中，葛兰西坚持这一意义——“在实践中，革命本身体现为无产阶级领导其盟友农民阶级的领导权”[32]——这继承了列宁主义遗产。然而大量的事件——西欧革命没有出现、德国1918年革命的失败、意大利议会运动被打垮（这些将会作为失去或失败的革命而被记录下来）[33]、法西斯主义的胜利和

苏联国家内部的发展性质——共同使得无产阶级领导权的全部问题从属于更为广泛的国家权力和资本主义发展的问题。这些情况导致更加紧迫地需要进行唯物主义的分析，葛兰西对这一需要作出了回应。

> 研究……必须以一定数量的观察和评判标准为基础。其中首先要关注的是这一事实：在发达的资本主义国家，统治阶级拥有过去不曾拥有的政治上和组织上的后备军。例如在俄国……国家机器的抵抗力大大超乎平常的想象；它在危机时刻成功地组织起来的忠于这一政权的力量，要超乎最为严重的危机使人们想象他们能组织起来的力量。对于那些重要的资本主义国家而言，尤为如此。[34]

在葛兰西看来，东西方之间的这种差别由于这两个地区的市民社会发展程度之不同而进一步扩大了。在他的一个主要洞 36
见——这也是他发展的一个重要思想——之中，葛兰西认为，“在东方，国家就是一切，市民社会处在初始的、胶着的状态；在西方，国家与市民社会之间具有一种适当的关系，当国家发生动荡的时候，市民社会的稳定结构立即就会显示出来。”[35]换言之，东方与西方主要差别之一，因此也就是西方革命失败或没有出现的原因之一，就在于市民社会的存在与性质。因此，葛兰西将国家－市民社会的二分法确定为理解“西方”国家权力性质的一个富有成果的思想工具。更具体地说，对国家权力的理解依赖于对市民社会及其与国家关系的理解。

这不仅提出了关于策略的重要问题——导致葛兰西对运动战与阵地战作了考茨基式的区分（考茨基的战争分别是歼灭战与消耗战）[36]——在西方，市民社会的存在与性质使得一种较为缓慢且较为渐进的阵地战成为必然；这还有利于将他的关注点从帝国主义的问题上转移开来，从其固有的局限性上转移开来，转向民族国家内部的各种因素。葛兰西认识到，1848 年以后，国家的发展并不只是动员社会进行帝国主义的冒险的社会运动，而且还有政治制度和组织的扩张，以便保护政治和社会秩序。

> 1848 年以后，议会以及工会和政党联合体扩张了，巨形国家与“私人”官僚机构（即从属于政党和工会的私人政客）不断发展，在组织上，广义上的维护秩序的力量方面也发生了变化。所谓广义上的维护秩序的力量，不仅指的是旨在镇压犯罪的政府部门，而且指的是为了保卫统治阶级的政治和经济统治，由国家和私人个体组织起来的全部力量。自此以后，现在政治技术完全改观了。[37]

这不只是国家发展的问题，它同时也涉及市民社会日益增
37 长的复杂性。[38]这里所提出的策略问题使得葛兰西认为，运动战不再合适了，需要用阵地战来取代。这就导致了领导权概念的扩展。他写道：

> 1870 年以后，随着欧洲殖民地的扩张，国家的国内的

和国际组织关系变得更为复杂和重要。"永久革命"的"1848年主义"方案,在政治学上被"市民领导权"方案所扩展和超越。

他继续补充说:"国家是全部实践和理论活动的集合体。通过这种集合体,统治阶级不仅证明和维护其统治,而且还设法去赢得它所统治的那些人的积极认可。"[39]因此,情况看起来是这样的:国家通过赢得大众的认可而维护其政治秩序,而唯物主义的分析现在需要理解"市民领导权"。领导权不再指的是领导的问题,而是指的是统治阶级的统治,它现在是在国家和市民社会中来运作的,通过国家和市民社会发生作用。因此这个概念在两个方面得到了扩展:一方面,概念的适用范围从工人阶级转到了资产阶级,它不再指的是无产阶级的领导问题,而是指的是一般的阶级统治的性质。另一方面,由于第一种意义上的扩展,它现在要包括市民社会与国家的各种不同文化、知识和道德制度。

下面我们讨论这一扩展了的领导权概念。在这里,必须引入葛兰西所扩展的国家概念。葛兰西敏锐地意识到自由国家与1870年以后得到发展的国家之间的区别,这使得他用黑格尔的方式来扩展国家概念。在黑格尔那里,市民社会包含在国家之内;由于国家对先前分立的市民社会的领域进行干预和控制,因此国家与市民社会交织在一起了。自由主义者宣称,国家不应该干预经济活动,但是由于在现实中市民社会和国家是同一的,自由主义的这种观点极为荒谬。[40]而且,

（人们也许会这么说：国家 = 政治社会 + 市民社会，换
38 言之，领导权是由强制性的武力保护的。在这个意义上，）国家的一般概念包括需要追溯至市民社会概念的那些因素。[41]

在这里，葛兰西的黑格尔主义是非常明显的，而且他很注重表述这一遗产。葛兰西正是用这一概念来理解“整体国家”的：“在政治学中，由于不能正确地理解国家（在其整体意义上即是专政 + 领导权）的真正含义，因此经常犯错误。”[42]这种国家就是全部实践和理论活动的集合体，统治阶级就是利用这种集合体来进行统治和证明其统治的合理性的。[43]

然而，与这一扩展的国家概念相并列，还有另外的一个**狭义的**国家概念。狭义的国家概念等同于政治社会，而与市民社会相对。“我们所能做的……就是确定上层建筑的两个主要层面”：一个层面可以称之为市民社会，即通常被称之为“私人”的整个有机组织，另一个层面是“政治社会”或“国家”。[44]将国家等同于政治社会目的是为了将国家与非政治的社会区分开来。[45]佩里·安德森认为，在葛兰西的著作中，国家本身在三个定义之间摇摆：即**与**市民社会**对立**的国家、**包含**市民社会的国家和**等同**市民社会的国家。[46]事实上，葛兰西只用到两个概念：与市民社会对立的国家和包含市民社会的国家（这个概念可能包含安德森的第三个定义）。我们关注的也正是这两个概念——狭义的概念（与市民社会对立的国家）和扩展的概念（包含市民社会的国家）。

然而,葛兰西也认为,我们应该将国家与市民社会作为上层建筑的两种层面来加以思考。正是在这里,我们找到了葛兰西的马克思主义因素。上一章指出,国家 - 市民社会这个对子在马克思那里是与基础 - 上层建筑这个对子紧密联系在一起,而且还部分地被后者所取代。同样,在这里我们已经注意到,葛兰西采用国家 - 市民社会这个对子的方式是植根于他对黑格尔的解读,而不是对马克思的解读。然而,葛兰西的确从马克思那里采用了基础 - 上层建筑(或结构 - 上层建筑)这个对子。在从马克思那里采用(*adopting*)这个对子的过程中,葛兰西也改编(*adapts*)了这个对子。这两个对子,一个源于马克思,一个源于黑格尔,葛兰西在利用这两个对子时,力求将它们二者结合在一 39
起。

葛兰西从马克思那里吸纳了这样的洞见:市民社会是历史的焦点,在其中,事实上包含了物质生活和斗争。这一点看起来将市民社会放到了结构层面。然而,正如我们已经看到的那样,在葛兰西看来,市民社会并不属于结构领域,而是属于上层建筑领域。因此,无论是马克思还是葛兰西都认为,市民社会是积极、主动的领域,而国家却不是。但是在马克思看来,这个积极、主动的领域是一种"结构"现象,而在葛兰西那里是一种上层建筑现象。正如波比奥指出的那样,这就使得人们关注到这样至关重要的两点:首先,葛兰西的市民社会概念来源于黑格尔;其次,黑格尔的市民社会概念,正如葛兰西所理解的那样,是上层建筑现象。[47]

要解释这一点,我们需要考虑葛兰西在借用马克思和黑格尔的概念时的张力。葛兰西意识到,需要用以一种合乎历史发展的方式来发展马克思主义,因此他认为经济论完全是一个绊脚石。他认为,经济论把一切事物都看做是经济因素,然而在前提(经济结构)与结果(政治组织)之间,各种关系绝不是简单的、直接的。一个民族的历史并非仅仅是用经济事实来书写的。“机械历史唯物主义不承认(领导人方面)可能会犯错误,而是假定每一种政治行动都是由结构直接决定的。”[48]马克思主义要求理解的是**政治的优先地位**,[49]而不是机械的经济决定论。然而他对经济论的批判并未导致他与伯恩施坦式的马克思主义决裂,而是导致他更为成熟老练地试图从国家、市民社会和经济结构(基础)上对这个问题加以概念化。在完成这一任务的过程中,葛兰西将经济基础/结构与市民社会的概念区分开来。所以,一方面经济基础被看成是结构-上层建筑二分法的一个方面,另一方面上层建筑被看成是包括了两个层面,其中的一个层面就是市民社会。[50]

正如我们已经看到的那样,对于黑格尔来说,市民社会不仅包括经济结构,而且包括从它那里产生出来并对它进行管制的那些组织形式。葛兰西认为,黑格尔的行会概念是粗鄙的、原始的概念;由于黑格尔的行会组织处在政治和经济之间,因此他的
40 行会组织建构的是“一种嫁接到经济上的政治”。[51]因此,看来葛兰西心目中的黑格尔的市民社会,并不是市民社会的经济环节——需求的体系,而是管制市民社会的一系列机构,确切地说是那些为管理提供基础的机构,[52]因此葛兰西的黑格尔市民社会概念是上层建筑的环节,介于政治与经济之间。

葛兰西就是在上述意义上将国家－市民社会与基础－上层建筑这两个对子结合在一起的。在这样做时，他超越了他自己认为是二者固有的那些局限。这也使他超越了黑格尔和马克思。这一表述有助于理解葛兰西著作中国家这一双重概念的重要性，以及狭义的国家和广义的国家的活动方式。就狭义的概念而言，国家等同于政治社会，市民社会看起来是作为国家与经济结构之间的一个层面来活动的。这或许可以解释为什么在全面夺取政治权力之前，必须赢得市民社会的阵地战。与这一思想相连的一个基本问题是，他倾向于使用一种更为有限的领导权概念。然而正如我们已经看到的那样，葛兰西也有一个扩展的领导权概念，我们对扩展的国家概念的讨论有助于理解这一着棋的重要性，但是首先还要提出一个更深一层的对子：强制与同意。在这样做的时候，我们将保护葛兰西免受一种后马克思主义与欧洲共产主义解读的伤害。

在葛兰西看来，在资产阶级革命时期，就无产阶级与农民之间的领导权关系而言，强制与同意是关键因素。这里的领导权指的是政治领导权，在这一点上，他与其他著作家并无二致。然而领导权概念的扩展导致的是强制与同意这一对子的根本改变。马基雅维里区分了两种斗争方式，即法律的方式和强力的方式；前者是人的本性，后者是动物的本性。葛兰西借用了马基雅维里的这种区分，并且认同这样的看法，即由于前者常常是不够的，因此人们必须求助于后者。葛兰西将这种二元性转变为"强力与同意、权威与领导权、暴力与文明"。[53]因此在葛兰西看来，强力与同意这种二元论可以说是在任何历史时代都是有效的。[54]如果像安德森所做的那样，对这些二元论进行区分，就会出现这样的情况：一方面存在着强力、权威和暴力，另一方面存在着同意、领导权和文明。
41 在这里领导权是与暴力分开的，而与同意处在同一个“组群”内。所以领导权就是同意。在“文明”社会里，同意是通过领导权来实现的。它与用强力和暴力作为统治的方式是不相同的。

所以，在**狭义的**国家概念中，领导权看起来是一种同意的环节。同意是市民社会所具有的概念，与它并列的是强制，强制是集中在国家中的概念。因此，在上面提到的那段话中，葛兰西认为，这两种上层建筑层面“一方面相当于统治集团在整个社会行使的‘领导权’功能，另一方面相当于国家行使的‘直接统治’或控制功能。”[55]因此其要点在于，当葛兰西使用狭义的国家概念时，他也在使用狭义的领导权概念。国家与有组织的强制密切相关，市民社会则是领导权的领域。这种阐述部分地解释了为什么有些论者得出了这样的错误结论：领导权专门关注的是市民社会。例如，尚塔尔·穆夫认为，对于葛兰西来说，“整体国家概念……主要是用来论证市民社会……事实上就是资产阶级行使领导权的地方。”而且她坚持认为，在葛兰西的著作中，领导权概念与“国家干预社会领域的现象”无关，或者说与“国家的扩张”无关。[56]这种阐述的问题在于，只有当人们忽视了葛兰西扩展的国家概念时，它才是正确的，而扩展的国家概念恰恰是葛兰西著作中最富有成果的方面。

正如我们已经看到的那样，当葛兰西使用扩展的国家概念时，市民社会就被解读成了国家的环节。在这里关键在于，领导权的概念同样得到了扩展。在这个概念中,领导权既包含强制也包含同意。例如,葛兰西认为,在司法、立法与行政权分立的背后,存在着一个根本上统一的国家,而“三个权力也全部都是政治领导权的工具”。[57]由于政治社会既是国家的一部分,又等同于国家,因此,看来领导权也是国家的一种功能。同样,葛兰西有时认为,领导权需要运用强力:“对现在是议会制度的经典领域‘正常’行使领导权,其特征是相互平衡的强力与同意结合 42
在一起。”[58]行使领导权的部分特征是运用强力,这一观点必然意味着领导权是通过国家行使的,因为合法运用强力的手段是由国家垄断的。在研究克罗齐和金泰尔(Gentile)的政治学时,葛兰西批评前者的自由主义导致了他坚持市民社会与政治社会的分立、领导权与专政的分立,而后者对国家权力的法西斯主义解释至少使他认识到领导权与专政是不可分的,强力与同意是完全等同的。[59]换言之,领导权的问题不再是关于强制或同意的问题,而是关于强制与同意的问题。而且,由于它从整体上关系到葛兰西对扩展的国家概念的阐述,因此领导权是包含在国家本身之内的。[60]

在很多方面,强制与同意这个问题是一个次要的问题,有损于更为实质的要点。其根源无疑在于葛兰西的意大利背景,即源自马基雅维里和克罗齐的影响。但是强制与同意的问题,在本质上具有自由主义的根源,是自由主义者关注的问题。对于马克思(和马克思主义者)来说,不存在(或者不应该存在)与强制和同意相联系的真正的理论问题:它们都是阶级统治过程中的两个环节。所以,尽管马克思认识到,国家是一种强制的力量,但是他也看到,国家是如何体现为一种代表整个共同体并为公共利益而工作的力量。在采用马基雅维里的双重性质的东西时,葛兰西把强制－同意这个对子问题化了。正如约翰·霍夫曼所指出的那样,强制与同意的综合在古典传统中就存在,现在必须将它们拆开来加以分析;这就是葛兰西所做的事情。但是在分析它们时,他丧失了在马克思那里可以找到的综合。[61]马克思把强制和同意看成是统治联盟内部综合起来的东西,因为马克思接受了黑格尔的原则,社会秩序是通过斗争的过程建构的。阶级不是通过强制或同意的过程建构起来的,而是通过统治阶级所展开的斗争而建构起来的。秩序也正是通过这一过程建构的。这样看待这个过程,也就确认了这种斗争的阶级性,而与强制或同意这个问题无关。葛兰西认识到,正是阶级才具有领导权,但是,领导权的阶级性恰恰又有降低阶级斗争地位的危险,
43 因为它把焦点集中在强制－同意这一问题上。

而且在降低阶级斗争这一问题的地位时,人们面临着将“领导权”扩展成空洞概念的危险。在这里,我们可以把上面进行的对穆夫的批评加以延伸,因为正是(领导权中)缺少了阶级和对国家权力的分析,构成了这种尝试的主要弱点,这种尝试力图把注意力完全集中在领导权上,把领导权当作社会主义迈向“彻底民主政治”的核心策略。在迈向这种策略的过程中,葛兰西呼吁的阵地战由于以下原因被拒绝了,即他设想将社会领域分成两个阵营,而这个设想被否定了。这一否定导致了这样一种社会主义策略,即将没有阶级的领导权理论化。[62]然而,正如我们现在已经看到的那样,阶级处在葛兰西领导权概念的核心。而且,

如果把领导权归结为市民社会内的一种关系，就会完全抹去阶级权力与国家权力之间的任何关联。葛兰西扩展的国家概念再一次变得重要了。正如布希－格拉克斯曼指出的那样，整体国家与扩展的概念（这里我们还必须加上：**或者某种类似它的东西**）变成了检验是不是马克思主义分析的试金石，而这是与穆夫上面的观点相反的。[63]

布希－格拉克斯曼正确地宣称，如果我们承认葛兰西的后期著作中使用的是扩展的国家概念，如果我们考察领导权机器，而不是领导权，那么葛兰西关于领导权的著作就很好理解了。之所以说这一点是有用的，是因为——正如她所指出的那样——葛兰西扩展的国家概念是处在一种精细的论辩与理论背景之中的。国家概念的扩展是对国家本身扩张的回应：国家的扩张涉及将领导权及其机器整合到国家之中。[64]正如亚当森所指出的那样，领导权“是这样一种概念，其要点在于回避基础与上层建筑的根本分立，正如在许多第二国际的马克思主义中那样，这种根本的分立将后者只是视为一种附带现象，或者像列宁的自愿主义那样，这种分立假设一种新的上层建筑可以独立于基础而被建构出来”。[65]关键在于，领导权是与三个对子一起使用的，这三个对子是：基础－上层建筑、国家－市民社会和强制－同意，而且领导权是直接与阶级联系在一起的。

扩展领导权概念的重要性可以通过简要地讨论法律得到说明。葛兰西清楚地知道，“国家代表的是一个国家司法管制的强制和惩罚力量”，[66]他还认识到，法律具有非常宽泛的功能，它为 44
政治秩序的非强制建构提供基础。葛兰西将“司法问题”看做是将整体组群同化成最高级部分的问题。这就是说,“统治集团通过‘法律’变成了‘同质性的’,创造出一种社会性的成规(conformism),这种社会性的成规对于统治集团的发展路线来说是非常有用的。”[67]国家是这个过程中的核心,但是法律比纯粹的国家和治理活动要宽泛得多,它还包括与指导市民社会有关的那些活动。这一点重复的是黑格尔和马克思的洞见,并且指出了他们的共同信念:在(压迫性的)法律与规范之间不可能做出简要的区分——福柯则完全不同意这种看法。毋宁说法律是规范创造和从技术上管理市民社会的核心。这一点在下文——即在对福柯的法律概念及其与管理的关系的批评作为核心的第三章和试图对法律与管理的关系做出更充分解释的第五章——还要阐述。

扩展的国家概念何以见得是有用的?能不能将它用于对国家进行一种唯物主义的分析?我们已经注意到,葛兰西关注的是共产主义运动的策略,其核心就是必须理解资本主义社会权力的性质,相应地就是要以理解国家与市民社会之间的关系作为基础。葛兰西敏锐地注意到这种关系已经发生和正在发生的那些变化——当他扩展国家概念的时候,国家这个概念处在1848年之后(或1870年之后)所发生的事件的关系之中,这一点是非常重要的。葛兰西坚决认为,国家与市民社会的分立是方法论上的分立,并对那些将这种分立视为组织上的分立的人进行了严厉的批判。[68]葛兰西坚持扩展国家概念的必要性,这无疑是正确的,因为狭义的国家概念将市民社会从概念上看做是去政治化的东西,是外在于政治领域的东西。有了扩展的国家概念，市民社会的政治性质就易于理论化了（至少潜在地是这样的）。因而，毫无疑问，葛兰西致力于试图准确地理解西欧国家与市民社会正在发生的那些变化，而且他认识到，要做到这一点，狭义的国家概念根本是不可能的。然而，当他讨论国家与市民社会为何是一个东西的时候，我们发现，他将市民社会**整合**到国家之中了。由于市民社会被包含在国家之中，这就导致了市民社会与国家被确认为同一个东西。这一做法具有将所有形式的统治归结为国家的危险。人们会冒险将所有的机器理论化为 45
国家机器。我们将会看到，阿尔都塞就是这样做的。这一做法不可能对统治制度的不同功能做出区分。一方面，即使可能加以区分，但是也很难将在国家机器中所发现的那种统治与——比如说——在家庭或教会中发现的那种统治之间的不同加以理论化。另一方面，如果将市民社会从概念上理论化为属于国家的东西，那么就**不可能将国家对市民社会的渗透过程理论化**。[69] 这两个困难远远大于通过使用扩展了的国家概念而取得的理论上的进步。领导权的概念并没有克服这些困难，甚至还增加了困难。

由于把注意力集中在国家与市民社会这个对子上，并且确认它是黑格尔的遗产，葛兰西大大超过了列宁，发展了唯物主义的分析。然而，为了把在资本主义社会中不断出现的历史变化加以理论化而使用这个对子时，所需要的并不是扩展的国家概念和扩大领导权概念。在方法论上保持国家与市民社会的分立，并且不是通过领导权这个范畴，而是通过“政治管理”这个范畴来重新思考这种分立，这样一种思路更富有成果，从而可以克服上面所勾勒的葛兰西的方法所具有的两个基本问题。最重要的是，能够将政治管理为了回应阶级斗争而不断发展的方式加以理论化；市民社会的主要机构被政治化了，部分地为国家所吸收，从而为国家所管理。要做到这一点，既不需要扩展的国家概念，也不需要领导权概念，所需要的是包括管理在内的广义的政治概念。

而且这一论证并没有将国家－市民社会与基础－上层建筑对置起来，也没有试图将一个焊接在另一个上。（政治经济学是解剖市民社会的关键，需求领域只是市民社会的一个维度。）用葛兰西所用的方式将国家－市民社会与基础－上层建筑分立——前者他采自黑格尔，后者他采自马克思，在这里，他的评论表露无遗——要求用调和的方式把一个对子重叠在另一个对子上。（当然，除非人们想完全放弃这两个模式中的一个。）这是
46 领导权这一范畴计划旨在坚持实现的任务。但是这就留下了这样一个模式，在这个模式中，基础变成了需要单独分析的一个领域。这就丧失了国家与市民社会辩证法的本质的方面，因为基础与两个上层建筑层面的关系仍然是不清楚的，而且最终也没有被理论化。

此外还可以这样的论证，葛兰西著作中的延误和摇摆为后来的解读留有余地。后来的解读中，国家与市民社会之间的分立被否定了（阿尔都塞和福柯），领导权被剥除了其阶级维度（拉克劳和穆夫）。因为尽管葛兰西阐述其广义国家概念的目的是为了解决由于政治边界的变迁而提出的各种历史问题，但是对他的一种解读是，它促使我们抹杀国家与市民社会之间的分

立。[70]很多作家都受到这样的促动，例如阿尔都塞，而这一促动则被福柯及其追随者发展了。这一章的余下部分关注的是，阿尔都塞受到这一促动何以恰恰说明了保持国家与市民社会分立的重要性。这也同时为第三章对福柯的批评打下了基础，尽管他们之间具有重要的政治差别，但是人们可以在阿尔都塞和福柯之间追溯出大量的理论上的密切关系，而且根源都在于他们放弃了国家与市民社会之间的分立。

意识形态与国家机器

意味深长的是，为了坚持这样的论断，即市民社会是无意义的，因此应该“从马克思主义的理论词汇表中”砍掉，阿尔都塞被迫致力于伪造一些相关的论断——将市民社会归结为个人的经济行为，认为这个概念在成熟的马克思主义著作中消失了，它是一个含混的概念，而在葛兰西那里，这个概念指的是经济存在的领域[71]——因为他对这一概念的放弃导致了大量严重的理论困境。在第三章我们将表明，在放弃国家与市民社会分立时，福柯同时放弃了作为关键分析工具的国家这一概念，这给他留下了一个无所不包的权力和社会概念。反之阿尔都塞保留了作为关 47
键工具的国家概念，但是没有保留市民社会，他被迫将他的国家概念扩展为包括所有市民社会的机构。这不是用黑格尔、马克思和葛兰西的方式作出的，(在这三个人那里，国家与市民社会是连接在一起的，同时在概念上是分开的)而是作为完全不同的计划的一部分，其后果是巨大的，也是有害的。

阿尔都塞试图将上层建筑的有效性加以理论化，他这样做时主要依靠的是将国家明确地概念化为一种压迫机器，因此国家被看做是一整套“（压迫性的）国家机器”（RSAs）：警察、法庭、监狱、军队、治理和管理。但是这样一种“描述性的”分析是不充分的，需要通过对“其他的现实性”——意识形态的国家机器（ISAs）——的分析来取代它。后者将有助于国家理论的发展。RSAs 最终是通过暴力起作用的，而“ISAs 是大量的现实性，对直接的观察者来说，它是一些各种不同形式的专门化机构”。[72]它包括：宗教的 ISA（教会系统）、教育的 ISA（公立和私立学校）、家庭的 ISA、法律的 ISA、政治的 ISA（包括政党）、工会的 ISA、交流的 ISA（大众媒体）以及文化的 ISA（文学、艺术和体育）。

在很多方面，阿尔都塞将哪些机构放在各种不同的 ISAs 中并没有多大的关系，因为事先确定的是，它们要确保生产条件的再生产，因此对 ISAs 进行专门的分析被认为是过时的。[73]阿尔都塞在其文章中首先指出，对于社会来说需要再生产生产的条件。他这样做的理由就变得非常清楚了。阿尔都塞摈弃了“市民社会”这个范畴，留下了经济基础和上层建筑这两个范畴，而且鉴于生产条件的再生产不只是发生在经济领域中的，因此阿尔都塞必须指出在这种再生产的过程中上层建筑的有效性。在这样做时，他指出了“意识形态”和“国家”的现实性。

关于 RSA 和 ISAs 之间的区分，阿尔都塞认为：

> 压迫性的国家机器大量地而且主要地是通过压迫（包

> 括身体压迫)而起作用的,其次才是以意识形态起作用的。……同样,但倒过来,根本说来,就意识形态的国家机 48
> 器而言,以同样的方式大量地而且主要地是通过意识形态起作用的,但是其次,它们也通过压迫起作用。[74]

关于ISAs的各种不同而且是多种多样的性质的任何理论问题,都可以通过指出它们是在占统治地位的意识形态,即统治阶级的意识形态之下的联合而得到克服。统治阶级作为国家权力的占有者,在ISAs中必定是积极的。那么逻辑的结论是,ISAs既是阶级斗争的场地,也是阶级斗争的标桩。被剥削阶级在ISAs中找到了比RSA中更大的反抗机会和可能性。

因此,尽管基础具有最终的决定权,但是对于阿尔都塞来说,基础与上层建筑的“形态学”隐喻是理论的描述阶段。从本质上讲,他是用一种功能主义来论证在生产条件的再生产过程中上层建筑,即ISAs的权力的,并藉此论证来阐述上面这一点。[75]与此同时,他强调,在ISAs之内能够发动一场战胜ISAs的阶级斗争。这种思想并不是对葛兰西的阵地战或考茨基的消耗战的整合,而是对毛泽东思想的整合。毛泽东思想宣称,无产阶级必须“在意识形态领域迎头痛击资产阶级的每一次挑战”,必须为“转变教育、文学、艺术和上层建筑所有其他部分”而奋斗。[76]因此格雷戈里·艾略特正确地指出,阿尔都塞关于ISAs的著作的特征是,“在功能主义与自愿主义之间存在着一种未加解决的紧张关系。所谓功能主义,指的是通过国家机器实现社会再生产的自动性。所谓自愿主义指的是通过阶级斗争这一解围之神实现的社会转变的偶然性。”[77]

现在,在很大程度上,阿尔都塞在着手解决葛兰西的强制与同意、国家与市民社会二分法的问题。但是由于放弃了市民社会概念,阿尔都塞所诉求的就是宣称这些机构是属于国家的。在这个意义上,我们可以说,ISAs是对葛兰西的一种粗鄙的结构主义援用。而且,阿尔都塞认为,统治阶级的意识形态的统治是通过特定的ISAs来实现的。ISAs与RSAs之间的不同主要是程度上的问题:前者是意识形态占主导地位,后者是强力占主导地
49 位。但是这种关于强制与同意之间关系的观点远不如葛兰西所提出的观点精致。更为重要的是,阿尔都塞把原本是市民社会的机构放到了国家机构之中,这种做法必然会掩盖国家与市民社会之间的分立。正是葛兰西关于国家与市民社会和扩展的国家概念的更为精致的分析,使得他能够保持这种分立。阿尔都塞通过ISAs扩展了国家概念,使其涵盖了——用艾略特的话说——从幼儿园到政党的一切事物,这也掩盖了不同国家形式之间的差别。其结果就是,实际上否认了,或者至少模糊了纯社团的国家结构(a fully corporate state structure)中,工会、政党和幼儿园是国家机器的一部分;而在国家中,工会、政党和幼儿园,是独立于国家但又根据国家所确定的法规来进行活动的。[78]因此纯粹社团国家结构与国家之间的区别就被有效地否定了,或者至少被模糊了。同样的困境在福柯的著作中也会遇到。

阿尔都塞关于政治党派的评论以及他对自由民主政治机制的贬损可以进一步说明这一点。对于阿尔都塞来说,政治ISA包括不同的党派,但是政党何以被说成是能够以教育和家庭的

ISA所能用的方式再生产生产的条件，这一点根本不清楚。诚然，可以说，政党通过渗入现存的政治制度从而使得现存的政治制度合法化来帮助维护政治秩序，[79]但是这与实际再生产生产的条件大不相同。此外，由于它拥有被俘获的听众，用乔装成知识的统治阶级的意识形态来训练和教导他们，然后又将其赶到工作世界中，因此学校（或教育ISA）取代了教会成为主要的ISA；国家通过教育机器向整个人口行使权力。这种赋予教育制度以特权的做法导致了政治遭到贬损。阿尔都塞这么做的"充分理由"不过是宣称资产阶级社会是靠政治ISAs生存下来的，而不是靠议会民主生存下来的。鉴于议会民主的发展和普选权的历史重要性，这种对政治ISA的贬损令人感到非常困惑。无疑，在1968年5月事件中，学生的作用可以部分地解释他对教育的关注，[80]而且可以说，阿尔都塞是在对法国比西方其他国家更为严厉地控制教育体系做出反应。然而真正的问题是，他赋 50
予教育ISA以特权导致了他忽视对政治ISA进行任何实质性的讨论，与此相应也有助于他将政治归结为议会机制。

阿尔都塞对上层建筑有效性的关注也集中在意识形态上，对这一概念的解释可以使得我们加强对ISAs进行某种批评，并说明由一种马克思主义所提出的那些问题。这种马克思主义不对集体主体和能动主体进行任何研究就寻求在理论上对这些问题加以阐述。

阿尔都塞将《德意志的意识形态》视为前马克思主义的文本而加以摈弃。他认为意识形态没有历史；至少一般意识形态没有历史。正如在弗洛伊德看来，无意识没有历史，是永恒的一样,意识形态也是永恒的。然而在阿尔都塞的早期作品中,他认为意识形态是每一个社会整体的有机部分。所有人类社会都藏匿着意识形态,即使是在共产主义社会也不能摒弃意识形态。[81]在他论述国家的著作中,阿尔都塞更为关注的是意识形态如何"将个体召唤(interpellates)为主体"。怎么会出现这种情况呢?首先,"意识形态体现的是个人与其真实存在条件之间的想象性的关系。"其次,"意识形态具有一种物质性的存在",每一种意识形态总是存在于一种机器及其实践中。因此它具有物质性;具有 ISAs。最后,阿尔都塞说,意识形态的功能就是要将个人建构成主体。[82]每个具有意识、具有特定行为模式的个体都要参加大量的(物质的)实践活动,这些活动都是 ISAs 的活动,各种思想观念都是依赖这些 ISAs 的。在这里,物质性是根本的东西,因为"就主体是通过下列体系行动的而言,它是行动的:意识形态存在于一种物质的意识形态机器中,规定了由一种物质的仪式控制的物质的实践。"[83]而且更为基本的是,主体范畴都是所有意识形态建构的,但是与此同时,……主体范畴只是所有意识形态建构的,因为所有的意识形态具有这样的(规定它的)功能:将具体的个体建构成为主体。[84]简而言之,意识形态将个体建构成社会的有意识的主体。

其结果是,在主体化的过程中,主体将自己(错误地)看成是自由的行动者,除了那些偶尔引起 RSA 干预的"坏主体"之外,
51 主体是在由 ISAs 主导的实践中自己工作的。但是主体这个名词同时也意味着屈从、顺从,因此除了自由地接受顺从之外,会拒斥所有的自由。"个体被召唤为一个(自由的)主体(subject),

以便他自由地屈从于主体(the Subject)的命令,也就是说,以便(自由地)接受它的屈从(subjection)……。除了通过他的屈从并为了他的屈从之外,没有别的主体。"[85]与福柯一样,阿尔都塞认识到,成为一个主体就是要屈从。通过将个体建构成(错误地)自认为自由的主体,意识形态确保主体屈从于社会秩序。[86]所以个体不仅在被建构成主体的过程中经历了屈从(subjection),而且在意识形态将它们建构成为主体的过程中确保了它们对社会秩序的顺从(submission)。

我们需要从这种解释中摘录出一些要点,以便我们能够把握阿尔都塞所理解的意识形态的全部理论上和政治上的含义。首先,阿尔都塞是在个体的层面上对待主体这一概念的。正如保罗·赫斯特所注意到的那样,阿尔都塞"抛弃了在某些种类的'黑格尔式'马克思主义形式中发现的集体主体概念。这种对集体/建构主体的抛弃,进一步加强了主体与个体的同一性。"[87]这一点的全部后果我们将在下面加以详细论述。此时,我们只简单地指出,在整个20世纪围绕西方马克思主义的主体的问题仍然是集体主体的问题,从本质上看,它植根于对马克思的黑格尔式的解读。为了从马克思自己的著作中清除黑格尔主义的全部痕迹,阿尔都塞不再关注任何集体主体。在阿尔都塞的著作中,关于主体的全部讨论都归结到个体的层面上了。

其次,阿尔都塞的主体思想涉及它的去中心化。在"弗洛伊德与拉康"这篇文章中,他说,"自从马克思以来,我们已经认识到,人类主体……并不是'历史的中心'——甚至……历史也没有'中心',而是拥有一种结构。这种结构除非是在意识形态的错误认识中,否则是不需要'中心'的。"[88]此外,阿尔都塞还说,弗洛伊德已经向我们表明,在其去中心化的过程中,人类主体也是由一种没有"中心"的结构建构的。而这种人类主体的去中心就是他将个体看成是社会结构的承担者(*supports*)这一思想的结果。

52 生产关系的结构决定生产者所占有和采取的空间和功能。这些生产者是这些功能的"承担者"(Traeger),就此而言,他们只不过是这些空间的占有者。因此,真正的"主体"(在过程的建构主体这个意义上)并不是占有者或功能者,不管表面情况如何,都没有天真的人类学所给出的"明显特征",都不是"具体的个体",不是"真正的人",而是对这些空间和功能的确定和分配。真正的"主体"是这些确定者和分配者:即生产关系(政治的和意识形态的社会关系)。但是由于它们都是一些关系,因此不能在主体的范畴内思考它们。[89]

然而,这里还存在着危险,即这种"去中心化"的活动事实上就是要完全消灭主体。正如巴里巴尔(Balibar)所描述的那样:

为了给这些个体定名,[马克思]系统地使用了 Traeger(承担者)这个词。这个词在英语中常常翻译为"support"。人不会出现在理论中;在理论中,人只是表现为结构所隐含的关系的承担者,他们的个性只是表现为结构的明确结果。[90]

这里的一个主要问题就是,这种观点在马克思本人的著作中得不到支持。正如凯特·索珀(Kate Soper)所指出的那样,诚然马克思偶尔使用过“承担者”这个词,而且在《资本论》中主张要处理个体,“因为它们是经济范畴的人格化(personifications),是特殊的阶级关系和阶级利益的体现”。但是,尽管如此,“这并不意味着个体就是‘人格化’,如果说它有什么意义,那么也只是指出了用如此抽象的形式来处理他们的局限性。”若如此,阿尔都塞犯了误读马克思的过错。[91]事实上阿尔都塞的确搞错了,这个过错是马克思主义要加以反对的:他把现象性的形式当作了本质,而且接受了资产阶级政治经济学和哲学的论点。人类主体是承担者,是分配给他们的功能的承担者,这一概念处在资产阶级政治经济学的核心,其目的是使工人阶级相信这一点:他们是资产阶级社会法律的、没有权力的承担者。[92]

此外,由于阿尔都塞对主体加以去集体化,因此他不得不将阶级也视为社会关系的承担者。[93]阿尔都塞一方面坚称历史是 53
没有主体的过程,同时又坚持认为,“阶级斗争是历史的发动机”。但是由于没有作为一种集体主体、一种普遍的阶级的工人阶级这一概念,阶级斗争的引进看起来就是另外一个解救危难的人,说得更坏一些,是一种象征性姿态。因此对于阿尔都塞来说,没有办法将斗争整合到 ISAs 中去。ISAs 是各种各样的结构,它处在斗争之外,或者说超越斗争之外。事实上,由于它们的地位只是社会关系的承担者,在阶级斗争中根本不起作用;由于它是被动的,人们不知道这种斗争包含的内容是什么。最后我们在这里提出一个下面将要讨论的问题:它是为什么而斗争的?[94]工人阶级斗争的全部要旨就是拒绝只做结构的承担者;拒绝为别人喝彩,也拒绝别人为自己喝彩;拒绝建构,也拒绝被建构;与其被完全驯服,不如拒绝成为一个积极的主体。

在宣称人类只是结构的承担者,历史是没有主体的过程的时候,阿尔都塞不仅重新表述这样的观点:因为马克思的早期著作是围绕着"人"这一范畴来组织的,极大地依赖于对一种历史主体的理解,因此这些著作属于意识形态的领域而不是属于科学的领域,不是真正的马克思主义;他还对保留了主体概念的黑格尔式的马克思主义传统进行了有意识的反驳。正如安德森所注意到的那样,1962 年,列维 - 施特劳斯喊出了他那个时代的口号:"人文科学的最终目的不是要建构人而是要分解(dissolve)人。"对于这种结构主义的主张,阿尔都塞的"马克思主义"回答不是驳斥,而是**支持**。阿尔都塞不是反击施特劳斯对历史和人道主义的攻击,而是"支持这种攻击,并且将其整合到马克思主义之中,于是马克思主义本身被重新阐释为一种理论上的反人道主义。"[95]结构主义力图摈弃主体,阿尔都塞支持这种努力(而不是抵制这种努力),藉由这种方式,阿尔都塞仅仅使得福柯向前迈进了一步,并宣告人的终结和马克思主义的过时。[96]当然,关键之处不仅在于集体主体的缺失——这是阿尔都塞将主体归结到个体层面的必然结果;还在于阿尔都塞否认了**任何主体**都能形成历史主体这一观点。这样一来,就否定了通过积极主
54 体——马克思主义的核心特征之一——对整体进行任何有意义

的规定的可能性。

这一点的意义是至关重要的。由于放弃了集体主体，主体被去中心化了，它在历史变迁中的创造性作用被摈弃了，那么对社会秩序进行革命性的改变，其目的何在？如果“人的自由不是通过意识形态认同的自我满足（by the complacency of ideological recognition）来实现的，而是通过认识人类认识遭受奴役状态的规律来实现的，”[97]那么，对社会秩序进行革命性的改变似乎就既是不可想象的，也是不值得的。之所以说是不可想象的，是因为意识形态是这么普遍、这么必要、这么有力的一个社会黏合剂，以至于没有留给抵制和反对它的意识形态理论以任何空间。如果历史是一个没有主体的过程，人类主体仅仅是结构的承担者，人们不禁要问，现实中的社会变迁将会从何处产生？[98]之所以说是不值得的，是因为如果自由只是对人类遭受奴役的规律的认识，如果人被贬损为限制结构的永恒承担者，而且，如果——正如阿尔都塞所说——共产主义只是生产方式的改变，[99]人们不禁会同意马丁·杰伊的观点：很难理解一个无阶级的社会真正想实现什么。[100]

这严重影响到阿尔都塞对国家权力的解读。阿尔都塞用“压迫”和“意识形态”这些范畴来构想资本主义国家，将政治简化为议会，他有意忽视了1832年以来（以英国为例）国家权力变迁的重要性。然而需要理解的正是这种变迁。但是理解不能通过压迫－意识形态这样的对子来实现。所发生的变化中，有很多变化都是稳定和维护资产阶级社会秩序所需要的，它们既不是压迫的结果，也不是意识形态反复灌输的结果，而是资本主义社会国家权力表现形式变迁的结果。而国家权力表现形式的变迁是通过作为维护阶级统治手段的政治管理制度的出现和巩固体现出来的。压迫－意识形态这个对子是不可能把握这些变化的。阿尔都塞将主体从其集体模式缩减为个体模式,将工人阶级视为国家机器被动构建的东西,在这些理论发展过程中,他必定会抹杀阶级斗争的过程。普兰扎斯在临终前理解了下面这一点的重要性:

> 对于普通大众来说,物质措施才具有积极的意义。国
> 55 家……一直都在采取物质的措施,即使这些措施体现了许多让步,而这些让步是通过下层阶级的斗争施加的。如果国家与普通大众之间的关系被归结为压迫－意识形态这个对子,就不能解释这一本质性的方面。[101]

阿尔都塞的失败主要是由于也对意识形态这一概念的依赖。他试图在 ISAs 中赋予意识形态一种物质基础,这在某种意义上是一种误导,因为在其整个意识形态的理论中,ISAs 所起的作用很小;他的意图是让意识形态理论而不是 ISAs 具有解释权。这一点在这一事实中得到了证明,即意识形态概念是以 ISAs 所不具备的方式贯穿阿尔都塞的全部著作的。这样一来,ISAs 在阿尔都塞的分析中所起的作用是一种唯物主义的虚假外表,而这种分析在其他方面却没有一点儿唯物主义的痕迹。因为主体是在其屈从过程中并且通过他的屈从而被建构的,因此 ISAs 的引入只是用来给予意识形态一种机构的形式;但是意识

形态仍然保持着中心地位。然而鉴于阿尔都塞抹杀了市民社会，并将意识形态视为社会秩序的黏合剂，ISAs就变成了与社会毗连的东西。阿尔都塞发展ISAs概念的目的是超越马克思主义在分析国家时所提出的“压迫假设”，但是在这样做的时候，他把市民社会的各种机构概念化为意识形态的国家机器，从而丧失了任何真正的政治的概念，丧失了国家权力政治性的特点。在福柯的著作中也可以追溯到类似的转变和相应的丧失，尽管在其著作中并不是ISAs在起这种作用。

此外，阿尔都塞不断提到物质性的东西，其作用在于把一切，甚至思想本身，都变成物质性的东西。问题不在于这个词后来丧失了分析能力[102]，而在于它掩盖了这一现象：即缺乏对国家进行一种实际的唯物主义分析。在运用“意识形态”时，阿尔都塞忽视了与市民社会相对的国家（而不是ISAs）的运作方式。关键的问题是，在资产阶级社会中，国家作为中央权力机构管理市民社会。政治管理，即本书所阐述的最重要的概念，既不能理解为意识形态，也不能理解为压迫。此外，“意识形态”稍加改变就变成了“话语”，“结构的复杂性”就变成了“多种面向的、碎片化的权力技术”，这种偏离唯物主义理解权力的道路几乎能够完全 56
行进在这样的路径上：即完全确信自己是一种历史唯物主义。

57

第三章　福柯与政治的终结

福柯将其著作的目的描述为创造"一个不同模式的历史,通过这些模式,在我们的文化中,人变成了主体"。福柯描述了这种情况由以发生的三种模式:具有科学地位的研究模式、区分(病人/健康人,疯子/正常人)活动、人由以将自己变为主体的机制[1]。通过探讨**权力**如何作用于主体并通过主体而运作的方式,以及**权力**如何将主体(the subject)建构成一个主体(a subject)的方式,福柯阐述了主体被构建的性质以及主体性的从属性质。他的阐述从三方面极大地发展了我们对于权力的理解。首先,他指出了秩序是如何通过权力关系来维护、并通过权力机制来建构的。其次,他将管理放在了建构这种秩序的核心地位。第三,他指出了主体如何被建构成为这种秩序的[2]。

福柯关于我们所谓"现代"权力的历史变迁——这种变迁在19世纪最为显著——的思考也发展了我们对于权力的认识。他指出,1810年监禁开始几乎占据可能惩罚的整个领域,1844年确立了分格式拘押(cellular interment)的原则,1838年出版了三本关于监狱改革的书籍,1837年用警察马车(一个"移动的全景敞视监狱")来取代用链子拴锁囚犯的做法。福柯将1840年1月22日定为监狱制度的完成日,但选择如此特定的日期只是一种文风上的噱头。这一变迁大约在19世纪30年代最为显著(我将论证,正是在这一时期出现了政治管理)。[3] 他也认识到之后的发展并不仅仅涉及选举权和其他权利,或是经济和政治改革,而是涉及社会生活的各个方面——健康、性、犯罪、疯癫和福利。这些都是从属于行政管理的。因此,福柯的积极贡献在于他把注意力集中在规整资本主义社会的管理权力机制网络上。然而,由于福柯摒弃了国家概念,与此同时,也就摒弃了国家与市民社会概念上的分立,他的这一贡献被大大削弱了。福柯的分析依赖的是权力与社会,而非国家和市民社会。他深刻认识 58
到管理是由以构建秩序和维护秩序的机制的核心,但是由于他的管理概念的运作不是通过国家－市民社会的关系来解释管理的作用的,因此他的认识就被弱化了。这种弱点通过福柯在法律方面所遇到的困难而被凸显出来。因为虽然福柯非常敏锐地注意到管理的发展所带来的法律问题,但他却避免将法律和管理之间的关系理论化。结果,他关于法律的观点从根本上说来,是模棱两可、含糊不清的。其原因可以追溯到他对国家与市民社会分立的摒弃。我们将会论证,从根本上说,在福柯的著作中存在着这样的一种过程,即我们理解政治的那些基本概念——法律和国家——经过了双重系列的消解。国家被分解成权力,因此又被分解成“社会机体”;法律被分解成规范,因此又被分解成管理。

正如我们在阿尔都塞那里看到的那样,福柯也步许多当代社会和政治思想的后尘,将主体个体化。在福柯的著作中,也没有集体主体概念。本书提出这一观点基于两个理由。第五章的关注点之一就是表明,工人阶级个体是如何建构成为公民的,以及工人阶级是如何建构成为一个阶级的,这是一种旨在将工人阶级整合到市民社会和国家之中的双重过程。之所以要这样做,是为了揭示资产阶级社会国家的建构权力。福柯并未认识到国家在建构主体过程中的核心作用,也没有讨论集体主体问题。此外,在他致力于揭示主体是如何通过权力而建构的时候,福柯并未认识到主体同样也是这种权力的建构者。第五章将表明,不仅工人阶级是由国家建构的,而且国家也是通过阶级斗争的过程而建构的。

福柯对政治理论批判的贡献

福柯对于国家问题到底持什么观点呢?关于这一问题,评论家们并未达成共识。在福柯著作中,国家的地位有不同解
59 释——有人认为他忽视和贬低了国家的一般重要性和特定形式,但也有人为他辩护,说他将国家的关键作用加以理论化了——这种不同解释是福柯论述国家的著作中的含糊性的产物。[4] 我的论点是,之所以存在这样的含混性,是因为福柯对现代权力本质的研究导致了他摈弃国家与市民社会的分立,而不是重新思考这一分立。

在被问及"国家与市民社会之间的理论对立"时,福柯摈弃了这一对立的重要性。其理由是,这样的分立既无"成果",又不"相干"。[5] 这种对立被说成是在18世纪后期发展出来的,目的是

帮助自由经济学家限制国家活动的领域，但是现在不再起作用了；这种对立有其历史目的，但是现在它在把"社会"理想化成一个良好的、充满活力的、温暖的整体的同时，使得"国家"概念深受贬义之害。[6] 因此"人们可以努力找到适合特殊治理术的一种图式化的形式，而不必接受作为历史和政治普遍性的国家和市民社会分立。[7] 在自由主义的治理术中，"市民社会是一个具体的整体，其中那些抽象的点，即经济人需要加以重新定位，才能得到适当的管理"。[8]

在福柯论述权力的著作中，偶尔也有地方说到国家是根本的。例如，在《规训与惩罚》中，他认为用一种象征不同权力物理学的、全新的惩罚技术来取代现有的镣铐会创造出一种封闭的、复杂的等级结构，这种结构"被整合到了国家机器的机体之中"。[9] 同样，在《性史》一书中，他指出，性话语的成长有助于发展"旨在组织国家对婚姻、出生和寿命进行管理的一个医疗……项目"，而贯穿于性话语之中的堕落问题采取的是一种"国家导向的种族主义形式"。[10]然而，福柯拒绝将国家作为分析的中心。"国家是力量的源泉和汇合点，因此必须求助于国家来解释所有组织权力的那些机器，我认为这样的观念对于历史而言，似乎并没有什么成果，或者人们毋宁可以这样说，它的成果已经被用尽了。[11]国家被高估了，被错误地视为理论和实践的中心；他甚至认为国家可能是一种虚构的抽象物。[12]

我们可以在这两种立场之上再加上第三种立场。第三种立场认为，福柯的暧昧性还体现在他对于问题的阐述上。 60

> 我并不是说国家不重要；我想说的是，权力关系以及因此必须对之进行的分析必须超出国家的限度之外。这是就两种意义而言的：首先，尽管国家机器无所不能，但是它不可能占据实际权力关系的整个领域。其次，国家只能在其他现有权力关系的基础上才能运作。与赋予身体、性欲、家庭、亲人、知识和技术等等的整个网络系列相比，国家是一种上层建筑。[13]

所以，国家非常重要，但是国家尽管无所不能，却不能占据权力关系的整个领域。正因为国家和其他权力关系相比是一种上层建筑，因此分析的方向不能指向国家。看来，福柯最为坚持的还是第三种——暧昧性的——立场。这一点非常重要，因为这一立场导致了福柯方法论的转变，而方法论的转变是福柯国家权力困境的基础。

在很多方面，福柯继受了马克思主要方法论步骤的一些东西。他认为，同其他已经存在的权力关系相比，国家是一种上层建筑。这种主张与历史唯物主义的一个核心主张是一致的。从作为分析中心的国家转向这些"其他的"权力关系，他的这种方法论的转向类似于马克思向政治经济学批判的转向。[14]因此之故，福柯所确立的"指导原则"可以被解读为类似于马克思在1859年序言中所确立的"指导线索"。[15]另外，福柯指出了法律的形式平等与"代议制政体"赖以建立的方式，但他掩盖了权力的实际程序。[16]然而，这些其他权力的性质与马克思所关注的权力的性质根本不同。因为福柯考察的是规训机制而没有发展政治经济学批判，而且马克思保持了国家与市民社会的分立，福柯却摈弃了这一分立。

福柯比较了基于折磨和处决的惩罚模式和基于对囚犯生活最细节部分进行极为仔细管制的惩罚模式，由此探讨了这些“其他权力关系”，即“权力微观物理学”的性质。对相关的权力机制 61
所进行的比较表明：权力关系“直接进入到了社会的深层，它们并不是处在国家与公民之间的关系之中，也不是处在阶级之间的边界上，它们不只是再生产出……法律与治理的一般形式。”[17]就此而言，《规训与惩罚》的副标题就是一种误导，因为这部书不只是简单地讨论“监狱的诞生”。相反，监狱被用来作为一种分析现代社会权力关系与结构的方法论工具，被想象为规训机器。阿克塞尔·霍赖特，认为福柯选择监狱暴露了他一开始便有的前见，因为福柯决定用全控机构模式来再现发达社会的生活。[18]尽管这是事实，而且它给福柯对法律、管理和社会机体的理解带来了不良后果，但它还是部分地歪曲了福柯的方法，因为福柯对权力的解读完全不是源于监狱，甚至福柯对监狱的解读并非纯粹源于监狱。福柯之所以关注监狱，目的是说明惩罚**技术**，藉此才能阐明监禁与其他**非惩罚**活动之间的相似性，[19]福柯经常宣称的下述主张就是见证：权力“是对那些受惩罚的人行使的——或者更一般地说，是对那些我们进行监视、培训和改造的人、对疯子、在家或在校的儿童、受殖民者或固定在某一机器上、余生受到监视的人行使的”。[20]这也使得福柯大大发展有关权力关系的效果的论点。此外，如果说有一种机构被福柯用作模式的话，那么这种机构是军队而不是监狱，后文还会回到这一点。

监狱是现代社会权力关系的缩影，最深刻地说明了规训过程在起作用。惩罚的突出政治作用是重建和重申主权者的权力，与此相对照，现代惩罚的“持续的监督”无处不在，它持续不断，深入到社会机体的最精细的纹理之中。这种“完全不同的质料，完全不同的权力物理学”是福柯在阅读边沁的全景敞视监狱中获得的。在这种监狱中，持久的监视将个人定位在特定空间中，在这个空间中，他们被他人监视却无法看到监视他们的“眼睛”。这种“完全不同的质料，完全不同的权力物理学”无须任何
62 力量来维持秩序。[21]在这种全景敞视图式中，权力不再是集中的，而是分散的；不再处在等级的最高点，而是分散在整个较低的领域；不是定位在国王的身体上，而是合理地体现在整个社会不规则的机体上。福柯把规训取代主权看做是关键的历史性转变，[22]社会和政治思想需要同样的转变。福柯对于权力新技术的关注，对于权力微观物理学和社会机体毛细血管中权力的关注，形成了他戮力彻底转变权力分析的基础。[23]

福柯力图终止被他称为“司法－话语”权力思想的主导地位。这种思想在自由主义和马克思两相对立的分析中较为普遍。在这种思想中，权力一直被视为是一种权利，可以像占有商品那样占有，可以交换和异化。[24]这种“消极”的权力观掩盖了权力进行生产、形成知识、建构话语、产生快感的程度。例如，在谈到性时，福柯反对“压抑假说”，因为它假设资产阶级社会压抑性欲，给我们提供这样的可靠信念：“压抑”是与资本主义和资产阶级社会相一致的。[25]虽然如此，福柯仍把生物权力时代等同于身

体的压制，并认为生物权力是资本主义发展不可或缺的一个因素。[26]更一般地说，这种“监狱式的”、“全景敞视的”、“毛细血管的”权力，这种“惩罚性的城市”与19世纪资产阶级社会的发展有着直接的联系。作为对工人阶级动乱所带来的与日俱增的威胁的回应，作为生产机器和资本积累发展的核心，规训权力一直是建构工业资本主义的一个基本工具。他甚至有时将资产阶级视为发展规训方法的一个有意识的动因。[27]

然而，福柯并未试图探究这些规训技术是如何指导的，为什么指导，是谁指导的。由于他是一个造诣很深的结构主义者，忽视了关于机构的问题，因此规训技术的“特定利益作用”一直没有加以明确。[28]福柯坚持认为我们不能问“谁有权力？”或者“出于何种目的行使权力？”，这使他没有积极地辨识产生规训机构的社会力量。[29]福柯忽视了动因这一问题，将其分析集中在规训机构上。这只是转变了问题，因为这些机构仍被描述为“更为有效率”或“更为有效能”的。[30]但是，正如霍赖特所指出的那样，说 63
这些新发展起来的权力机构比前资产阶级统治中的机构更为有效率并无根据，因为这些新机构所维护的是完全不同的社会秩序。[31]福柯回避讨论动因问题导致了他无法解释为何将资产阶级社会等同于监狱社会。福柯也因此被迫在没有充分解释其意义的情况下讨论规训方法“效能”的提高。

不仅如此，福柯也没有探讨这种新的规训制度是如何同现代社会联系在一起的。其失败的原因在于他的主权的暧昧性。在福柯看来，任何对于主权的关注都会偏向法律，将权力视为通过法律来规制的，把法律视为源于主权的，主体在服从法律的同时，被视为对主权的屈从。在这种观点下，权力被视为集中在主权。但是，在福柯看来，“主权”是一个过时的概念。然而他在“主权”与“国家主权”之间的转变表明，他对这个范畴根本没有搞清楚。一方面，福柯似乎将主权等同于**君主政体**。

> 政治理论一直为主权者的**人格**所困扰……然而我们所需要的是一个不是围绕主权问题、因此也不是围绕着法律和禁止问题而建立的政治哲学。我们需要**砍下国王的头颅**：这就是在政治理论中尚待做的事情。[32]

另一方面，福柯看起来把任何关注**国家**的理论都看做是政治理论一直受主权“困扰”的继续。因此“提出国家［政治权力］问题意味着继续提出主权者和主权问题，也就是说提出法律问题。”[33]这一点在下面这段话中甚至更为清楚：

> 我想说的是，我们应该将研究方向放在权力的性质上，而不要朝向主权的司法大厦、国家机器以及随之而来的意识形态。我们必须逃离司法主权和国家制度的有限领域。[34]

因此，从主权向规训的历史性转变要求将方向重新从国家
64 那里转移开来。我们需要的政治哲学不再是围绕以主权权力为中心的国家问题而建立的。[35]这种观点的要点在于，他认为把问题视为主权（或国家）意味着把权力视为法律和禁止，用消极的

术语来说就是，把权力视为排斥、压制、审查、掩饰和隐瞒。“当人们将权力的效果定义为压制时，他们采取的是一种权力的……纯粹司法的观念，人们将权力等同于说‘不’的法律，权力完全被看成是具有禁止的力量。”福柯认为这样的权力观念就会不由自主地按照司法方式来设想权力，即以法律为中心，以主权为顶峰。在福柯看来，法律向来是利剑，不得不被武装起来。[36]

从法律和国家到管理和社会

法律—规范—管理

福柯认为，我们要从司法－话语转向权力的规训观念，其结果之一就是摈弃了法律在权力活动中的核心地位。然而，很快我们就明白，不能用这样的方式对待法律领域。其结果必然导致法律的根本暧昧性。在这一小节，我们将先探讨这种暧昧性，然后揭示福柯事实上是如何将法律消解成规范，然后又将规范消解成管理的。

福柯声称他对于规训机制和生物权力的分析优于以往关于惩罚和性的分析，因为他的分析没有偏向法律。惩罚是权力的一个策略，而不是法律的产物，是规训网络的产物，而规训网络会终止法律。[37]由于“规训话语与法律话语没有任何共同之处”，[38]对于现代权力的分析意味着我们必须停止“从法律、禁止、自由和主权方面来想象[权力]……事实上,现代社会中的权力没有藉由法律和主权控制性……我们不必通过法律想象性,不必通过国王想象权力。[39]在他关于“治理术”的著作中,福柯写
65 道:“治理工具并不是法律,而是成了一整套多重形式的策略。在治理的视角内,法律不是重要的东西。[40]因而关键是,新的权力技术与法律概念“格格不入”。[41]

这看起来是对“法律的排除”,[42]但事实上问题较为复杂。尽管他声称全新的规训机制取代了法律,但是他也指出了规训机制内部出现了一种“子法”或“反法律”。

> 规训无非是建构一种“子法”。它们……应该被视为一种反法律。它们的真正作用就是引进难以逾越的对称和排除相互作用。……规训可能是有规律的、制度化的东西,但在机制上,它是一种“反法律”。[43]

这种“新的‘法律’形式”——规范——扰乱(dislocates)了司法权力,使司法登记册和规训的超法律登记册相互打架,使规训机制和规训机制所执行的判决变得“相对自主和独立”。[44]与此同时,福柯认为法律在某种程度上致力于“吸取”新的规训,而规范化的程序“殖民”了法律。[45]

这些暧昧性带来了大量困境。在关注作为现代权力活动模式的惩罚时,福柯掩盖了这一事实:如同规训一样,惩罚也是通过法律实现正当化的。毕竟,惩罚的形式有合法和非法之分。不管一种机构有多少“自己”的规则,有多少官员在管理这些规

则，这种机构本身，如同它的内部秩序一样，都是通过法律来获得其正当性的。[46]而且毋宁说，福柯被他自己所选择的制度模式误导了。他设问：有了固定的日历、强迫的劳动、监视和注册的机构以及规范性的专家，监狱“与工厂、学校、兵营、医院一模一样了”[47]，这是否太令人吃惊了？正如霍赖特所指出的那样，福柯的这一设问其根本原因是因为福柯未能区分“社会组织与全控机构。在社会组织中，成员身份是以司法上的自由契约为基础来加以管制的；在全控机构中，成员身份是以法律命令为基础而被强制的”。[48]之所以会产生这种情况，部分的原因是由于福 66
柯拒绝讨论司法上的自由主体在现代法律中的核心地位。

福柯之所以批评司法主体在政治理论中所发挥的如此核心的作用，是因为政治理论一直为契约这一概念所困扰。福柯的批评是对的。但在批评时，他又宣称司法主体是虚构的，认为应该用对身体的更为“唯物主义”的关注和控制来取代它。[49]这就促使他转向以人体解剖政治学与人口生物政治学的角度分析权力技术。[50]但是这样做时，福柯没有探讨司法主体在国家和管理发展过程中的重要性。他没有意识到法律契约只能由法律主体签订。而且，规制法律主体之间关系的法律和管理制度并不是“虚构的”。法律主体非但不是虚构之物，反而是建构资产阶级社会秩序的核心。忽视这点，忽视了“建构和规制法律主体的制度，就会忽视“虚构之物”的实际影响。

事实上，正如吉利恩·罗斯所指出的那样，福柯用身体来代替法律主体是一种虚假的唯物主义，福柯刻意恢复肉体与灵魂之间的神学对立，作为法律主体的某种代用品——正如福柯所评论的那样，心灵是肉体的监狱[51]——由此福柯不由自主地放弃了对法律主体的历史渊源和政治意义的分析。从身体的角度描述个体经验重申了身体/心灵二分法，是用假象的鬼怪代替虚构。[52]这样的代替也未能认识到并不是所有的法律主体都是人，因此并不是所有的法律主体都可以视为“身体”。法律主体是一个非常复杂的范畴，远远超出福柯的估计，在现实中，它不仅包括人类个体，而且还包括（非人的）法人实体。用身体这个范畴来取代这样一种“虚构”并没有向唯物主义分析前进一步。由于它的法律主体性概念过于简单化，因此它只能是一种倒退。

福柯试图将其著作同权力的“司法－话语”概念区分开来；作为这种努力的一部分，福柯将法律和规范分立开来：“生物权力发展所带来的另一后果就是规范活动变得越来越重要，而这
67 是以法律的司法体系为代价的。”[53]规训话语关注的不是法律，而是规范和规范化的社会。

> 司法体系……和权力新方法完全不一样。权力新方法的运作不是依靠权利而是依靠技术，不是依靠法律而是依靠规范化、不是依靠惩罚而是依靠控制。各种层面都会用到这些方法，那些超越国家和国家机器之外的形式也都用到这些方法。[54]

福柯对于法律和规范的区分在很大程度上在于他将法律等同于国家和主权，从而等同于“压制”。然而，作为法律与规范分立的基础，在法律与压制之间得出这个等式是没有根据的。说

法律只关注说“不”、关注禁止、关注死亡，这种说法根本就不对。毫无疑问，有一些法律确实如此，但是另外一些法律并非如此，因此，一般而言，除非对法律完全缺乏了解，否则就不可能得出这样的结论。法律是贯穿和分布于整个社会的建构力量。法律与规范的创立不是毫无关系，而是紧密相连。人们也许会说，和权力一样，法律也在生产，规范就是它所生产的一种东西。从很多方面来说，福柯也犯有自己指控他人犯的过错，因为很明显，把法律视为一系列命令，而命令就是禁止，就是以惩罚相威胁要求做出某种行为，这种作为命令的法律形象事实上是福柯自己的法律形象。[55]由于这一形象，显然，创设规范的权力关系规训网络必须与法律分立。但是，只有当一个人坚持法律命令论时，情况才会如此。如果一个人具有广阔的法律观，认识到法律的广泛建构、规制、监管作用，他就不会坚持它们之间的这种分立。换言之，福柯的法律与规范的分立依靠的正是他所批判的那种法律观念，这种法律观念事实上证明了压制/创造这种两分法，而不是对这种两分法的克服。[56]福柯是迫不得已采取这种立场的，因为他摈弃了国家与市民社会的分立，导致他没有概念工具来充分解决法律问题。因此他决定将法律等同于“旧”制度的主权权力，而这就导致了抛弃法律以“旧”方法思考权力。

的确，福柯偶尔认为，并不是法律退到了背后，而是它“越来越趋于像规范那样运作，司法制度日益被整合到一种机器的连 68
续体中”。[57]但这样的主张并不常见，而且与他所论证的法律被规范化所取代的一般要义相抵牾。福柯倾向于将权力的司法－话语思想同法律本身整合在一起，摈弃前者的结果导致他贬损后者，[58]从而不能认识到两者的复杂性。由此加深了福柯的困境。

法律规定了行动者，这种行动者可以被视为司法主体，由此证明了法律的非压制性环节。从这个意义上说，法律建构了它所关注的客体。人们也许会用法国理论的混合语（*lingua franca*）说，正是法律的质询建构了作为司法主体性的社会关系。正如我们在后面论证的那样，在把公民建构成权利主体和管理客体的过程中，这一点得到了最清楚的显现。而且，法律规定了这些主体的行为规范，无论这些规范是人类主体的行为规范（私人的与公共的）还是法人企业的管理规范。[59]

福柯所用的“规范”一词的暧昧意义、他在强迫固定的行为范式与道德行为规范两者之间的摇摆，在一定程度上说明了这一点。[60]这既允许又促使福柯使用这样的暧昧表述。“规范权力通过规训显现出来。这是现代社会的新法律吗？还不如让我们这样说，自从18世纪以来，它与其他权力——法律，词语（言语）与文本、传统——融合在一起，给它们施加了新的限定。”[61]福柯在接下来的讨论中认为，规范确立了强制原则和标准化。这种暧昧性表面上把法律与规范分立开来了，但是事实上，在将法律整合到规范的过程中，却将它们拉在一起了。从这个意义上说，福柯把法律分解成了规范。

在使用“管理”这个范畴时，也出现了一系列类似而又相关的问题。权力的“司法－话语”分析与基于它的积极规范－创造方面的分析之间的区分，是以司法制度向管理社会的历史性转
69 变这种假设为基础的；导致主权者死亡的陈旧的权力运作方式

已被“管理生活的功能”所取代。[62]管理的功能就是规范－创造和规范－治理，这种功能成了建构秩序的核心，然而正是因此之故，它与法律又迥然不同。

> 从定义上来看，法律总是指称一种司法体制，而秩序指称的是一种管理体制，指的是一个国家的特定秩序……我们不可能调和法律和秩序，因为当你想要这么做时，你采用的方式只能是将法律归并到国家秩序之中。[63]

正是因为福柯已经如此有效地把法律和管理割裂开来，并且警告我们远离国家，因此他拒绝将法律与管理放到一起，拒绝将这两者同国家及其建构秩序的权力联系在一起。福柯这次是将法律与管理对立起来。他的这种双重对立又一次掩盖了两者的复杂关系。因为法律和管理是不能以任何简单的方式并置在一起的。就实践而言，法律和管理不能割裂。谁认为可以将两者割裂，谁就不能领会国家权力的发展。就英国而言，在19世纪晚期，国家在重构政治秩序的过程中，发展了一种法律－管理的连续体。正是这一点给马克思主义者和非马克思主义者带来了很多理论困境。我们将在下面的第四章和第五章对此进行详细论述。在这里，我们只能简单地说，从以下三个方面而言，管理就是法律：管理创造法律、服从法律并且通过法律形式来行动。我们可以举行政裁判所的例子来证明这一点。从历史上说，行政裁判所的成长是与20世纪早期福利国家的发展一道兴起的。在很多情况下所处理的正是福柯所关注的那些领域：健康、社会保险和职业规训。它们在普通法院制度之外管理个人与国家之间的纠纷。同样,工业裁判所对法律主体之间事关劳动合同的纠纷行使专有管辖权。从这个意义上讲,现代社会的法律主体既是权利主体又是管理客体。权利(法律)和管理之间的联系起的是一种媒介作用,通过这种媒介,国家维护市民社会的社会和政治秩序,它是英国国家权力发展的核心。因此不能
70 用福柯的方式将它们描述为不同的领域和过程,毋宁说,它们是一起行动的。

福柯写道,关于权力的悖论是这样的:自 18 世纪以来,社会已经创造了各种权力技术,它们与法律概念格格不入,[64]此时他毫无疑问认识到了一个关键问题,他关注管理的本质,试图藉此正确地解决这一问题。但是,由于他没有分析法律,没有解释国家就阐述他对管理的解释,其结果就消解了法律并将管理去政治化。通过摈弃国家与市民社会的分立,他很容易就做到了这一点。虽然其最初结果是福柯的著作中国家的概念很暧昧,但是其最终结果是国家被消解成了权力,接下来又被消解成了社会。

国家—权力—社会

福柯著作中关于国家的含糊性使得他不对国家进行任何分析就阐发他的规训机构发展的观点。由于受到他自己(在某种程度上)将主权等同于君主制的误导,福柯在政治理论中所说的“砍掉国王脑袋”的结果就是将国家从分析中砍掉。这就掩盖了

国家在塑造及调整规训机器发展过程中所起的作用。即使是“现代”权力也是通过法律来正当化的。正如福柯掩盖这一事实一样，他对规训机构的解释也是在没有谈及这些机构的社会建立过程的情况下给出的。而要解释规训机构，福柯又必须解决国家问题。[65]在这方面，福柯是借助于对“规训”范畴的扩展来完成的。这种“规训”看似以机构为中心，实际上是在“去机构化”了，而“自由聚集”在整个社会机体上。[66]他对中心的拒绝是否导致他成为一个多元主义者[67]这并不重要，重要的是，他将国家看作只是各种其他权力中心之中的一个中心，他所说的国家便丧失了国家的意义；国家只是类似于任何其他权力中心的一个权力中心，这样的国家根本就不是国家。[68]

即使是在福柯看起来强调国家作用的地方，在论述治理术的著作中，他也同时悄悄地贬低国家的重要性。在讨论治理的合理性的著作——关注的是治安和经济以及对人口的监视、控制和干预——中，福柯指出了治理艺术如何导致了对人口行使 71
权力的一整套知识和复杂的治理机器、机构以及程序的全面发展。因此，从 18 世纪晚期开始，对于国家的分析就应该是对于国家治理化的分析。“也许，对我们的现代性而言真正重要的东西……并不是‘社会的国家化(*etatisation*)’，而是国家的‘治理化’。”对福柯而言，并不是市民社会已经屈从于日益增长的国家管理，而是不断发展的社会管理经常在国家之外的大量不同层面上起作用。正是这种治理术使得国家得以存续下来。[69]

一方面，这种观点看起来承认了国家权力的重要性，而且他偶尔甚至认为在这种治理化的过程中，人口的目的在于积极“维护国家权力”，因为健康、出生率和公共卫生都对国家权力发挥了重要的作用。[70]所以，人们可以说，在向规训社会转变的过程中，国家“治理化了”。据说，这对于那些批评福柯忽视或无视国家的人来说，是一个很好的回答。[71]另一方面，将国家视为“治理化”的思想事实上巩固了福柯对于国家的贬损，因为他的论点是基于这样一个假设的：国家除了治理术这一策略之外，没有任何统一性和功能。[72]

同样，当福柯探究不断发展的国家产生了何种类型的政治合理性时，他提出了“国家理由”和“监管理论”来加以说明。通过解读17和18世纪作家的“监管理论”，福柯强调了它的非制度性。因此监管“看起来就是与司法、军队和财政一道主宰国家的管理。”为了装扮城市，使其壮观，并且创造良好的工作关系，“监管包含了各个方面”——它要照顾到宗教、道德、健康、供给、道路、公共安全、工厂和穷人。换言之，监管必须规制社会关系[73]。这样的评论有助于理解《规训与惩罚》的某些段落。在这些段落中，福柯认为规训可以由包括国家在内的大量机器或制度所接管。“它们的主要功能——尽管不是唯一功能——就是确保规训主宰整个（监管的）社会。”[74]这种监管思想与黑格尔的
72 思想相去不远，它将监管同“整个社会机体”连在一起，将国家的“幸福”同公民的“幸福”联系在一起。但关键的区别在于黑格尔解释了为何这样的监管是必要的。与马克思一样，对黑格尔而言，监管已经成了国家和市民社会之间一个必要的调和机制，它监督的是市民社会内部的矛盾。黑格尔的观点基于这样一种思想：市民社会是一个斗争的领域，因此要求使用国家权力对这种

斗争进行监管。福柯对于监管的解读明显缺少这些方面。尤其是,他的监管思想与任何真正的国家理论毫不相干。福柯并未开启“关注国家”的理论和分析所未能打开的国家分析之门,而是将这扇门关闭了。

主要就是由于关闭了这扇大门,留给福柯的便只有包罗万象的权力概念了。因此:

> 当人们谈到“权力”的时候,立即就会想到政治结构、政府、社会的统治阶级、面对奴隶的主人等等。这根本不是我在谈到“权力关系”时所想到的东西。我所意指的是:在人类关系中,不管是什么样的关系……总是存在着权力。[75]

这里的危险在于,不同形式、模式、制度和权力的行使之间的巨大区别,特别是国家和市民社会权力的区别以及市民社会内部个体同团体之间相对权力的区别会被忽视。这样一种权力形而上学[76]可能会导致丧失政治特性的危险。从这个意义上而言,福柯将政治分解成了“权力”。

然而,福柯声称,因为权力在所有人类关系中都起作用,因此它也渗透于整个社会机体之中。此时,这样一种分解就向前又迈进了一步。由于福柯拒绝将国家视为分析的中心,因此他没有市民社会这一层面的分析;正如我们所看到的那样,不把国家当作分析的中心,既是摈弃国家－市民社会两分的结果,也是其原因。有鉴于此,留给福柯的唯一概念工具便是“社会(有时称为‘社会机体’)”。因此,在《规训与惩罚》中所阐述的规训机

制被描绘成在整个社会机体中运作的机制。“全景敞视图
73 式……就是要扩展到整个社会……。监狱群岛将这一技术从刑罚机构引进到了整个社会机体”。[77]同样，福柯指出了“权力是如何与社会机体具有同等范围的”。[78]因此政治分解成为权力的同时，权力概念就扩展到整个社会机体之中了。因此人们可能会说，福柯正是通过扩展权力概念来将政治分解为社会的。

那么，当人们谈论国家的规训化和社会的国家化时，人们实际上就已经将国家分解成了市民社会，把它概念化为和社会机体比邻的东西，将国家与市民社会分立的概念用一个概念——社会所取代。有些用福柯所阐述的概念工具来做研究的作家们所积极阐发的就是这一方向。例如，帕斯丘诺(Pasquino)写道：

> 如果人们摈弃了国家是一种不同于社会机体的机器或事例的观念……那他们也许能够重新找到或多或少在17世纪就有的“国家”一词的另一含义……那就是“整个市民社会机体”。这样就可以完全把有关权力的分析重新放置在这种社会机体的内部。[79]

这段话提出了这样一个难题：将所有的关系都抽象成“权力”关系导致人们无法区分不同的国家形式。同样，这又是同国家-市民社会的分立有关。在被问及这个问题时，福柯说将社会的特征描述成“监狱群岛”是有意识地试图指出在不同的国家形式中都存在规训权力，试图表明纳粹和斯大林主义的处罚方法是如何采用在资产阶级社会所发展起来的方法的，表明十月

革命是如何将无数的其他权力关系放在其原来的地方的。[80]但问题仍然是如何区分不同的国家形式,这也是阿尔都塞的概念工具所发现的问题。诚然,阿尔都塞将市民社会的不同方面抽象为国家的一部分,或至少是意识形态国家机器中的一部分,但是在福柯及其追随者的著作中,国家机器的不同方面却瓦解成了社会机体。虽然"方向"有所不同,但是,同样的结果却清楚地表明了摈弃国家-市民社会分立所产生的难题。[81] 74

"社会机体"这一范畴的使用,从一方面说,是福柯摈弃国家-市民社会分立不经意的结果。从另一方面说,这是福柯后期著作中为了指称社会建构研究领域而有意为之的一步。正如彼得·迪尤斯所指出的那样,在福柯早期著作中,社会被描述成为是由独立于人类意识和作用的制度所建构的。通过引进权力概念,社会(social)得以被描绘成是由权力和管理建构的。从这个意义上说,它不同于"社会(society)",因为它指的是特定的历史事件或时期,之中出现了一系列可以藉以行使权力、进行管理的制度。[82]

将政治分解成为社会,这样的分解对社会和政治思想产生了严重的后果。例如,在《领导权与社会主义的策略》一书中,拉克劳和穆夫寻求解决马克思主义内部由政体/经济分立所产生的问题。这种政体/经济分立是国家-市民社会分立的一种变种。尽管他们奋力在决定论的一元主义与分立论的二元主义中寻求一条路径,但是他们关键的理论步骤却是要摈弃政体/经济的分立。这样一来,他们的政治思想看似是对社会关系的创造、再生产和转变,实际被分解到了社会之中。因此,"政治问题就是社会制度问题”[83]。这种观点的困境在于，如果人们只是将它解读为“积极的建构”而无视它的实际制度结构，那么“制度”一词所包含的丰富语义就丧失殆尽了。拉克劳和穆夫尽管利用了“制度”一词的丰富含义，但是他们选择的“制度”一词事实上掩盖了指称真正的政治制度的缺乏。正如穆兹里斯指出的：

> 所有社会互动中都有政治维度这一饱受践踏的观念……并不是我们忽视甚或否定在所有资本主义社会中都存在一套不同制度结构的理由。这套制度结构首先都有政治特性，即，它们都旨在对整个占主导地位的制度进行生产和再生产……我们经常用政治(politics)一词既指称不同的制度领域也指称作为所有社会处境中的一个内在维度的
> 75 “政治(political)”，这并非摈弃前者、偏向后者的有力理由。[84]

正如我们在第二章所指出的那样，拉克劳和穆夫所设想的社会主义计划基于对葛兰西领导权概念的解读，是没有阶级的。在这里，我们可以补充说，尽管拉克劳和穆夫对于社会和政治的解读看起来为探索正在进行的政治社会化和社会政治化开辟了道路[85]，但是，由于他们追随福柯，将政治分解成社会，因此事实上他们使得这一问题更加含混不清。

在批判福柯时，哈贝马斯宣称，福柯的社会概念完全是一种非社会学的概念。[86]事实上，福柯及其追随者著作中的社会概念看起来绝对是社会学的概念，因为他们没有建立任何范畴将社

会作为一个整体加以分析，而是用了一个包罗万象的概念——“社会”——来做结，而“社会”一词却是一个可以拿来与其他的一些东西(机体和管理)抗衡的概念。虽然这样的双重分解——通过规范，从法律到管理；通过权力，从国家到社会——我们在这里是分别加以追溯的，但在福柯的著作中，它们是同一个过程的组成部分。因为福柯著作的结果恰恰是在社会和管理之间建立了联系。在《规训与惩罚》第二部分的末尾，福柯设问：为什么惩罚的规训模式会产生？为了理解这一变化，福柯比较了这两种选择：“君主及其力量，社会机体及管理机器。”[87]新的权力模式就是管理社会的。这一观点和这里的论点形成了鲜明的对比，因为在福柯及其追随者的著作中，并没有基于国家与市民社会的分立来进行唯物主义分析，以及寻求通过政治管理范畴(保留了“社会”作为批判范畴)来重新思考这种分立；在他们的著作中所找到的分析仅仅是对管理和社会的分析。在一些寻求在福柯的分析框架之内或利用福柯的“工具包”进行研究的人的著作中，我们可以看到这一点。在此，我们举雅库斯·多泽罗特和尼古拉斯·罗斯的论述为例。[88]

在雅库斯·多泽罗特和尼古拉斯·罗斯那里，社会被视为管理的基础，其中，家庭起着核心作用。在讨论秩序的建构时，雅库斯·多泽罗特和尼古拉斯·罗斯都拒绝把国家概念当作建构秩 76
序的动因。例如，他们认为慈善事业既不是从国家也不是从“私人”中产生的，而是“一个有意为之的去政治化策略，目的是在私人的自主权与国家之间的中间敏感点上建立公共服务和设施。”[89]慈善事业是建构秩序的一种力量，这是由于它是通过家庭起作用的缘故。罗斯认为：

> 19世纪工人阶级家庭的重新建构并不是通过国家活动发生的，而是通过与政治权力机构保持一定距离的一种主动的行为——慈善事业而发生的……在英国和法国，慈善家寻求……组织穷人的夫妻关系、家庭关系和双亲关系。[90]

雅库斯·多泽罗特和尼古拉斯·罗斯都尽力强调国家或公共机构并没有参与慈善家和其他“专家”所发起的活动，它们只是为慈善活动提供法律框架。罗斯认为：

> 从20世纪开始，家庭由非“私人”的管理和机构管理或监管（这些机构的许多权力是由法律建构的，它们经常是公共资金的接受者，它们的工作人员经常是通过某种许可形式公开授权的），但是它们仍然不是核心的政治权力机构。[91]

这两位学者摈弃了国家－市民社会的分立，寻求将国家驱除出分析的中心，只留下了包罗万象的“社会”概念，社会就变得可以通过各种治理、管理和主体化的技术进行自我调解了。[92]

否认国家的核心地位意味着否认国家对于市民社会的建构权力。然而，多泽罗特和罗斯都认为，个体和家庭一直都是被建构的，甚至是被重构的。因此，核心也转移到了各种实体，即“联盟和力量”的管理干预。但是它们为什么会干预却从来没有加以解释。因此，多泽罗特认为，家庭是按照“社会要求”被赋予“功能”的，是“我们社会的根本因素”并且和“议会式民主是密切相连”的。[93]这些“社会要求”是什么，为什么是这些要求而不是其他要求，为什么说家庭是“根本性”的，一系列相关的问题至今 77
仍然没有搞清楚。[94]有的问题显而易见，如在声称要脱离功能主义分析的文本中有明显的功能主义色彩；在这个文本中，他拒绝了“原因”这个概念，却用了与‘效果’有关的词汇。[95]除此之外，其他各种各样的力量和联盟看起来自由自在地漂浮在社会机体中，虽有一定的方向，却没有指明这个方向。不仅如此，多泽罗特明确使用了有关国家形式的政治概念，如“议会民主”，却又根本没有将这些概念同总的论点联系起来。

也许从这样一种分析中所产生的问题最清晰地表明了，由于摈弃国家－市民社会的分立，将家庭置于“社会”分析的核心，对于“社会”来说，它只能与“家庭”合而为一。尽管罗斯提到了“社会的家庭化”，但是多泽罗特论证说，“由于它充满卫生学、心理学和教育学的规范，因此要将家庭同社会机器的规训连续体区分开来就变得更为困难了。”[96]多泽罗特承认用自己的理论方法很难作出这种区分，这就是征兆。他摈弃了其他所有主流理论传统及其概念区分，使得他可以自由地发展一系列理论范畴，在这些范畴中，所有概念都没有加以区分：社会就是一切，社会在家庭中无处不在，家庭必然处在社会的各个角落。

以“政治的社会化”（多泽罗特）和“国家的治理化”（罗斯）[97]为基础的分析所产生的更深层次的问题是：没有国家的建构权

力这一概念,其结果便是国家从根本上说是被动的。例如,当多泽罗特在讨论雇佣与雇佣劳动合同时,他将国家设想为一种在这些东西之外或之上的力量:国家“支持”集体劳动合同,是社会关系进步的“保证者”[98]。同样,罗斯认为,社会治理的项目和计划“逐渐地与国家机器连接在一起”,然而“国家机器并没有、也不可能消除所有其他的权力中心或决定中心”。[99]国家的任何积极建构权力都被否定了,它的实际活动(它没有消除所有其他的
78 权力中心)被解读成对其活动的限制(它不可能消除它们)。正如多泽罗特所指出的那样,他的国家支持集体劳动合同的思想强化了合同的自由主义话语。他显然没有认识到:尽管福柯及其追随者声称他们为社会和政治理论带来了重大突破,但是他们的全新概念工具留给他们的是一种从本质上说是自由主义的国家思想。

关于法律和管理,两位作者都步福柯的后尘,看到了“管理”范畴是不可或缺的,但是,在“法律”、法律与管理的关系以及两者与国家的关系上,依然含混不清。虽然他们都认识到法律能够认可监督,给管理机关提供权力,并且是监护综合体中的一个援助机构,但是他们都并未试图解决所涉及的理论问题。有些人认为法律为规制机构的活动提供框架,而这种法律框架是由国家建立的,从而创设了一整套机制,以此来维护社会控制。罗斯向这些人指出,问题不仅是控制,而是这些技术在公民形成过程中所拥有的建构力量。然而,一到要指出是什么机构拥有这样的权力时,他就弱化国家权力,而强调其他被理解为有管理权力的机构。

> 在我看来，社会领域，其实就是在管理机器之中并且通过管理机器所建构的……在过去的大约一百年中，这些管理机器逐渐在法律和全体人民之间得以建立。虽然司法领域的机器是依照法律明文规定(至少原则上如此)的标准运作的，但在社会领域的情况并不是这样的。因为社会领域的活动，尽管可能是由法律建构的，但是其运作准则从法律观点来看是不确定的。[100]

因此，我们有了建立在法律与全体人民之间的管理机器。机器使其自身在某处得以建立所指的意思是什么，我们先撇开不谈；这些管理机器都是在社会领域之中的，而司法领域的机器却不在社会领域之中。然而，法律却被说成是建构社会的(或至少可以建构社会中的活动)。法律存在于一个不属于社会的领域中，而存在于——可以这么说——一个合法的领域中。这个概念图式整体看起来缺少国家这一至关重要的维度。在将法律 79
和管理分离开来的过程中，罗斯没有认识到法律和管理之间不可缺少的联系，也未能意识到这一联系为国家提供了建构权力。罗斯用“国家治理化”这个术语帮了自己的忙，因为这个术语使得他能够在没有“国家”的情况下讨论“法规”和“治理”：“颁布法规是创设中心的强有力的源泉，以致法律能够将治理项目的各个方面转变成机制，而这些机制又建立、限制或授权某些机构或实体并确立商讨它们的关键术语。”[101]正是因为作了这些表述，罗斯间接地提到国家的存在时，便以一种被动的语气来表达国家的存在，正如我们在上文指出的那样。

上述关于“福柯效应”的探讨是以某些社会和政治思想为线索的，旨在阐明福柯著作中分解国家和法律的含义。法律秩序由国家建构，而法律同管理一样，基本上被编织到国家之中了，或者说与国家编织在一起了。福柯效应却没能充分注意到这些要点。从本质上说，对国家和法律的分解使得福柯和那些把他的著作作为理论工具包的人无法抓住管理的真正本质，并且掩盖了国家建构权力的范围。也许正是因此之故，留给福柯理解社会机体的范畴，也只能是从战争中搜集而来的那些范畴。

关于反抗和战争的主体

福柯坚持认为权力必然导致反抗——哪里有权力，哪里就会有反抗。[102]人们认为这一观点产生了“道德窘境”，这也是福柯著作中受批评最多的一部分。这一观点缺乏反抗权力的规范基础，因此也成了福柯(主义者)和哈贝马斯(主义者)之间争论的核心特征之一。简单地说，福柯要么不得不接受这样的观点，即他的立场是一种虚无主义的立场，或者说是一种悲观主义的立场；要么他不得不诉诸某种“解放”概念，作为进行反抗的理由。虽然对福柯的这种批评有一定的说服力，但是本书的论点是，反
80 抗问题事实上涉及的是一个更为深刻的问题，即福柯社会观中战争普遍化问题。福柯著作中的理论框架使他无法做出这样一种选择，因为他的权力形而上学不仅体现在反抗形而上学中，而

且体现在战争形而上学中;结果将社会归结为永久的战争。这种结果也是植根于福柯对国家和市民社会分立的摈弃。[103]

福柯无法确定是谁、为何目的而拥有权力,同样他也无法明确是谁、又为什么进行反抗。答案之一是"身体及其快乐";这一答案是建立在"快乐经济通论的基础上的,而不是建立在性欲规范基础上的",因此它的根基在于"朝向一种生存美学的自我照顾"。[104]但是,正如福柯后来在《性史》中所表明的那样,身体及其快乐在历史上千差万别,而且这一答案与福柯的权力产生驯服的身体的观点相抵牾。福柯更具政治性的观点认为,我们应该指望的是"平民",即"权力机器永恒的、永远无声的目标",其理由是"在社会机体中,即在阶级、团体和个体本身中,总有一些东西从某种意义上说逃脱了权力关系。"这种观点近似于承认一种(勉强称得上的)能动性,但又很快被福柯神秘化的权力神学理论所取代:"'特定的'平民这样的东西肯定是没有的"[105],然而,某种平民性的特质或特性可以说是有的。在身体、灵魂、个体、无产阶级、资产阶级中都有这种平民性的特质,但是其形式与外延、能量与不可化约性各不相同。产生反抗是因为"平民性的特质或特性"已生了根。这一特性和权力精神非常相似,能够控制任何人、任何时间、任何地点。

这里的一个问题就是,就福柯自己对权力的阐述而言,没有任何一样东西能够逃离权力之网,身体或平民当然也不例外,它们二者看起来都是为一开始就被摈弃了的主体通过后门进入开辟道路。[106]这最终是和福柯的主体化概念密切相关的,因为尽管他指出了权力所遇到的反抗和权力对主体的建构,但是被建构的东西与其说是主体还不如说是客体。例如，囚犯是"信息的客体但从不是交流的主体"。[107]福柯认为反抗同权力一样位于分析的核心，但是他自己的研究却削弱了这一观点——例如，在解决
81 为何采用某种形式的惩罚而不采用另一种惩罚这个问题时[108]，福柯通过对规训权力的分析来做答，而不是通过分析对规训权力的反抗来回答的。我们可以"听到远处战争的喧嚣声"[109]，但是我们却看不到战斗。尽管可能没有不受到反抗的权力，但是福柯自己的著作表明，无须分析反抗就可以分析权力。这与一些讨论"规训机构"的重要著作形成了对比，这些著作指出了反抗的意义。帕特里夏·奥布赖恩讨论了囚犯的组织、交流和惯例的重要性（惯例包括自己施加的身份形式——刺青，以对立于国家施加的标记——烙印）。欧文·戈夫曼分析了"医院的底层生活"，它们都是对反抗的分析，很明显在福柯的著作中没有这样的分析。[110]人们会不由自主地争辩说，在将驯化的身体概念化时，我们在福柯的著作中看到的是"对（消极）客体的建构而不是对（积极）主体的建构"。因而，普兰扎斯认为福柯所描述的"反抗"是完全没有理由的论断，纯粹是对没有根据的原则的断言，看来是一语中的的。[111]

福柯诉诸一种神学立场作为依靠，这一结果与其说是因为他缺乏一种规范框架，不如说是因为他追随了尼采，十分自信地将知识同权力需求结合在一起（他以连字符构造的范畴"权力-知识"就是明证），并且极为强有力地将理性的胜利斗争描绘成主体化过程的一部分。因此，福柯很难构想——尽管不是不可能构想，知识不是特殊主宰关系中的工具性的东西，而是基于对

现有关系本质的批判性理解，是反思它们的未来解决办法的一种尝试。即便福柯具有似乎是批判理性的概念，但是这种批判理性的概念关注的是抵抗权力－知识的效果，而不是其内容、方法或概念。[112]在他后期论述康德与启蒙的著作中，当他思考批判的可能性时，福柯是通过作为个体的主体本身对理性的运用来进行分析的，主体的目的是将自己的生活变成一种艺术－形式，一种“自我转变”的美学，其理由是“知识对改变世界无能为力”[113]。这样一种理性与知识的观点是无法进行批判的。[114]

正如曼弗里德·弗兰克指出的那样，福柯没有考虑到，斗争总是针对“一定的秩序状态的，这种秩序服务于我们社会交替的 82
一种可供选择的秩序和可供选择的组织”[115]。不管这种可供选择的秩序和组织多么没有说服力，但是必定存在着知识想要理解的某种反抗理由，以至于意识能起作用。虽然福柯不想认同批判理论的任务就是“自我澄清时代的斗争和希望”[116]这样的观点，但他不能仅仅指出“平民精神”[117]的自发性了事。转变自我可能是令人肃然起敬的行为，鼓励大家将自己的生活转变成艺术形式同样令人称道，但是按照历史唯物主义的理解，集体主体的目的之一就是要克服那些使个人生活难以变成一种艺术形式的剥削状况。如卡利尼科斯所写到的那样，敦促伯明翰的医院护工、圣保罗的汽车工人和孟买的街头儿童将他们的生活转变成艺术作品将是一种侮辱。[118]要克服这种状况，要创造能让每个人都能将自己的生活转变成艺术形式的条件，需要的是集体行动。但是，由于(我们必须承认这是福柯著作中最糟糕的一个环节)集中营看起来是监狱社会的社会主义版本，并且由于福柯对于集体主体的认识主要取决于他对于法国共产党的经验,所以任何集体主体为社会的进步和人类解放而奋斗的概念从一开始就被摈弃了。

从这个意义上讲,人们可以看到,谱系学中所缺少的恰恰是使历史唯物主义具有批判性的那些因素,因为"所有历史唯物主义的观点都包含谴责和命令"[119]。虽然福柯的观点看似也包含了谴责和命令,但他的著作"根本没有解释为何会有人起义"[120],因为福柯必定知道"革命是对(同一)权力关系的另一种编码",哪怕"去想象另一种制度也会拓展我们对于当前制度的参与"[121]。但是,接受这一观点就是接受"权力"想让我们相信的那个神话,即权力是无所不能、无所不知的,人们除了与它作斗争外,还要接受它。[122]相反,历史唯物主义指出了构成资本主义社会关系的剥削和异化,正是这两点使得工人阶级非常"危险"。斗争可以因此被看成是针对剥削和异化的斗争,为的是从这种
83 状况中解放出来。谱系学未能给反抗提供一个目标,因此不可能做到这一点。评论家们所指出的福柯著作中的这种悲观主义并不是分析的结果,这种悲观主义已经建构到他的思想基础之中了,其根源在于,他未能在资本主义所产生的变革中找到任何救赎的可能性。[123]这样的批判也与福柯摈弃国家-市民社会分立、以权力和社会的分立取而代之的观点相关。因为资本主义为自取灭亡的代理人,即它的"掘墓者",所创设的位置就在市民社会之内。相反,福柯及其追随者所理解的社会被监管得非常好,被管理得极为有效,以致它生产自己的"掘墓人"的观念是不可想象的。另外,历史唯物主义的一个强项就是它能够指出,管

理机制的发展是市民社会中所发生的斗争的结果；调和斗争的管理机制和国家本身一样，是一种斗争关系。

在一定程度上来说，福柯依仗战争范畴，正是为了支持他关于权力和反抗的论述。虽然在早期著作中，福柯偶尔会使用战争范畴，但是，他从对于语言与意义的分析转移到对于权力的分析则表明他有意识地转向了战争这一范畴。“我们所要参照的，不应是语言和符号的伟大模式，而应该是战争和战斗的伟大模式。产生我们并决定我们的历史拥有的是战争形式而不是语言形式：是权力关系，而不是意义关系。”[124]在使用战争语言时，福柯力图拓展司法－话语理论与权力的规训模式之间的区别。通过倒转克劳塞维茨的战争是另一种方式的政治这一格言，福柯指出战争不仅存在于国家之间，还存在于社会内部。这表明政治权力的任务就是“永远通过未言明的战争形式重复铭记这种（力量）关系”。“国内和平”非但没有结束战争，反而是战争的延续，而这种“国内和平”中的更迭仅仅是这种战争中的小插曲、派别斗争和更替。[125]在《性史》中，福柯的论述更为精妙，他设问，我们是否应该将这个［克劳塞维茨格言的］表达倒过来，应该说政治是用其他方式进行的战争，但是他又回避了这一问题，仅仅暗示说，虽然“战争”和“政治”可能是分开的，但它们可能是处理多重力量关系的两种不同的策略。[126]

倒置的克劳塞维茨格言通过“主权的司法－政治理论”与战争话语之间的对比得以加强。司法－政治理论假设，在市民社 84
会和国家建立后，战争就结束了，“和平”是由主权权力维护的。为了与司法－政治理论中的这一假设决裂，这种“战争话语论”

毫不动摇地坚持认为,战争是永恒的,战争没有终结。对福柯而言,“战争永远在分裂整个社会机体”[127]。不可能有和平,只有尼采所说的“周而复始的战争”[128]。依据这种解读,霍布斯根本就不是一个战争理论家,他“规避了永恒斗争和内战话语,以便拯救有关国家的理论”[129]。这种努力所做的事情“与霍布斯在《利维坦》中的计划恰恰相反”,用“尼采的假设”代替了霍布斯的计划,将社会机体归结为霍布斯所说的自然状态——一场一切人反对一切人的战争——将这种自然状态以“虚假和平”的形式移植到现代,却丢掉了霍布斯的理论所具有的一个优势,即一个强有力的政治概念。[130]此外,我们不清楚到底是谁在和谁战斗。有一些段落为他将这种永恒战争解释为集体或个人之间的战争提供了支持,但是,既然坚持认为权力关系无处不在,权力关系存在于我们大家之间,其论点的主旨必定让我们得出这样的结论:这是一切人反对一切人的战争。[131]吉利恩·罗斯正确地指出,虽然福柯不断使用战争语言,但从来没有打过任何一场战斗,因此从未有过输赢。[132]在福柯那里,看到的是大写的战斗,而不是一场一场的战斗。但这是因为战争和权力一样,无处不在,因此无法克服。福柯将战争语言整合到权力与社会共同扩张的理论图式之中,这种整合将战争变成了另一个抽象的普遍。“从历史上看,我们注定要进入历史”[133],与此相同,从策略上看,我们注定要进入永久的战争:“大家是不是要相互为战”呢?[134]福柯丢掉了关于国家的概念,这迫使他通过社会来思考战争,通过战争来思考社会。“这种以战斗策略为基础的原则——想要活下去就得能够杀人——已经成了确定国家战略的原则。但是这里的生存不再是主权的司法生存，这里存亡攸关的是人口的生物生存。”[135]随着规训权力新的机制和关系的出现，战争越来越多地被投入到权力秩序中。[136]我们注意到，福柯在结束他最重要的著作时声称，主宰规训机制的东西并非某一机器或制度的统一运 85
作，“而是战斗的必要性和策略规则”，在各种各样的权力机构和机制背后，“我们听到了远处战争的喧嚣声”[137]。

战争的理由和反抗的理由一样仍然不明确。由于福柯接受了尼采的权力意志这种总是带来致命的军国主义偏执思想，除了权力意志外，他无法给出其他进入战争的理由。下面一段看似马克思主义的语言掩盖了隐藏着的更为深刻的尼采主义：“无产阶级向统治阶级发动战争，并不是因为他们认为这是一场正义的战争。无产阶级向统治阶级发动战争是因为他们首次在历史上想要获得权力……人们发动战争就是为了取胜，而不是因为战争是正义的。”[138]但如果这就是发动战争的基础，那人们当然就没有任何理由来决定自己应该站在哪一边了，除了这一“事实”，即受权力意志的驱动，我们都想站在胜者一方。

从战争和战斗中搜集到的这些理论范畴被赋予核心地位，让我们对《规训与惩罚》这样的关键文本中所作的机构分析有了更深刻的理解。因为，虽然有许多特性表明监狱是现代权力模式的一个核心机构，但是福柯之所以采用这些战争范畴，部分原因是因为给福柯提供关键洞见的是军队，而非监狱。他说，政治寻求实施这样的机制：完美的军队、有纪律的群众和驯服有用的部队，以达到对身体和军队的控制。古典时期不仅见证了国家通过武力而产生的对立，而且还见证了用来控制身体的军事策略。这样的机制对于规训权力的出现非常重要，因为它最终依赖的是需要有一个能达到特定目的的机器的需求。“单位——团，营，小分队和后来的“师”——都成了由许多不同部分组成的机器，相互产生作用关系，为的是形成某一结构、达到特定结果。”[139]《规训与惩罚》中关于“驯服的身体”的整个章节都是基于从军事规训史中引用的很多军事比喻和例子——从 1743 年普鲁士军规中极为详尽地规定的来复枪开枪的技巧到军事实践中
86 的知识策略——来说明普遍的规训社会。毕竟，除 18 世纪哲学家和法学家的梦想外，还有关于社会的军事梦想。[140]

从战争中搜集的这些范畴的普遍使用为将社会范式解释为斗争范式提供了支持。[141]通过表明自己勇于面对战争的本质，福柯佐证了自己同政治中的通常假设决裂的主张。但事实上，他并未对斗争（或战争）主体进行任何讨论，并且抹杀了国家－市民社会的分立，这使得他的解读不如霍布斯、黑格尔和马克思那样具有说服力。霍布斯并未摈弃战争（和斗争），而是很敏锐地意识到战争在建构政治秩序中的重要意义：这就是必须建立国家的原因。黑格尔至少一方面指出了为了获得认可而进行斗争的重要性，另一方面又指出了资产阶级秩序内部社会斗争和分裂的重要性。明确阶级力量是这种斗争的核心，因此资产阶级社会的国家是必不可少的，则是马克思的成就。马克思认为，剥削阶级和被剥削阶级之间争夺统治权的斗争是市民社会的本质，国家内在地就参与了这种斗争。与马克思的这种观点相比，福柯的“战争”、“反抗”、“权力”和“社会”的概念是软弱无力的。福柯摈弃了国家－市民社会的分立，扩展了战争，这些思想鼓励

我们将所有的斗争合并为一个普遍的斗争，把它重新命名为社会战争，仅止于此。这不仅无法解释为什么社会秩序看起来像一场永久的战争，无法解释国家在其中所具有的作用——如果它有什么作用的话，同时也认可了资产阶级自身对于市民社会的认识——即市民社会是一场永久的“社会战争，一场每个人与一切人为敌的战争”[142]。

福柯关于权力、社会和管理的思想也与在我接下来的两章中所要阐述的思想形成对照。这两章以第一章为基础，核心内容是福柯有关权力的生产性质的讨论中所缺乏的那些特征：国家和市民社会；阶级和阶级斗争。我将论证，我们的确需要把权力看做是生产性的，这样才能认识到权力对权利主体和管理客体的建构，认识到其中管理所起的作用。但这一点需要通过在其与市民社会的关系中理解国家权力来加以阐述。通过进一步明确管理和斗争之间的联系，并将此联系同法律和国家结合在 87
一起，我们要将管理的概念政治化。这就是将政治管理置于调和斗争和阶级斗争的核心位置，并将其植根于国家权力之中。

88 # 第四章　英国的规范性：对英国国家与阶级的再思考

1794年3月，一份护照发给了罗伯特·利斯滕先生(Robert Listen Esquire)，这是由君主本人亲自签字的最后一份护照。自此以后，在旅行许可的授权中，国王的签字不再必要。借用福柯的花饰语言，我们可以说，国王的手已经被象征性地砍掉了。国王的主权不再允许或者说不再阻止前往国外目的地的旅行。然而，尽管不再需要国王的许可，但是对旅行许可的授权现在是一项管理行为；护照是由行政机关，即国务秘书签发的。因此焦点要从作为权力象征的君主转向一般性的国家，从作为主权象征的君主转向作为国家权力表现形式的政治管理过程。

费希特曾建议，嫌疑人的护照不仅要有他们的特征描述，而且还得画有他们的肖像。黑格尔认为费希特的这个建议过于琐碎。[1] 然而1914年战争爆发后，人们看到护照上贴上了照片。从1915年起，新式护照也要求对护照持有人加以描述。黑格尔曾批评费希特的哲学研究过于富有“建构性”：对如此琐碎的事情给予良好的建议不是哲学关注的事情。各种证件，如出生证、保险号码、结婚证，除了其特有的功能，还用来证明持有者是“公民”。如同这些证件一样，护照也标志着拥有公民身份，以文件的形式证明某人是一个良好(*bona fide*)公民。一般意义上的护照是公民身份的普遍象征;照片、描述和签字是对特殊性的确认。签发一份护照就是对一项(旅行)权利的授予。这项权利依赖于对义务的履行(举止像一个良好公民)。正是依赖于对义务的满意履行,权利才是有效的。[2]

现代公民身份的重要特征是:它将一个个体标示为社会的一个成员。这一点是T.H.马歇尔指出来的:“公民身份就是授予共同体正式成员的一种身份。”[3] 因此,公民身份的发展是进入社会的一种过程。公民身份问题之所以一直是令马克思主义理论伤脑筋的一个问题,部分原因就在于此。正如我们在第一章中所看到的那样,马克思之所以坚信工人阶级是革命的阶级,原因之一就是,工人阶级是市民社会的一个阶级,但是并不“属于”市民社会。普遍意义上的公民身份对此也提出了质疑,因为成为一个良好公民也就意味成为了市民社会的成员。在本章和下一章中,我们要探讨的观点是,成为一个公民同样意味着要成为国家的一员。布赖恩·特纳写道:“无论是德国,还是荷兰,都存在着这样的一种选择:或者将公民视为城市资产阶级的一员,或者将公民视为国家的一员。作为国家成员的公民都要受到方兴未艾的民族-国家官僚机构的规则和法规的拘束,这些官僚机构致力于社会的秩序和稳定。”[4] 这是关于公民身份的一个特别富有成果的思路,它实际上涉及一个扩展的国家概念。因为正是通过采取公民这一形式,人类个体才能既成为权利的主体,又成为管理的客体。这一过程植根于国家的建构权力之中,其作用在于塑造和监管资产阶级社会。

89

护照以及上面提及的其他文件，是国家的产物和职能，是政治管理的一种形式，是一种登记个体公民的制度；是一种最现代的**监管**机制。但是这种制度并不仅仅是登记公民，它还帮助将他们**构建成为**公民。正是通过这种机制，我们可以认识到国家在建构个体主体(individual subjects)中的作用。没有君主签字并不表明主权的死亡，而是表明，建构和管理现代资本主义个体主体的理性官僚机构过程的发展。在本书剩下的章节中，我试图表明，这种建构和管理是如何是国家权力的一种功能，从而表明它如何以国家的存在为前提条件，其核心如何具有市民社会的监管作用。

这种监管具有三重功能：塑造劳动秩序(市场)、建构法律主体和扬弃斗争。为了塑造一个成熟的资本主义市场，国家不得不为自己的本质特征——合同——塑造各方法律主体。这种建
90 构是一种双重的过程，它既要建构个体法律主体，又要建构集体法律主体。就个体法律主体而言，这就意味着通过巩固作为工人阶级生存手段的雇佣劳动来塑造劳动力。就集体主体而言，可以说，工会被赋予准法人的形式，它是工人阶级的法律主体性，国家由此确认集体劳动的社会权力。通过明确规定这种权力所能采取的性质和形式，国家将工人阶级的集体行为塑造成为一系列的机构。这些机构能够从形式上表达劳动的社会权力，但是它们也能根据国家政策限制这些权力。而且如同锦上添花一般，国家还会将工会作为管理过程的一部分加以使用。这部分反映了资本法人形式的发展。因为正是在为市场塑造劳动力的时期，资本同样被赋予了新的法律形式。资本主义的扩

张正是基于这种法律形式才能发生。在上述两种情形中，工人阶级进入市民社会和国家，形成了扬弃斗争的管理机制得以出现的基础。本章将会回到这些观点上来，但是将在第五章中对它们进行更为全面的阐述。

本章的问题是英国工人阶级的形成，这种形成同时也是它的整合。这种“形成”是从1832年开始出现的，是对国家权力的增长和行使国家权力机制的转变的一种回应，通过新济贫法最直接地体现出来，并为人们所体验到。事实上，由于管理变成了政治管理，因此工人阶级被政治化了。政治管理给予工人阶级一个斗争的对象——政治对象。根据米歇尔·曼的观点，我们将证明，1832年以后的政体强化了工人阶级的身份；当国家开始从政治上控制工人阶级的时候，工人阶级不得不被政治化。这种政治化的最直接的结果就是宪章运动，它是英国有史以来最政治、最革命的工人阶级运动。因为要形成工人阶级，就需要进行政治斗争。1832年以后，工人阶级开始了政治斗争。[5]工人阶级形成了一个阶级，由此，工人阶级才能够成为——被整合为——市民社会和国家的一部分，从而受到管理。

然而，要证明这一论点，就需要离开正题，先从理论上考察英国的国家和阶级。而这就是本章的目的。为了实现这个目 91
的，我们的出发点就是1832年的选举权改革。尽管1832年的改革法案只是与资产阶级有关，而且只是与当时资产阶级的一小部分有关，但它是巩固英国资产阶级社会秩序的关键时刻。然而，改革法案及其结果也是更广泛讨论思考国家与阶级这些理论问题的一个切入点。这种讨论还包括资产阶级革命这个概念。我将证明,狭义地理解“资产阶级革命”,只是关注政治变迁的特殊时刻,将“政治”简化为有限的机构,将会导致这样的主张:英国从来没有经历过资产阶级革命,或者说没有经历过完整的资产阶级革命。要么说资产阶级革命没有出现,要么说资产阶级革命失败了,其证据就是,1832 年以后,议会、政府和内阁中没有资产阶级的成员。这种主张基于一种混淆,我们将以两种方式来克服这一混淆。首先,我们要重新思考资产阶级革命这个范畴,认为它并不是指政治变革的特殊时刻,而是指这样一种过程,经由这一过程,社会和经济关系转变成了私人财产、商品生产和雇佣劳动的关系。在这一宽广的过程中,人们才能考虑国家因之相应改变的变革的政治时刻。

其次就是扩展政治概念,使政治并不局限于议会、政府和内阁,还包括管理机制。政治概念的这一扩展将使得 1832 年以来的变革与监管工人阶级的管理机制的出现这一宽广的背景联系在一起。事实上,对工人阶级的管理是从市民社会中抽取出来而又植根于国家之中的;就此而言,一旦资产阶级在市民社会中巩固了它的社会经济权力,对工人阶级的管理就不得不成为更为直接的政治管理。正是由于这一原因,现代资本主义国家看起来并不是直接处在经济上占统治地位的阶级的控制之下。然而,政治管理常常是超越议会的直接控制,以一种准立法和准司法的方式运作的。因此之故,任何对管理的考虑必须包含对法律的考虑。与福柯的看法不同,法律并没有被管理所取代,毋宁
92 说,法律与管理被神秘地整合和植根到国家权力之中。要想通过政治管理这一范畴重新思考国家与市民社会的分立,就必须

认为法律与管理整合在了一起。这一点也是在第五章中全面展开的。

"资产阶级革命"与英国的"特殊性"

1830年到1832年之间的政治气氛,随着欧洲的暴动、国内乡村的不满(此次不满运动的恐吓信,其署名一律是斯温队长),以及强势社会经济集团的出现,而充满了革命暴力的威胁。人们普遍认为议会非常腐败。强势的社会经济集团利用自1832年大萧条和不断的劳资纠纷以来的副作用来支持他们改革议会的主张。格雷勋爵组成了一个致力于改革的政府,此时议会中的保守党派——非常狂热地反对改革的团体——正被前几年的天主教解放运动(the Catholic emancipation)弄得四分五裂。

在这一历史的关节点上,曾经反对改革的威灵顿公爵认为:"我们坚信,这个国家将会有一场革命。这场革命是由什么引起的呢?是由武力和暴力引起的。"[6] 尽管人们普遍认识到,社会不满导致了议会改革运动,但是重要的是要注意到,尽管这种不满的确有多方面的原因,但是资产阶级能够利用工人阶级革命的威胁来支持他们的主张:改革是唯一的选择。工人阶级本身,由于相对说来还处在未成形的状态,可以用直接的武力和法律来镇压。在这种情况下,1832年改革的根源就在于对工人阶级的特殊认识。中产阶级和统治阶级的不同派别在很大的程度上都有这样的认识。

这里没有必要讨论改革法案本身错综复杂的细节,也没有必要讨论激烈争吵的法案通过过程,两院和君主都卷入了争吵。格雷本人认识到,改革法案的关键因素——剥夺腐败选区的选举权、赋予新城镇选举权,以及赋予年值10英镑的普通家庭以选举权——之所以是重要的,是因为它们既能在旧的制度框架
93 内实现,又能创造一个包含中产阶级在内的政体。对改革法案的解释涉及这样一个预设:它的目的是想将权力转给中产阶级。早在1831年,麦考莱写道:改革法案是想"使中产阶级极大地、直接地享有代议制,而不对我国的制度产生强烈的冲击。"白芝浩后来又重复了这个观点。[7] 在历史唯物主义那里,改革法案被视为英国资产阶级革命的完成。一般说来,"资产阶级革命"指的是这样一种过程,即资产阶级将贵族从权力中赶走,以便灌输资本主义的生产关系。法国大革命被视为经典的范例。[8] 为了把英国的情况塞入这个框架,改革法案被说成是英国资产阶级将贵族从权力席位上赶下台,巩固1640年开始的一个过程的时刻。从马克思的著作中可以找到支持这样一种解释的语句。在评论基佐关于英国革命的著作的书评中,马克思批评了基佐的这样一种观点:随着立宪君主制度的建立,英国的历史终结了,因为"事实上……,英国资产阶级社会的重大发展和变迁是以巩固立宪君主制度而开始的。"自此以后,"一个新的庞大的资产阶级产生了。""这个阶级无所不能,即便是在它获得作为改革法案结果的直接政治权力之前,它就强迫它的反对者根据它的利益、按照它的要求立法。"[9]

这种分析一直遭到人们的批评:人们认为,如果1832年是

资产阶级的胜利,那么此后的关键机构就该拥有更多的工业家、金融家、商人等等;但是由于事实上并不是这样,因此1832年并不是资产阶级的胜利。就议会层面而言,平民院的社会学结构并没有多大的变化——拥有土地的家族继续占据大多数议席——而且上议院议员的权力没有任何触动。比起1833年以前的几次议会,改革法案之后的第一次选举并没有产生更多的商人议席,而且可能还要少一些;整个1840年代,议会大约71%的议员都是贵族和土地主阶级。[10]选区规模上的巨大差别一如从前,行贿和腐败可能还有所增长,因为个人的、家族的和地方的联系仍然是选举中的主要因素。内阁中仍然只有少数(5比13)“非贵族”成员。在1833年至1892年之间,贵族的平均人数 94
是71%。因此之故,也就一直有人认为中产阶级的胜利是“神话”,改革法案表面上的革命性要比其实际的革命性大得多。正如诺曼·加什所写到的那样:[11]

> 围绕改革法案的那些言过其实的希望和恐惧,主要原因在于这一法案通过的过程中所造成的混乱。后来人们才逐渐认识到,这一法案并不是像1831年所看起来的那样是一种颠覆性的事件。……。撇开它的时代背景,平心静气地加以分析,改革法案所体现的只不过是对一个古老结构的笨拙而有力的砍削,以便使它具有一个大致上更加为人们所能够接受的形态。

这里,我们遇到了改革法案的性质和意义这个根本性的问题:它是为资产阶级所进行的改革吗?它是资产阶级革命的完成吗?抑或只是为了防止资产阶级权力而对古老贵族结构所进行的一次砍削?

1832年的改革法案的这种矛盾结果事实上并没有逃过马克思的眼睛(就此而言,也没有逃过黑格尔的眼睛)。[12]尽管马克思宣称改革法案使得资产阶级获得了政治上的权力,但是在论述英国政治的其他著作中,也显露了1832年之后的时间里改革法案性质的两面性。他将英国宪法描述为“资产阶级与拥有土地的贵族之间的一种陈旧过时的妥协。资产阶级在实际活动中——尽管没有在公职上——在资产阶级社会全部决定性的领域中占统治地位;而拥有土地的贵族组建了正式的政府,”从而使得这两个阶级避免了与工人阶级发生正面冲突。[13]可见,1832年的结果是两个阶级之间的一种妥协。权力被真正占统治地位的利益——资产阶级——委托给了另一个阶级——贵族阶级。佩里·安德森和汤姆·奈恩已经将这种悖论用做分析英国通往工业资本主义之路的“特殊”性质的基础,他们专门总结了资产阶级和贵族阶级之间的关系,以此来解释1832年以后资产阶级直接权力的缺失。[14]他们认为,平民院之所以没有被资产阶级代表迅速掌管,是因为1832年以后两个阶级逐渐融合了,其作用是将工人阶级与社会分离开。社会金字塔尊重贵族精英,这些贵
95 族精英是以各种人事(或准人事)关系以及统治模式为基础的。英国社会阶层的等级制就处在这个社会金字塔之内。鉴于英国社会阶层等级制中的特殊社会秩序,这两个阶级的融合使得这种统治形式得以继续。这两个阶级经历的是一种“制度共生”,

它们“横向地交织在一起”，它们“融合在一起”，它们“联合在一起”，它们变成了一种“去整体化的整体”。“这种融合共生的最后结果是，最终创造了一个单独的领导阶级，其特征是一种不断再造的虚拟同质性和实际的——决定性的——渗透性。……贵族变成了——并且依然是——资产阶级的先锋。”[15]在这种制度中，资产阶级依然是苟安的(supine)阶级。在奈恩看来，资产阶级和贵族之间是不可能有让步和妥协的。

> 在这样复杂而强大的力量之间，没有精心的战术性安排、没有短期的协议，是可想而知的。真正唯一的可能性是联合，即不同阶级及其不同文化融合到一种社会秩序中，使其能够保证社会的稳定，使无产阶级安分守己。[16]

这两种力量没有任何共同之处，因此是不可能妥协的，但是它们却融合在一起了。[17]E.P.汤普森将这种现象称之为辩证的诡计。事实上，我们将会看到，这种融合之所以是可能的，是因为安德森和奈恩理论框架使然。

在安德森和奈恩看来，这两个集团之间的强大共同利益植根于大英帝国的成功扩张和防卫，植根于这两个集团之间既存同质性的程度，植根于拥有共同敌人——工人阶级。这种强大共同利益是英国社会发展的鲜明特征，是根本的绊脚石。它阻碍了英国资本主义相对于其他资本主义秩序的发展，阻碍了工人阶级运动的发展超出单纯的改革主义的劳工主义。[18]例如，从1880年代末期开始，帝国主义的兴起帮助巩固了“传统社会秩序的异常严格的等级特征，尤其是它的典型的领导模式”。帝国主义“不仅仅保持了，而且还加强了统治阶级已经非常明显的人格类型：贵族型、外行型（amateur）和‘规范型’、农业型”。[19]但是由于此时贵族和资产阶级已经融合、交织在一起了，因此，这些
96 特征变成了“统治集团”的明确特征，创造了“持久的外形”，给社会生活打上了“持久的印记”，由此塑造了整个英国社会的意识，包括工人阶级和社会主义团体在内。

这种解释的核心特征之一就是，它把自己的基础建立在这样的观念之上，即英国资本主义的发展具有“特殊性”，偏离了欧洲现代化的“规范”路径。这种规范路径的核心概念是资产阶级革命，或者更一般地说，就是资产阶级范式。[20]根据这种范式，资本主义财产所有权的社会力量逐渐地取代了封建主义的社会力量。在这种观点看来，资产阶级革命是由国家的必然现代化、它的自由民主化和理性官僚程序的成长组成的，只有在这种资产阶级革命中，资产阶级才能获得权力。英国的特殊性在于，英国从来没有经历过必要的资产阶级革命；英国的变迁是由贵族调解的，这种调解同意保持旧制度（*ancien regime*），并且遍布自那时以来的英国政治和社会的方方面面。但是正如汤普森所指出的那样，这种分析使用的是一种规范性的资产阶级革命的概念，它是一种纯粹的模式，英国的路径是无法与之匹配的。其结果就是裁剪英国历史以便能够符合这种模式。然而这个模式本身是不能与任何国家匹配的。事实上，这个模式只能使得人们像讨论英国的“特殊性”一样去讨论意大利的特殊性、德国的“特殊性”。[21]甚至也可以这么说，整个欧洲都是特殊的，因为在人们想

象的“资产阶级革命”之后很久，旧制度依然存在。[22]

安德森和奈恩的观点是，为了形成一种具有贵族“德性”的单一的领导权阶级，贵族和资产阶级进行了一种共生性融合。1832年以后英国国家权力的堡垒为什么并没有涌入新兴中产阶级的“新人”，安德森和奈恩的观点对于理解其原因看起来提供了一种有用的工具，但是在他们解剖这一时期的各个阶级时缺乏具体性，因此这种观点被颠覆了。“有土地的士绅”、“贵族阶级”、“有土地的资本家”、“有土地的阶级”这些词语都用上了，但是没有任何清楚的描述。汤普森指出，18世纪有一个资本主义的农业阶级，他们由士绅组成，融合了城市和乡村的生活方式。[23]若果如此，那么安德森和奈恩的两个不能妥协但是能够融合的阶级，事实上就是大量生存方式根本不同的阶级，这种不同 97
植根于他们的经济地位。但是安德森和奈恩可以为这种融合辩护，因为这些阶级主要是通过一种意识形态和意识的解释来处理的，靠的是对葛兰西领导权这个概念的歪曲性解读：

> 今天英国社会的权力结构可以非常准确地描述为是一种具有弹性的、无所不包的领导权秩序。领导权被葛兰西定义为一个社会集团对另一个社会集团的统治，这种统治不只是借助于武力或者财富，而且还借助于更为广泛的权威性，这种权威性的最终源头在于文化……。领导权阶级是整个社会意识、特征和习俗的主要决定因素。[24]

然而，正如普兰扎斯指出的那样，这种观点将葛兰西的领导权概念简化为"阶级意识",并认为,这种阶级意识是可以强加给整个社会的。用这种方法将领导权简化为意识形态和意识使得安德森和奈恩能够从**认识论**上论证这样的观点:贵族和资产阶级融合成了一个历史性集团;在这个集团内,贵族阶级占据着统治地位。[25]此外,对领导权的这种理解影响了安德森和奈恩对工人阶级的概念化。他们认为,英国的工人阶级是一个"社团阶级"。"如果可以将一个具有领导权的阶级定义为将自己的目的和愿景强加给整个社会的阶级,那么,反过来,社团阶级就是这样一个阶级,它在社会整体中追求自己的目的,而社会整体的决定因素却外在于它。"[26]英国工人阶级就是"以坚定的阶级意识和几乎没有领导权的意识形态而著称的。"[27]它的根源就在于英国道路的"特殊性",因为作为第一个产业工人阶级,英国工人阶 98 级是没有先例可依循的。由于他们成熟得太早,因此不能把握革命的马克思主义,不能隶属于上述统治阶级的"融合"。鉴于这些历史和理论的决定因素,工人阶级吸收了由具有领导权的阶级所发展的意识形态规范。工人阶级不再进行有意识的斗争,态度变得顺从于接受了贵族的领导风格,强化了作为固定阶层的阶级这种传统观念。奈恩认为,"工人阶级政治的社团特征意味着,工人阶级在意识形态领导上是软弱的,相对说来,没有意识到权力问题。"这里对"社团"的解释是对"领导权"的解释的必然结果,而工人阶级被概念化为一种**根本消极的客体**,这个消极的客体追随其他的阶级或社会政治机构,却几乎没有能力影响它们。在宪章运动失败以后,工人阶级"经历了一种慢性紧张症的消退过程",它变得"麻木"了,变得"温顺"了,从意识上变成了“附属性的东西”。于是他作为一种“被击败的力量”，被轻而易举地同化了。[28]正因为如此，劳工组织史就是各种弱小的防卫集团——各种保险协会和工会——的历史，或者是一个大集团——工党——的历史，它们继续遭受一系列巨大的历史失败。[29]

结构、斗争与工人阶级的整合

我们将回到安德森－奈恩的论点，以便更为直接地考虑有关国家、革命和政治的性质问题。这将为发展另外一种理论路径提供基础，这就是下一章探讨社团阶级问题的路径。然而有必要先行考察斗争和工人阶级的整合。我将论证，安德森和奈恩将1832年以后的这段时期确认为英国工人阶级形成的关键时期是正确的。这也是工人阶级整合的时期。这种整合是国家通过法律和管理行使建构权力的产物，我们将在第五章集中探讨整合的方式。然而，这里的问题是，这种整合是一个进行斗争的阶级的整合，而不是对一个苟安团体的整合。这就提出了一个至关重要的问题：整合这个概念涉及的是什么东西？

安德森和奈恩的论点的要旨是：工人阶级一直都是苟安的、顺从的阶级，缺乏领导权的意识形态。他们的这种观点在探究英国工人阶级的整合和国家权力的发展的其他理论中，一再被复制。这里我们考察两种理论：“社会控制”理论和“工人贵族”理论。我们将会表明，这两种方法缺乏理论上的具体性，在某些情况下，还缺乏经验的和历史的具体性；最坏的时候，它们看起来像是寻求理论的概念。[30]

99 ## 社会控制

面对有可能革命的工人阶级，如何维持社会秩序？从这个基本问题出发，那些利用“社会控制”[31]理论的人们论证说，工人阶级一直是“受控制的”，这种控制是通过一整套社会机构和强制力量发生作用的一种过程。因此，J.R.海伊写道：

> 对于马克思而言，各阶级之间为控制生产资料而发生的冲突是社会发展和社会变迁过程最基本的东西。因此，对于任何社会的统治阶级来说，为了牢牢地掌握维系他们地位的财产，最根本的是要拥有对经济、社会、政治、法律和意识形态的一系列控制。[32]

在一些历史材料中偶尔也提到“控制”，如1911年关于劳资关系动荡的内阁文件认为“应该努力保持控制”。[33]但是在重要的文献中如此直接地使用“控制”这个词的情况是很少的。而且，即使出现的频率很高，它本身也不是我们使用这个概念来理解这些变迁的必要条件。因为这个概念是以一种含义甚广的方式在起作用。由于它假定工人阶级的斗争需要得到“控制”，因此任何新的社会政策、任何新的机构都会被解读为致力于这样的“控制”。例如，在一篇论“1890－1929年的社会控制和社会政策的现代化"的文章中，约翰·布朗写道："在法律的强制权力中，社会政策的持续社会控制功能最为明显……。更为隐秘的行为控制则源自与管理新政策的官僚机构的密切接触，虽然无迹可寻却威力极大。"[34]一旦确定了这一点，剩下的就只是廓清这一时期社会政策的宽广历史；其中，任何影响、管制、管理或者监管工人阶级的企图都必然是"社会控制"的一种形式。[35]

由于缺乏真正的具体性，因此"社会控制"不能解释它的意图，不能做出有意义的分析，而只能导致混乱。例如，它使用了"上层阶级"、"中产阶级"、"统治阶级"、"富人"、"雇工"等字眼，使用的频率却各不相同。然而与此同时，它却忽视了"统治阶级"不同集团之间的重要差别。例如在一篇关于救世军的文章中，维克多·贝利论证说，救世军是一种机构，其目的是强使工人阶级接受控制，尤其是通过攻击工人阶级的文化来使其接受控 100
制。然而，他又清楚地表明，救世军的这一企图受到了地方司法机关和商业精英的抵制。这些精英包括某些商业集团，如出版商，他们鼓励反对救世军的暴乱，而地方治安官们经常并不惩罚暴乱者。在这里，我们看到了一种社会控制机构，这种机构受到了地方统治阶级的抵制，尽管我们没有被告知抵制的原因。[36]

这里也缺乏历史的具体性。例如，海伊宣称，"某些控制形式是某种社会形态或者某种社会阶段所特有的。"这听起来很有道理，但是它还是停留在抽象的层面，因此事实上，它没有解释任何事情。即便将这一点发展成为这样的主张：社会控制是在不同的意识形态形式中进行的，从压制到纯粹的自由个人主义，在20世纪初期都是非常普遍的。然而这种主张也同样无济于事。因为如果统治阶级一定要实施控制，那么很明显，这种控制会在整个历史过程中发生变化。[37]正如斯特德曼·琼斯所写道的那样，关键问题是，"人们不难证明，这一信手拈来的"社会控制"隐喻用语没有解释力，没有连贯性。没有哪种政治机构或意识形态机构不能用某种方式被解释为一种社会控制机构。"[38]因此，经验研究无法充分运用这种理论就不足为怪了。

而且，这个概念与历史唯物主义分析格格不入，没有办法从理论上将它与阶级和国家这样的概念融合在一起。斯特德曼·琼斯认为这个概念"与社会学的传统不相容"，可事实上一些人都乐意将这视为这个概念的积极特征之一。例如，多那吉格罗茨基就高兴地指出，这一概念的源头在一种保守的社会学传统中；而穆尔豪斯否认这一概念必然导致功能主义的路径，认为其他的理论传统也可以使用这个概念。[39]这里所概述的这些问题表明，事实上，这种理论上的开放性绝不是一种健康的折中主义的基础，而是理论混乱的根源。尤其是，它难以对国家和市民社会的机制和机构做出区分。问题并不在于捍卫这个概念的那些人所主张的那样，[40]我们需要用历史和政治材料来补充这个概念，因为，即便这样，这个概念在理论上的空洞性依然如故：由于
101 所有的机构都是(或可能都是?)控制机构，因此对它们进行区分似乎没有什么用——它们都只是社会控制机构。事实上也没有办法对它们加以区分。很明显，这又产生了阿尔都塞和福柯的著作中所出现的一些关键性的理论问题，因为"社会控制"所起的作用就是一种社会学方案，以取代"意识形态机器"与"规训的权力"。就"领导权"在新葛兰西模式中的运用方式而言，也会得

出同样的结论。它们都是在抽象性的层面上起作用的,而这种抽象性常常抹杀了国家与市民社会之间的分立。领导权至少暗示了一个行动者,而且是一个阶级的行动者。社会控制作为社会学系统功能主义的一种形式,阻碍了对任何动因的关注。

因此之故,难怪人们倾向于求助福柯的"规训权力"和/或者葛兰西的"领导权"作为"社会控制"观点的理论支持。海伊声称,他正在考察的社会控制类型具有主导性和正当性,认为这就是他所理解的葛兰西的"资产阶级领导权"的意思,而多那吉格罗茨基认为葛兰西的"领导权"概念与社会控制概念是相容的。[41]这些观点都是可以理解的,因为,从广义上来理解,在这些学者看来,"领导权"和"社会控制"都是"意识形态的统治",因此,这些词语是可以互换的。[42]于是,社会控制和领导权之间的这种联系的一个作用就是:使社会控制概念与历史唯物主义看起来是相容的。事实上,从前一个概念转到后一个概念常常是通过马克思主义分析这一转瞬即逝的暗示来进行的。例如,理查德·约翰逊在其讨论教育和社会控制的文章中认为:

> 教育专家……的确适合"社会控制"这个术语,尤其是,如果我们把"社会"读成"阶级",把"控制"读成"转变"。但是包括阿尔都塞的"再生产"在内的所有可供使用的理论化中,只有葛兰西的"领导权"理论提供了伟大的洞见,尤其是在与"国家"的关系上。[43]

在将一个比"社会控制"更为强大、理论上更为复杂的概念转变为一个纯粹的描述性的范畴的过程中，这种观点离领导权理论看起来可能有很长的一段路程。[44]

关于福柯，梅洛西力图表明，一种全景敞视的权力形式的发
102 展是如何建构一种"没有国家的社会控制"形式的。从利维坦和主权向规训权力的转变同时也是社会控制中的转变。在民主的开端，人们是以同意——严格意义上的"社会控制"——一种更强有力的控制形式——为基础获得控制的，因为它产生行为，而不是控制行为。梅洛西试图在社会控制概念的基础上来发展对权力的解释，将国家概念化为绝对主义的整体权力，目的是从历史和政治分析中消除国家。为此目的，他引进了公与私的观念。为了不将这个观念视为一种概念性的工具，他认为，社会生活的每一个方面几乎都是通过私人和公共渠道的混合来加以管理的。这就解释了他的主张：我们应该考虑的不是国家概念，而是社会控制的国家，根本说来，它是建立在福柯的自我控制观念基础之上的。[45]

工人贵族

初看起来，工人贵族这个概念比社会控制具有更为真切的马克思主义来源，但是它也有如同在后者中所发现的那些奇思遐想和不确定性。使用工人贵族这个概念，其背后所隐藏的目的是明显的：就是要解释英国工人阶级为何不能发动革命的原因。在其研究奥德海姆(Oldham)的著作中，约翰·福斯特认为，资产阶级是将工人贵族作为一种稳定作用来使用的。再稳定化

过程(the process of restabilization)这种“社会解决方案”是“按照工业组织制定出来的。它的关键因素就是在劳动力中创造特权阶级——工人贵族——后来的社会结构正是围绕这种不平等的维度得以成形的。”[46]同样,罗伯特·格雷也认为,“工人贵族……灌输对资本主义的和解回应,后来将这些回应转化成了更广泛的阶级运动。……[它]调解对资产阶级社会的和解回应。”[47]

这些观点的根源在恩格斯和列宁那里。在1885年的著作中,恩格斯就提请人们注意在工会中被组织起来的技术工人的发展,并且认为,他们“形成了工人阶级的贵族”,“最终……接受了”“相当舒适的位置”。因此之故,“具体而言,对于任何明智的资本家来说,一般而言,对于整个资产阶级来说,他们甚至在今 103
天仍然是需要对待的非常好的人”。[48]在其论述帝国主义的书中,列宁借用了这一句话,他声称,工人贵族建构了“变成资产阶级”的工人阶层。这些工人贵族在工资上高人一等,在外表上粗鄙不堪,他们是“资产阶级的支持者”,是“资本家阶级的劳工代理副官”,是“改革主义和沙文主义的真正渠道”。在列宁看来,这些工人贵族,接受了资产阶级的“贿赂”,“是工人阶级中的资产阶级的真正代言人。”[49]

尽管乍一看非常清楚,是谁、是什么特征构成了工人贵族及其贵族性的政治意义——他们的确与资本家阶级有关系——,但是这掩盖了一大堆难题。正如格雷戈尔·麦克莱伦指出的那样,到底谁被收买了尚不清楚:“是工人领袖”,工人贵族的最上层、工人阶级的最上层,还是合作性组织、工会、体育俱乐部以及各种派别的大多数成员?[50]在列宁那里,这个概念变化不定,有时指称的是一个社会经济集团，有时指称的是官僚机构内的一个集团（但是，是哪一个官僚机构？是工党还是国家？），有时指称的是一种政治观点。这个问题在将“工人贵族”用做一种理论工具的各种著作中都是存在的。霍布斯邦确认了6个标准：工资的水平和常规性、社会保障的前景、工作条件、与上一阶层和下一阶层的关系、一般的生活条件，以及未来的前景，我们可以根据这些标准来确定哪些工人属于工人贵族。但是，他将第一个标准单列出来作为最重要的标准。[51]反之，福斯特强调工人贵族在生产过程中的权威（因此也是专制的）地位。格雷关注的是工人贵族帮助形成了一套本质上属于改革主义的工人阶级政治结构的过程；杰弗里·克罗斯克认为，对于工人贵族来说，有比高收入更重要的东西，应根据独特的价值观、行为模式和社会抱负来观察“社会阶层”的形成。弗朗西斯·赫恩在指出了经济和工业的发展产生了工人贵族之后，认为，工人贵族是一个身份集团，我们应该根据闲暇和消费模式来确定这个集团（后来，他又指出了它的关键性的政治影响，如1867年的改革法案）。特雷弗·拉米斯认为，工人贵族的意义在于工作职场以外表现出来的
104 活动和价值观，而且受到妇女的极大影响。最后，托尼·莱恩关注的是工会的高层人员，他们是“劳工权势集团”的核心，具有长久而稳定的领导权。[52]

在确定工人贵族变得重要的历史时期时出现了一个相关的难题。在恩格斯看来，这个时期显然是在19世纪的下半叶；在列宁看来这个时期是资本主义发展的帝国主义阶段。霍布斯邦将1840－1890年确定为“古典时期”，认为在整个19世纪，工人

贵族的某些形式都可以找到，而且在1840年以前，它的很多因素就已经存在了。他还把它放到1890–1914这个时期加以讨论。[53]反之，福斯特追随列宁，将工人贵族与帝国主义联系在一起，但他认为，社会控制的前现代形式(如在教堂做礼拜)的衰落表明，在劳工共同体中，需要一个维护权威的网络，这个要求早就出现了。[54]同样，汤普森描述了1800–1850年间的新老工人贵族。[55]

“工人贵族”这个概念被人们极度夸大，以致空洞无物——工人阶级的任何一部分几乎都与这个阶级的其余部分看起来具有某种不同，这部分人可以划分出去，称之为“贵族”，他们要为整个阶级的“失败”负责。说得好听些，这个概念缺乏明晰性；说得不好听，这个概念是自相矛盾的。正如斯特德曼·琼斯写道的那样，工人贵族这个概念的用法“一直是含混的、不能令人满意的，它的地位一直是不确定的，人们对它的使用一直很随意，有时是描述性的，有时是论辩上的，有时是理论上的，从来没有找到过一个固定的落脚处。”[56]因此，尽管表面上它是一个马克思主义概念，但是它一直不安地坐在马克思主义核心概念的旁边，根本未曾加以理论化。斯特德曼·琼斯也怀疑过是否曾有过明确的工人贵族理论，因为这样的理论想要回答什么问题，不是很清楚。然而，我们清楚这样的理论想要回答什么问题，即英国工人阶级为何没有发动革命，更一般地说，试图搞清楚发达资本主义的工人阶级性质及其斗争结果。正是概念的空洞性使得它从一开始做这件工作的时候就止步不前；也正是这种空洞性，解释了为什么有些使用工人贵族的作家也倾向于使用社会控制和领

105 导权。福斯特对工人贵族的性质进行了广泛而又深刻的经验研究，但是这并不能掩盖这一概念在理论上的弱点。这个弱点就是，要求得出社会控制这一概念，以便强化他关于工人贵族的观点。它将社会控制的机制定在前工业社会时期，其目的就是帮助证明，当这些机制衰落时，需要一种新的控制形式；于是工人贵族登场了。“有必要总结一下1914年的情形。工人贵族，作为一种控制手段，完全不同于50年前的情形。”[57]这样做的目的还是在于模糊，甚至消除某些根本差别，至少是工人贵族与国家机构之间的差别。

社会控制和工人贵族路径所具有的一个弱点就是，尽管它们是基于斗争与工人阶级整合这种假设之上的，但是它们很难将阶级斗争整合到它们的解释中去。一方面，在他们的解释中总是出现斗争，另一方面，又总是没有斗争，因为，很少看到他们的解释直接探讨斗争。由于工人阶级一直都在被整合，人们就假设这种整合是必然要出现的，因为工人阶级允许自己被整合，完全无视斗争的存在；正如我们在安德森－奈恩的论点中所发现的那样，这种假设就是，工人阶级本质上就是苟安的阶级。然而，尽管表面看起来，工人阶级一直都被整合的观点意味着工人阶级是一个苟安的群体，但是事实却并非如此。[58]事实完全相反。工人阶级被整合，恰恰因为它不是苟安的阶级，因为它参加了激烈程度各不相同的斗争。这就意味着，它不得不被整合，以免它发挥出自己的革命潜力。那么，到底为什么资产阶级处心积虑地要整合一个苟安的工人阶级呢？的确，大多数整合论者认为工人阶级是一个苟安的工人阶级，但这是由于他们未能探究整合与斗争之间的关系,因此未能探究由此导致的政治结构。因为工人阶级并不是在为整合到英国国家结构之中而斗争,而是在斗争的过程中,他们发现自己被整合了。所以,工人阶级是在其形成的过程中被整合的。作为一个历史过程,工人阶级的形成就是它的整合,反之亦然。[59]而这不仅意味着这样一种形成因此只能被理解为是在1832年之后出现的(请汤普森容我发表不同的看法)[60],是通过英国国家权力的发展而出现的(请霍布斯邦容我发表不同的看法)。[61]它也标志着脱离了这样一些理论,这些理论假设在国家对其"采取行动"之前,工人阶级就已经 106
被建构了。

还有其他的一些至关重要的问题。围绕国家的很多争论表明必须将(工人阶级)斗争和(国家)结构理论化。斗争和结构都是马克思主义的核心部分,但是人们常常用具有极细微差别的方式来处理它们,一些作家要么倾向于强调斗争,要么倾向于强调结构。[62]人们将斗争与结构分离开来,因此必须再将它们拉扯到一起,或者至少,假设一种因果关系,由此产生了关于斗争与结构关系的理论问题。但是,正如维纳·伯恩菲尔德写道的那样,结构是一种阶级对立的模式,因此它既是阶级斗争的结果,又是阶级斗争的前提。[63]一般地,就资本主义国家而言,特别地,就资本主义国家的制度发展而言,这种观点是对的。因为,英国工人阶级形成的另外一个环节就是现代国家的(重新)形成。英国工人阶级非但不是苟安的阶级,反而在斗争的过程中,迫使产生新的国家结构——政治管理——通过这些国家结构调整市民社会与国家之间关系,这一结构比资产阶级在斗争中强行调整的结构更为基本。面临斗争阶级的英国国家，通过发展管理结构和机制，扬弃了国家中的阶级斗争，由此避免了革命性的转变。国家的发展可以追溯到：当越来越多的市民社会因素发现自己被构建、被重新构建、被湮没的时候，工人阶级的斗争被整合到国家结构之中了。由于英国的国家具有典型的灵活性和表面上看起来的那种无穷无尽的适应能力，因此它通过在自身中创造一个空间来回应这一目的。因此，尽管工人阶级是被国家建构的，但是国家本身也是通过阶级斗争建构的。工人阶级既是由政治管理和国家权力结构建构的，也建构了政治管理和国家权力结构。（换言之，我们既需要作为从属的工人阶级这一观念，而且也需要作为主体的工人阶级这一观念。）整合英国工人阶级的唯一方式就是：国家做出相应的改变，出现一种能够用来对付工人阶级的全新的（管理）形式。然而，政治管理起着支点的作用，无论是工人阶级，还是现代国家，都是围绕着这个支点调整的。人类“依靠辛勤劳动维持着现实，而现实比以往任何时候都要大的程度奴役人类”。[64]同样，工人阶级在其斗争中创造
107 出了现实的结构，而这些结构又奴役着它。普兰扎斯正确地认识到：“尽管斗争并不包含在国家机构的实体之中，但是斗争被铭刻在国家机构的实体之中了；国家是一种实体，它承载着这些晦暗不明、形式多样的斗争的踪迹。”[65]通过将政治管理设定为工人阶级斗争的一种特定形式，[66]通过遵循阿多诺的观点：管理充当的是一种扬弃过程，即一种调整和掩盖机制，可以强化和牢固这一洞见。“管理”源于封建社会，它指的是对死者地产的管理；因此，指的是“遗嘱的管理”。[67]而我认为，我们应该把政治管

理视为国家对工人阶级斗争的管理。通过扬弃阶级斗争，政治管理是“事后的工人阶级权力；是在胜利的时刻所赢得和形成的工人阶级的政治胜利。”[68]在这些管理结构中，国家侵吞并抵消了工人阶级的斗争；因此它们是阶级斗争的骨化残余部分，是对斗争的扬弃——既消灭又保存了工人阶级的斗争。[69]这些结构是从工人阶级的斗争中诞生的，因此给它们留下了管理这个阶级的任务，这个任务是与工人阶级的集体组织及其构成因素——“公民”——紧密相关的。因此，正是通过斗争这一过程，工人阶级，而不是它的“贵族”因素，更为确切地说是市民社会的工人阶级，也发现自己的斗争被整合到国家中了，被转变成了管理结构，并反过来对付工人阶级。所以，工人阶级在为变成市民社会的一个阶级而奋斗的过程中，发现自己也变成了国家的一个阶级。

要论证这些观点，就必须更为详细地探讨英国政治管理的发展，这是最后一章的任务。然而，我们必须简要地重新探讨为什么英国“没有出现”革命这个问题。

革命往何处去？

“规范的”和“特殊的”民族－国家历史问题的结果之一就是，人们可能很想抛弃资产阶级革命的观念，从而消除对不同国家的资产阶级“没有出现革命”的关注，使得我们“不去研究19 108
世纪没有或者缺乏革命的原因，[因为]如果资产阶级不是一个革命的阶级,如果资产阶级不去寻求通过革命推翻旧制度,那么这样的革命不曾出现,就不是什么问题了。”[70]然而我们得抵制这种诱惑,追求一种更为精致的资产阶级革命概念,使我们能从理论上理解 1832 年以后持续存在的前 - 现代国家特征,而不屈从于“特殊性”的论点。因为,在很多文献中,问题之一就是,资产阶级革命指的是一种纯“政治”事件,法国革命之所以被看得如此重要的原因就是一个范例。正是这种解读,促使猎杀资产阶级的游戏(the game of Hunt the Bourgeoisie)流行开来。[71]然而,马克思自己对革命的解释的优势之一是他对政治革命与社会革命的区分,在这种区分中,前者代表的是政治权力关系的转变,后者代表的是社会经济生产关系的转变。人们可以既将革命视为一种过程,又将革命视为一种时刻,这种区分都可以追溯到马克思自己的著作中。尽管马克思无疑将 1640 年和 1789 年描述为革命的时刻,但是,他全面关注的是,他论证的要点是资产阶级生产关系逐渐占据主导地位的漫长过程。因此之故,他指出了一个“社会革命的时代”,[72]这为理解马克思的下述观点提供了钥匙:在资产阶级社会的所有决定性领域,资产阶级占据了统治地位,但却允许贵族替它进行治理。[73]

这样就会将资产阶级革命视为一种漫长、缓慢、“默默无闻”的过程,通过这种过程,一种特殊的生产方式及与其相伴的财产关系将其烙印深深地打在了人类关系上面。在这个过程之中,人们能够确认政治决裂或危机的各种时刻。政治权力和权威正是在这种政治决裂或危机中发生实质性的改变的。正如杰夫·埃利所指出的那样:

> 抽象地说,它意味着决定与意义这两个层面之间的区分——即,作为国家一种特殊危机的革命(它涉及的是全面的民众动员和对政治关系的重新建构)与更为深层的结构变迁过程(它涉及的是资本主义的生产方式日益占据统治 109
> 地位)之间的区分。[74]

这样就保留住了马克思最为关注的东西,即剥削阶级与被剥削阶级之间的斗争,以及它所导致的矛盾——市民社会内部的斗争。

它同时也使得我们放弃关注 1832 年法案与贵族因素的连续性之间的假定矛盾。该法案是一项改革法案,同时也是"提供给国家的最具有贵族性质的法案",[75]这二者之间并不存在什么不一致的地方。之所以说它是一项最具有贵族性质的法案,是因为贵族竭力要毫发无损地挺过潜在的革命时刻,为此付出的代价便是:开始与资产阶级经济权力作出妥协,资本主义过程在市民社会中日益占据主导地位。对于走向胜利的资本主义来说,贵族与资产阶级都认识到反对工人阶级是它们的共同利益。19 世纪的斗争模式是有缺陷的,这不仅是因为它认为新兴阶级要一股脑儿扫除旧有的阶级,[76]而且是因为当时的斗争模式是一种只有两种力量可以活动的空间。正如马克思所写道的那样:

> 在每一次暴力革命的时刻,他们(资产阶级)都不得不

> 吁请工人阶级。而且如果贵族是其不断消失的对手，那么工人阶级就是其不断成长的敌人。他们宁可与不断消失的对手妥协，作出并非只有表面性的让步，也不愿增强日益成长的敌人的力量，因为未来是属于这个成长的敌人的。[77]

这完全不是说，1832年的法案使得贵族与资产阶级的融合迈出了一大步，两者融合成了一个去整体化的整体（a detotalized totality），在这个整体中，贵族的风格成了整个英国社会的固定风格；而是说它改变了游戏规则，它创立了一种新框架，在这个框架中，经济上占据主导地位的阶级能够起作用，尤其是在反对工人阶级方面。[78]就此而言，它并不是说资产阶级缺乏勇气尝试追逐政治权力，就像安德森所说的那样——正如许多评论者所指出的那样，它们已经有了金钱，还要政治和勇气干什么？[79]——**因为资产阶级并不需要直接的政治权力**。从谷物法的废止，可以最清楚地看到这一点。反谷物法联盟废止谷物法的运动体现的是自由商人克服陈旧的贸易保护主义的企图；就
110 此而言，他们代表的是新兴的工业阶级。废止谷物法运动变成了一种冲突。这种冲突并不仅仅是贸易保护主义与自由贸易之间的冲突，而且也是贵族或者乡绅原则与资产阶级原则之间的冲突，新与旧之间的冲突，传统与现代之间的冲突，家长式统治的国家与现代国家之间的冲突。这就是阶级斗争。因此谷物法的废止是在议会的唇枪舌剑中通过的，就不足为奇了。由于议会当时仍完全控制在土地利益集团的手中，因此，反谷物法联盟丢掉了合宪性的意识，倡导的是在议会和合法性之外的领域中

采取行动的方针:拒绝纳税、鼓动罢工、计划通过用黄金兑换银行券制造流动性的危机,最后威胁使用工人暴动。[80]

谷物法的废止表明,“土地利益屈从于金融利益、财产屈从于商业、农业屈从于制造业、乡村屈从于城市。[81]这是资产阶级政治经济的全面胜利。最后,议会不管其社会组成如何,认可了这种结果的必然性。

政治概念的扩展:管理

那么,为什么资产阶级不需要直接的政治权力?到目前为止,我们所讨论的争论中,一个值得注意的问题是,没有人涉及国家管理的问题。安德森和奈恩只是在关注资产阶级革命的缺失或失败时才涉及国家。但是这就使得他们放弃了对国家的详细分析,他们的理由是,国家最重要的特征恰恰是旧制度的残余。这种观点掩盖了19世纪英国出现的国家权力的一些基本发展。正如米歇尔·巴雷特·布朗所指出的那样,安德森讨论了银行营业执照法(Bank Charter Acts)而不是公司法,讨论了私人铁路贷款,但没有讨论铁路法。他也没有探讨圈地法(Enclosure Acts)、监管机构的兴起、济贫法的管理——换言之,国家调整和管制市民社会的各种机制。在这些缺失中,安德森和奈恩维护的是守夜人国家的神话,这种神话是通过宣称英国的特殊性来加以维护的,而这一神话本身也在维护着英国的特殊性这种观 111
点。所谓英国的特殊性,是相对于“其他”国家遵循的是中央集权化和理性科层制的“规范的”路径而言的。[82]

在研究资产阶级革命时产生的问题之一就是，关于1832年以后资产阶级缺乏政治权力的研究关注的是议会、政府和内阁，前面讨论贵族因素的持续存在时给出的数字就说明了这一点。无论是在马克思主义者的解释中还是在非马克思主义者的解释中，都出现了这样的情况。问题在于，这种观点是用一种狭隘的政治概念——即我们在第二章中遇到的第二国际的那种政治概念——来阐述的。因为正如“资产阶级革命”中的革命被误读作政治一样，政治被简化成了议会。这造成了国家概念的贫困，[83]而且还促使马克思主义者将议会解读为“一种真正的阶级冲突的场所”。[84]他们认为政治权力就是通过议会、政府或内阁控制立法，而睥睨司法的作用。因为资产阶级没有渗透到这些机构之中去，因此就被解读成他们没有获得政治权力。但是尽管一直在发生这样的变化（或者没有发生这样的变化，正如情况有可能出现的那样），类似的一系列发展还是不断地在发生：这就是用来调整和管制市民社会（一般而言）和工人阶级（具体而言）的新的管理机制的兴起。这里的观点是，我们因此需要一种包括管理在内的扩展的政治概念。这种扩展的政治概念具有很多优点。首先，它能够分析这些管理机制，在某种程度上避开对议会的过分关注。其次，它促使我们探究管理与法律之间的联系，从而对同时出现的作为权利主体的市民与作为管理客体的市民之间的联系给予考虑。第三，通过将法律与管理联系在一起，我们能够解释管理的建构权力和法律的建构权力，并将它们植根于国家权力之中。因此国家理论也是一种行政法的理论，这一点正是马克思主义在解释国家时所缺乏的。第四,它促使我们探究议会、政府、内阁和司法机关与管理之间的联系和界限。要想做到这一点,我们就得发展这样的观念,即政治管理具有准立法和准司法的性质。它使得我们摒弃福柯的做法,在国家或法律 112
视野之内来探究管理这个范畴;它也没有像有些马克思主义者在解释法律时所做的那样,陷入粗鄙的基础-上层建筑的论点之中。这些观点将在下面一章中阐述,它们是本书所提出的反思国家-市民社会分立的核心。剩下的部分我们通过简要地分析现代公务员兴起的理论和政治意义来廓清管理成长的政治背景。

1832 年的成果之一就是,贵族对主要职务任命权的控制被议会所取代,并日益集中在政党需求上。然而,没有一个等级结构和官僚组织的政党制度来控制后座议员和独立的议员——正如 1870 年进一步扩大选举权以后所出现的情况那样——重要职务的任命权仍然是无组织、无计划、无法预测的。政治领袖几乎没有这方面的控制权。一个解决方案就是,将权力从议会转到国家的管理部门。[85]在一定的程度上,由于“改革者”惧怕重要职务的任命权会旁落,管理机制——如济贫法委员会——被赋予了“独立”的特征,这一点我们将在第 5 章中加以探讨。

1832 年以后,公务员中的主要职务任命权仍然没有得到改革,这种任命权构成了格拉德斯通决定改革公务员的动力。特里维廉曾经写道:“各种形式的重要职务任命权是当今时代最大的滥用和丑闻。”[86]然而,在这一时期的通信中,格拉德斯通也认为,他在改革公务员方面的努力是他“对议会改革的贡献”。[87]在这个意义上,麦克唐纳正确地认为,管理改革可以被视为1832年改革法案的继续。然而,事实上,这种改革并不是由中产阶级促动的;它也未攻击旧制度。[88]因为,正如改革法案可以被看做是对贵族统治的部分维护一样,管理改革也同样是对贵族统治的部分维护。格拉德斯通将自己的改革视为维护和重新激发柯尔律治式知识分子阶层优势地位的一种手段。公务员阶层只能通过考试才能进入(牛津和剑桥的教育最适合这种考试),通过创造这种新的公务员精英,改革的目的是为了巩固上层阶级与管理权力之间的联系。换言之,它是"一种扩大、确认、净化和正当化现存精英的手段"。[89]的确,改革的目的是为了让上升的中
113 产阶级接受这个结构——改革若不表现出精英领导阶层的样子,那么就什么也不是了——但是它并没有回应中产阶级的要求,也不允许中产阶级进入管理。[90]这里的问题并不是资产阶级和贵族阶级对管理机制的相对控制,而是国家权力的机构形式和政治目标。用特里维廉的话来说,这是一个这样的时代,在这个时代中,"让下层社会阶级的政治力量起作用是……不可逆转的趋势。"[91]格拉德斯通的管理精英观念被视为是在这个时代对阶级国家的维护。对于格拉德斯通来说,1854年的改革是为了强化和增加上层阶级与拥有管理权力之间的联系。[92]

作为对议会改革的贡献,这些改革是非常引人注目的,因为很明显,它们的目的是将主要职务的任命权从议会手中夺过来,交到执行和管理部门的手中。詹尼弗·哈特让人们正确地注意到格拉德斯通与诺斯科特两人在1853年末关于此事的通信。对于格拉德斯通来说,改革的全部目的就是要避免议会参与公

务员的推荐和选拔。[93]然而，对议会改革的另外一个更具深远意义的贡献，就是英国现代中央管理机构的出现，因为在创立的过程中，公务员制并不是制定法规定的，这表明议会越来越不能控制管理机构了。枢密院令是枢密院颁布的管理性法令。1855年初的枢密院令被提交到议会，遭到了否决，但是尽管如此，还是实施了，因为实施是不需要议会批准的。换言之，中央管理机构的出现本身就是一种管理行为。此外，在剥夺议会直接控制由该枢密院令创设的专员的过程中，这项枢密院令是财政部起草的、用来使日益发展的行政权力生效的一份文件，它使得财政部成为整合管理的一个机构。[94]

在后来的变迁中，我们也可以看到统治阶级、管理权力和议会代议制扩展之间的这种联系。议会的大门将不得不进一步打开，甚至向工人阶级打开，一旦这一点变得明确起来，诺斯科特－特里维廉报告的全部逻辑就在 1870 年得到了贯彻。1867年选举权的扩展产生了一个更有代表性的议会，但是由于它的规模与社会成分方面的原因，这样的议会是不能通过主要职务任命权来加以预测和控制的。因此扩大选举权的结果是权力进一步从议会转向管理部门。首先，1870 年的枢密院令是由内阁 114
批准的，而不是由议会批准的，它使得竞争更为广泛地扩展到了公共事业机构，将财政部的控制扩展到了公务员的管制上；其次，一项下议院议事规则修正案允许公共财政支出的增加无需议会的批准。此外，1867 年以后，出现了公务员负责人这样一个职位，该职位（由财政部的）一名常务次官担任。最后，1918年男性普选权的引进（连同有组织的劳工运动一起）是与财政部对管理机制控制的巩固同时出现的。[95]

这表明了在多大程度上发展分析国家权力的概念工具的努力不应该局限在议会的机制上的程度。因为从 1832 年起，英国国家权力组织中所出现的很多变化都出现在议会之外，或者至少是出现在议会边缘，出现在一系列管理机构内。我们将在下一章中追溯 1834 年以后出现的管理机构的三重目的，即塑造市场、扬弃斗争和建构法律主体。这三种目的旨在将 1832 年以后的贵族与资产阶级联合在一起。第一个目的表明，工人阶级是国家制造的——是 19 世纪末至 20 世纪初由资本主义国家塑造和构建的。为达到这一目的，资本主义国家发展了一系列管理上的创新，通过这些创新来构建和调整工人阶级。在英国，这些管理机构是植根于整个国家之中的。与管理机制同时出现的是将法人形式建构成为集体资本的法律形式。劳动力的塑造是一般市场塑造的一部分。第二个目的表明，管理是阶级斗争的产物，是国家藉以将工人阶级的革命意志扬弃到官僚机构形式之下的机制。第三个目的表明，法律主体的建构并不只是单个公
115 民的问题，同时也是集体法律主体（资本和劳动）方面的问题，只有建构了法律主体，前两个目的才能实现。

以这一方式运用“管理”这一范畴，可以使我们得以将历史学家们关于议会中持续存在的贵族因素的争论弃置一旁。因为对英国国家“封建”和“前现代”特征的关注忽视了它的一个关键特征，这就是沃尔特·白芝浩完美地总结出来的特征：英国宪法中古老的连续性所起的作用是，用尊严这一面纱来掩盖其效率和理性的核心。[96]自 1832 年以后，日益增长的大量权力不是由议

会行使的，就此而言，也不是由其他的传统政治机构如司法机关来行使的，而是由准立法和准司法的管理机关行使的。从那一年开始，从直接的议会舞台之外生长出了很多中央政策制定机关，它们所作出的决定具有法律效力。要想理解这种发展，不能藉由“社会控制”、“领导权”、“工人贵族”或“规训权力”的方法，而只能藉由包括管理在内的扩展的政治概念来进行。通过将这种发展描述为政治管理，我们就将它与1832年以前就存在的、掌握在贵族手中的那种管理区分开来了。随着资产阶级在市民社会内的胜利，也就是说随着他们成为主要的社会经济力量，贵族对管理的控制日渐式微。但是管理也不再将工人阶级作为市民社会的直接阶级力量来加以管理，管理从市民社会领域中抽取出来了，被政治化了。管理变成了国家的专长。关于国家管理生计的发展，将在下一章中集中讨论，这种讨论将从对1834年新济贫法的分析开始，因为正是新济贫法为随后所发展的大量管理活动确立了模式。纳索·西尼尔曾对托克维尔说：“济贫法修正案对贵族的打击比改革法案对贵族的打击更为沉重。”[97] 116
这句话可谓一针见血。因为，新济贫法的长远影响——我们将会论证——就是创立了很多中央管理组织，首先，资产阶级革命可以通过它们得到巩固，其次，后来的工人阶级斗争可以通过它们得到管理和消灭。

我们将会表明，尽管新济贫法植根于资产阶级的关心、不满和欲望，但是后来管理生计的发展却是对工人阶级斗争的回应。我们将会表明，就此意义而言，政治管理是扬弃阶级斗争的主要制度机制。然而在为实现这个目的而发展管理机制的过程中，现代国家的制度结构从根本上发生了改变,与此相应,国家与市民社会之间的制度关系也发生了根本改变。因此我们将证明,国家同样是藉由阶级斗争的过程而"造"出来的。

第五章　英国的政治管理：塑造市场、建构法律主体和扬弃斗争

新济贫法、劳动和国家管理

从1834年起，政治管理首先主要关注的是工人阶级的状况。这种关注依赖的是在贫穷(poverty)与赤贫(pauperism or indigence)之间做出的区分。后者被认为是“影响市民社会的最大祸害之一，因为除了某些例外情况之外，它们在文明的躯体中产生各种有毒的、罪恶的、邪恶的东西”。[1] 与此相反，人们普遍认为，消灭贫穷就是消灭财富，因为伴随贫穷而来的是劳动。边沁认为：“贫穷是每个人所具有的一种状态，为了活下去，他必须劳动。赤贫则是这样一种人的状态，这种人一贫如洗，……同时又不能参加劳动，或者说，即便参加劳动，也是入不敷出。”[2] 从边沁的追随者那里我们可以看到，这种对贫穷和赤贫的理解是1834年新济贫法背后的思想前提之一。关于济贫法的报告写道：

> 在欧洲，除了英国以外，没有哪一个国家认为，即无论是强制的救济还是自愿的救济应该超出赤贫者的范围以外——所谓赤贫者就是那些不能劳动，或者其劳动不能维持生计的人。从来没有人认为：救济应该扩大到穷人，即那些为了勉强维持生计不得不劳动的人。[3]

这里有两个非常重要的因素。首先，对贫穷与赤贫的区分
118 意味着，人们认识到，需要有一个阶级停留在贫穷状态之中，这个阶级的人为了生计不得不劳动；换言之，人们认识到了工人阶级及其贫穷状况的必然性。其次，人们日益认识到从政治上管理市民社会的这个方面的重要性。区分贫穷与赤贫，将贫穷理解为资本主义社会的“自然现象”，设定赤贫是对市民社会的威胁，这些观点的必然结果就是相信：赤贫是能够由国家加以管理的。但是这种管理间接地也是对贫穷的管理，因此也就是对工人阶级的管理。因为要做到这一点，市民社会就需要通过一系列合适的管理性的监管机制进行重构。

尽管人们批评该报告“完全不符合历史”、“完全缺乏统计数据”，[4]而且在方法论上具有严重的缺点，[5]但是它依然是政治管理发展过程中的一份关键性的文件。因为，不管委员会的成员们所相信的东西是真的还是假的，随后的立法都是以这份报告为基础的，这份报告是在作者们认为事情很可能就是这样的基础上撰写的。对于社会政策来说，人们认为正在发生的事情比现实中正在发生的事情更为重要。因此报告证据的准确性、方法论上的缺点以及完全违背历史的性质，这些东西完全是无关

紧要的。[6]

该报告澄清了这样的观点:无序而混乱的济贫服务导致了在两个重要方面易于滥用济贫制度。[7] 首先,救济机制之一的济贫院中的状况通常好于济贫院外贫穷劳工的状况;其次,在济贫院外为了弥补工资不足而发放的救济常常意味着,在有教区提供救济的地方(雇主常常利用存在救济来压低工人的工资),劳工减少其工作时间。换言之,真正的问题在于,这种救济制度助长了懒惰之风,即不劳动;它鼓励的是:废除那种限定工人阶级和生产社会财富的活动。解决之道包括大量的建议,但是并不是所有的建议都完全得到了实施。其首要建议就是降低合格条件原则:真正说来,或者说很显然,不应把赤贫的总体处境作为资格条件,就像底层阶级的独立劳动者的处境不能作为资格条件一样。[8] 人们认为,如果一个人不参加劳动,现存的救济制度 119
便会提供慷慨的赏赐,它鼓励的是赤贫。这种解决方法就是把三段论简单地倒置过来:如果赤贫阶级更具救济资格,人们就会离开劳工阶级加入赤贫阶级;将相关的条件倒过来就是:如果劳工阶级更具有救济资格,他们就会离开赤贫阶级而加入劳工阶级。[9] 这种将体格健全的穷人"非赤贫化(dispauperizing)"的做法,目的就是要在独立自主的劳工阶级与赤贫阶级之间划出一条宽广的分界线。这个分界线可以由第二种建议来维持,即,救济院内提供的救济将不再救济体格健全的劳工,而只是救济赤贫者,从而恢复工作原则。救济院可以通过这些条件(即它仿佛是"可供使用的最严厉的工头和最坏的工薪出纳员")和这样的规训(即单调的体制、自由的缺失和性接触的褫夺)来实现这一目的。

第三个建议旨在通过创立施加统一规则的中央委员会来克服管理15000个单位所带来的不可避免的自由裁量和腐败。[10]

1834年的法案本身并没有引入查德威克及其同僚们所希望的全部这些建议。济贫法委员会倒是创立了,但是它并没有该报告的作者们所期望的那些权力。济贫法委员会不能迫使新成立的联合济贫会(Poor Law Unions)建立济贫院,也没有权力来管理那些不合作的联合济贫会,它的职能就变成监督性的了。议会通过的法案并没有提到降低资格形式的济贫院试验。尽管该法案起初包含了这样的一项规定,即从1835年6月1日起,停止发放弥补工资之不足发放的津贴,但是这一条款后来被搁置了。反之,这种津贴的发放被留给济贫法委员会来自由裁量,该委员会将颁布一些管制院外救济的指令。

该法案只有一个领域是非常清楚的,即成立一个新的政治管理机构。这种新的政治形式在地方和国家的层面上都有运作。在地方的层面,成立的是一种新的管理单位(教区联合会(the Union of Parishes)),由民选的税收机关来管理救济(保护者联合会(Boards of Guardians)),从而取代治安法官。在中央层面,济贫法委员会的成立就是一个极大的变化。成立伊始,该委员会即不受议会和内阁控制,它试图实施统一的救济规则,通过
120 一个督察团(inspectorate)来运作。[11]只是从1870年代开始,当委员会(通过当时的一个保护者联合会)能够将自己的意志强加给联合济贫会的时候,这种全面的统一救济规则才得以实施。随着这些发展,济贫法确立了对英国国家的发展至关重要的政治形式和管理机构,而这些机构又为进入19世纪末和20世纪初

国家建设（state－building）时期奠定了基础。这就是最核心的观点；要论证这一点，我们首先必须考虑在解释新济贫法过程中所遇到的那些核心问题。

解释新济贫法出台的一种方法就是要论证它是对市民社会内日渐增多的动荡的一种回应。评论者已经指出过英国19世纪早期的一系列骚乱：勒德分子（Luddites），即为回应1816－1817年的歉收而发生的暴力罢工和1819年的破坏机器者，1819年自由民（Yeomanry）所发动的彼得卢（Peterloo）游行示威和破坏活动，最著名的是1830－1832年的斯温队长。例如，金斯伯格认为，"正是农业劳动者的暴动促使1832年任命了一个皇家委员会，从而产生了著名的1834年济贫法报告，并使得济贫法修正案得以通过。"[12]工人阶级的不满与新济贫法之间的因果联系也常常暗含在其他的解释中。这样的分析看起来是适合马克思主义理论路径的。它假设了工人阶级的革命行为（至少潜在地是如此）（参看霍布斯邦的评论："在英国的现代史上，没有哪个时代的人民大众是如此持续、深刻而且常常是绝望地处在不满状态中。自17世纪以来，也没有哪个时代使得我们能够将如此多的民众说成是革命的民众。"[13]还可参看汤普森的观点：在1832年发生一场革命是有可能的）。[14]它还认为，国家对此来作出的回应是，通过改革济贫制度来平息这些力量。这种分析很像是马克思主义的分析。关键的范畴——"阶级"、"贫穷"、"斗争"、"革命"等等——都粉墨登场了，国家的运行是支持资产阶级反对无产阶级的。问题在于，这种分析是否站得住脚，这一点完全不清楚。社会不满对济贫法的产生很可能具有某种影响，

但是这种影响看起来是有限的。报告本身很少提到先前几年的
121 不满。这并不是因为对这一关注的有意隐瞒,因为这些出于权宜之计的论点是完全可以示人的,而且,正如我们已经看到的那样,两年前关于改革法案的争论中,已经广泛地加以使用了。[15]此外,关于1830年的街区骚乱事件,报告申述,“部分是由于使用了武力,更多的是由于贿赂,这种突发事件得到了平息。”[16]换言之,报告的理解是:工人阶级的骚乱可以通过直接的武力或者高薪(“贿赂”)得到平息。报告并没有认为济贫制度的改革可以阻止工人阶级的骚乱。

事实上,如果考虑不满,尤其是对济贫法的不满,比起工人阶级的骚乱来,资产阶级的不满更为普遍,更为系统,更有影响。其原因在于,社会的政治经济一直在发生迅速和急剧的变化,一个结果就是,接受救济的人数不断增加,因而加重了济贫税。到1818年,济贫税6倍于1760年,除了1820年代有小幅度的波动之外,到1831年,济贫费用高达七百万英镑。[17]面临巨大的税收和利润率的急剧下降,资产阶级要求引进不向所有人,尤其是身强力壮的人提供救济的制度。[18]将救济限定在老弱病残者,就会减少救济税,降低工资,从而提高利润。这一点可以通过回归到劳动、审慎和美德的自然法来实现。因此,

> 我们已经看到,当今的济贫法管理企图达到的目的之一就是要在极大的程度上摈弃自然法。依据自然法,人的不审慎和不法行为的结果都得由他自己和他的家庭来承担。这种企图的结果就是要在极大的程度上摈弃自然法,

> 依据自然法，每个人及其家庭得享受他自己的审慎和美德的好处。[19]

因此，新济贫法发展背后的原因不能在工人阶级的斗争中来寻找，而只能在资产阶级的政治经济学和资产阶级的哲学之间的联系中来寻找。这种原因揭示了劳动的政治意义——它在资本主义生产中的商品化，它在资产阶级政治哲学和道德中的地位。

工人阶级骚乱的真正作用似乎并不是像有些马克思主义者 122
所坚持认为的那样，迫使资产阶级改革了济贫法以做出回应。毋宁说，在资产阶级看来，尽管每年背负着对其造成了极大损害的七百万英镑济贫税，骚乱却依然故我。[20]关键是在 19 世纪初期，工人阶级无论如何是不会充分地组织起来威胁到资产阶级社会，达到像汤普森、霍布斯邦和其他人所宣称的那样的程度。而且只要使用一些策略——武力或贿赂——来对付他们，工人阶级不管怎样对立，都是无关紧要的。在 1832 年议会将选举权扩展到中产阶级这一阶层之后，反对旧济贫制度的工人阶级运动所产生的任何骚乱都是孤立无援、软弱无力的。

该报告并没有得出结论说：济贫制度可以轻易地为各个阶级的人所滥用。寡妇是由这样一些人组成的阶级：在很多地方，这些人享有得到公共资助的权利。老弱病残者的院外救济据说也极少有滥用的机会。[21]这个报告所关注的只是赤贫阶级，即由身强力壮的男人组成的阶级。因为“对救济的滥用大多源于提供给身强力壮者本人或者其家庭的院外救济”。[22]确认这一点的重要性在于将注意力集中在身强力壮的男人身上；对其他人群，如病人、老人或年轻的寡妇们的救济，并没有提出彻底改革的建议，卡雷尔·威廉斯已经阐述了这一点。[23]他认为，济贫法的历史图像造成了这样的错误，即它模糊了身强力壮的人与身强力壮的男人之间的区别，这一点是非常重要的，因为，该报告并没有提出改变对非身强力壮者的救济。威廉斯论证说，对1834年济贫法的传统分析认为，该法创设了一个中央机构，其主要目的是废止对所有身强力壮的穷人阶级的救济。于是传统的分析又认为，由于没有废止院外救济，因此中央机构的目的落空了。但是，即便在新济贫法实施10年后，人们关注的仍然是身强力壮的人。因此，中央机关发布的“院外救济禁止令”(1844年)和“院外救济管制令”(1852年)对于哪些阶级可以获得院外救济，在什么条件下可以获得院外救济的一系列规定从法律上做出了限定。1852年的法令限制了对身强力壮的男人的救济。1844年的法令则将身强力壮的寡妇和受扶养的儿童排除在一般禁止救济之外。关键在于，新济贫法既关注济贫院内的救济，也关注
123 济贫院外的救济。只是在1870年以后，院外救济才被大幅度削减。从1834年到1870年，大多数赤贫者都是院外救济的。[24]换言之，1834年的策略是，对于身强力壮的男人来说，院内的救济完全没有吸引力，而院外的救济又不可获得，通过这一方式来消极抑制赤贫。从工业资本主义的发展来看，这种策略是至关重要的，因为，它有助于建构一种雇佣劳动的现代劳动力(a modern workforce of wage - labor)。新济贫法第一次试图在穷人与赤贫者之间划分明确的分界线，这就是：工人阶级与失业者。[25]通过降

低资格原则来限制院外救济的尝试，因此也就是一种精心策划的塑造现代劳动力的尝试。在塑造现代劳动力的过程中，工资是工人阶级生计的唯一形式。事实上，新济贫法巩固了作为商品的劳动力的社会地位。

然而我们也可以这样来论证，即新济贫法本身并不是建构资产阶级革命持久过程的原初特征。马克思作出的解释是，从15世纪开始，就有针对被剥夺者的血腥立法，即由议会强迫降低工资，这一解释足以表明国家权力是用来形成和塑造（而不只是压迫）工人阶级的。[26]然而，这里所考察的这些过程的主要特征并不只是这种塑造，而且还有所使用的结构的性质——中央集权制的国家和专门用来完成这一塑造任务的政治管理结构的创立。

济贫法报告中有一个特征在新济贫法中得到了坚持。这就是成立一个新的中央机构；该法案唯一明确的是管理。部分原因在于，查德威克坚持认为，降低资格必然要求有一个专门的中央强制机构。这个机构之所以是中央强制机构，是因为教区不会自愿地接受它；之所以是专门的机构，是因为它不能是议会本身。[27]这种中央集权的趋势对于国家权力的发展是最根本的。尽管在1834年法案之前，国家权力的大量发展就证明了这一历史趋势——设立了一个中央行政机关管制和管理工厂的状况，1832年的解剖法创设了第一个由中央资助和管理的国家检查团，国家对互助会的管制越来越多。[28]——但是，新济贫法之所以重要，是因为它比任何其他立法或机构更有助于将劳动力巩固为一种商品，还因为它比任何其他立法更为关注对赤贫的管 124

理,从而更为关注对劳动条件(贫困)的管理。正如凯伊和莫特所指出的那样:“新济贫法比任何其他的措施更加巩固了英国政治国家的中央集权制结构,因此这种发展是劳工方面的发展就不是偶然的了,因为归根结蒂,这种中央集权制结构所针对的正是劳工。”[29]换言之,在建设资本主义国家的过程中,现代管理出现在至关重要的方面:建构和管制雇佣劳动。

这并不是国家“干预”的问题。济贫法背后的目的就是,国家不要为确保生计竭尽父亲般的义务,而是通过占统治地位的市场政治经济来创造条件。这并不是对市场的干预(或干涉),而是对市场的建构,是一系列旨在发挥市场功能的管制制度。所谓“19 世纪的治理革命”[30],事实上是通过创设一系列的政治结构和管理机制来重塑国家与市民社会的关系,因此在人们坚持要通过劳动来提供生计的观点的同时,在一系列的领域内创建了一系列的机构——福利院、医疗卫生设施、监狱、收容所、工厂检查机关、警察——来执行中央机关所作出的决定。[31]

这些政治管理机构的一个方面就是,它们具有不受议会权力制约的自主性。济贫法委员会完全独立于立法机关,查德威克既摒弃了司法审查——在其理由是法院只会妨碍管理——又摒弃了内阁的控制——其理由是内阁对议会的责任可能会导致政治压力。这里的问题不在于这些机构的“问责制”,而在于所创设的机构是独一无二的,明显具有立法、司法与行政权的综合功能。该委员会不仅有权监督、建议、报告、命令起诉,而且有权发布具有法律效力的管制规则。监护者若加以违抗,就会收到来自法院的执行职务令。尽管议会坚持认为,任何一般规则都

要得到内政部的批准，然后提交给议会，因而议会试图对这些潜在的势不可挡的权力创设制约机制，但是由于该委员会颁布的 125
都是具体的管制规则，是特殊规则，因此议会的努力白费了。[32]同样，1851 年以后，该委员会在教区之间统一救济费用的争端中所起的是司法机关的作用。这一点具有抹杀法律与管理之间界限的作用。因此，管理决定具有司法判决的效力。可见新的机构看起来并不只是一种管理机关，而且具有准立法和准司法机关的权力。

再者，问题也不是关于中央机关相对成功或失败的问题，也不是关于效率的问题。有人认为“1834 年以后，救济管理的中央化只是一种方便的虚构，是监督者付给公众的空头支票”。[33]这种观点没有认识到，新的结构想要提供的是贯穿 19 世纪和 20 世纪初期的政治管理的机构形式。正如芬纳所注意到的那样，管理的发展已经证明了英国地方政府几乎所有重要发展的渊源，即中央监督、中央督管、中央审计、由地方民选机构所控制的专门的地方政府服务和各个区域对管理紧急事件的配合。[34]因此政治管理的出现可以追溯到新的政治结构的演化。这种新的政治结构是从济贫理念的转变开始出现的。国家对赤贫和贫穷的管理是对私有财产和工业资本主义发展的一个必然回应。通过将劳动力建构成为一种商品，并创设一种机构来管理它，新济贫法完成了将管理确立为一种形式（form）的任务，通过这种形式，资本与劳动之间的调和就发生了。正如我们将在下文中表明的那样，市民社会内的阶级斗争也是在这种形式之内得以重塑的。

由于没有认识到国家对于阶级结构和市民社会的这种核心作用，对新济贫法及其机构的福柯式解读出现了诸多的弱点。福柯将规训机制模式描述为一种封闭性的分割空间，一种在每一点上都可以观察到的空间。在这个空间中，个人被安插在一个固定的位置上，到处都是监视，一言一行都被记录下来，工作是强加的，权力是按照等级行使的。这种福柯式的描述看起来是对济贫院的一种恰当描述。[35]例如，皮特·斯奎里斯写道，1834
126 年的法案本质上是一种“独一无二的规训计划”，是“一种规训的连续体”和见证了全社会规训关系紧张化的新型权力形式和关系的出现的一部分，是福柯所说的“伟大的监禁”[36]的一部分。的确，事实上，新济贫法的某些特征本身导致了这样的一种解读——例如，济贫院被视为一种规训的机构，视为边沁的全景敞视原则超出监狱之外的延伸[37]——但是，“福柯效应”导致从这些解释中剔除了国家，取消了行政机关的概念；其结果就是严重地削弱了对所出现的这些变化的解释。例如，马丁·休伊特认为，福柯的著作对于理解福利和社会政策是极为有用的，因为它避免了传统的诸如“阶级”和“国家”这样的范畴。“国家治理这一非常重要的假设被融入了一种复杂而内在的规训技术网络，得到了大量身体方面管理话语的支持，形成了全景敞视的一个升级的、多元的版本”。[38]但是，通过把国家设定为其他管理和监督模式中的一个模式，国家被简化(融入)为一系列的规训技术，在这种规训技术中，谈论国家就变成了一种无意义的事情。这种观点没有认识到最高权力机构的持续存在及其通过新济贫法的实施来塑造现代雇佣劳动劳动力的关键作用；相应地，它也没有认识到新济贫法所引发的一种国家建设(state-building)过程。

公民身份与社会阶级，选举权与国家

我们关于管理贫穷的解释尚未完成。首先,我们必须讨论公民身份,因为,1870 年代以后,管理贫穷的突出特征之一就是,它是在将公民身份扩展到工人阶级这一背景中发生的。在这里,我们将投票权的重要性视为将单个公民建构为权利主体的一部分。之后我们对一种最重要、最具有洞见性的公民身份观点——即 T.H.马歇尔的观点——进行批评,这一批评的基础是,在他的解释中,缺乏管理和国家权力。 127

人们可以通过显而易见的法律和政治的维度,如投票权,来追溯公民身份的外在特征。但是这可能是一种片面的做法,它可能恰恰证明了资产阶级公民身份观念是强加在工人阶级身上的。各种管理机制和程序将公民既标识为法律主体,也标识为管理的客体,因此这里目的就是,公民身份也需要从这些方面加以思考。由于人们集中关注的是法律主体,因此管理客体常常被掩盖了。就国家开始管理个体而言,不需要把工人阶级反思为一个阶级,而是要将它反思为原子个体的集合。与此同时,个人要成为管理的客体,就必须视为权利的主体。在英国,政治管理是与公民身份和选举权的扩展一道发展的。

尽管 1867 年的第二改革法案同意将选举权扩大到工人阶

级的一些部分,但是认为 1867 年"将英国变成了民主国家"[39]的观点仍然是非常牵强的。因为该法案只是同意授予工人阶级的某些男性部分以选举权。要想把工人阶级整合到市民社会和国家之中——作为我们集中关注的政治管理发展的条件和辅助过程——就不得不以零星的方式做到这一点。有关该法案的战术性争论——这是一个极好的例子,说明统治阶级如何学会变化以便保存实力和生存下去——意味着它不是一次冒险的举动,而是在一项受控制的实验中观察工人阶级的一个样本的行为。[40]一旦该实验证明是"成功的",——也就是说选举权的扩展并没有证明工人阶级在夺取政治权力,进一步的实验才是可能的。

到 1918 年为止,选举权还是一种特权,而不是一种权利。1918 年的法案承认了这一原则,即每个成年男性都应该(至少)拥有一票,作为一个公民应该享有的法定权利。与此同时,妇女进入政治生活领域的进程也开始了。1884 年、1867 年和 1932 年的法案名称各不相同,这些名称本身就将这些法案的不同点区分开来了。"改革"法案(不管它是不是"伟大")这个概念极大地依赖于这样的假设,即该法案是先前实施的法案的继续,只是做了一些修改而已。1918 年的法案宣称是"代表人民"的法案,倒
128 是有极大的改变。它不仅表明是另一次改革,而且表明了普遍性——承认存在着"人民","人民"有一种被代表的权利。这一法案表明,作为单个政治主体的集合,工人阶级完全被整合到政治生活中了,对于谁来统治他们,他们具有发言权。

之所以将"人民"视为一种可以被代表的同类群体,其中的

一个原因就在于，它能够将阶级概念从社会概念中剔除出去，代之以“国家”或“共同体”的观念进行思考。尽管阶级一直有可能被认为是在建构“两种国民”，但是这只是在变成具有共同目标的一种“国民”、一种“人民”或“共同体”的过程的一个临时阶段。国家和共同体的观念进一步发展就会包括工人阶级的活动，被一个与整体相对立的特殊团体视之为自私的活动。而且在将阶级从中剔除出来的过程中，共同体的观念就摈弃了任何能动的观念。共同体变成了一种消极的客体，一种不能提出任何集体要求的数量上的集合。然而选举权的扩展试图在制度中去阶级化（在去－阶级－化的意义上而言），以便将工人阶级重新建构成为“全体选民”的一部分，一种个体的集合——分解工人阶级并将其重组为单个公民的集合，作为一个想象的共同体团结在一起，将作为单个公民的工人阶级正式包含在其中，以便将作为阶级的阶级从真正的政治权力中排除出去。然而一种想象的共同体也是一种被管理的共同体：个人可以通过管理过程而被去阶级化——“失业或就业”就是一个典型的例子，作为整体的人口普查则说明了一般的趋势。而且，19 世纪初期“分类”指的是分类学中的编排信息，而到 19 世纪末，“分类”已经开始意指被置于国家管辖权范围之内的知识。[41]

选举权的先前改革都将选举权与实际拥有的财产完全联系在一起。1918 年的法案断开了这种联系。因此人们普遍认为 1918 年是英国进入现代自由民主国家的关键时期，也就不足为怪了。然而这并不是意味着财产问题不再是核心问题。因为尽管财产的实际所有权不再是必要条件，但是单个投票者看起来 129

是一个潜在的财产所有者,这一点仍然是必要条件;即便没有其他的东西,但是投票者还是拥有自己的劳动力这一财产。工人阶级进入权利领域,其作用在于将人建构为法律主体,为缔结法律合同做准备。财产是契约关系的核心。

投票权是马歇尔公民身份三阶段中的第二个阶段。这些阶段——公民的、政治的和社会的阶段——是根据所拥有的权利类型来加以区分的;公民权利是在18世纪出现的,政治权利是在19世纪和20世纪初出现的,社会权利他认为是在19世纪末和20世纪与福利制度的成长一起出现的。[42]但是这种观点的危险性在于:只是从权利的角度来思考公民的身份会将我们的注意力集中在法律方面,而掩盖了管理的重要性。

马歇尔观点的一个积极特征就是,他强调了公民权利出现过程中所发生的斗争。其中,阶级是核心:尤其是在20世纪,“公民身份和阶级制度一直处在战争状态。”[43]但是马歇尔所说的斗争并不是阶级之间的斗争,而是对立原则之间的斗争——市场原则与公民原则处在对立的位置上。或者换一个说法,市场社会的不平等看起来与公民身份(在其社会阶段)所确定的平等是矛盾的。[44]马歇尔关心的不是阶级冲突,而是看似冲突的原则。因此,将它抽象成为“斗争”就有点名不副实了。而且在马歇尔看来,阶级通常根本就不处于冲突或斗争之中——这一点我们从他的这个观点中可以看到:“现代民主众所周知的工具是由上层阶级塑造,然后一步一步传给下层阶级的。”[45]他认为,原则处在矛盾之中,而不是处在斗争之中;[46]即便是这种观点,也似乎过于关注维护下述观点的本质,即存在着相关的基本对立。

因为尽管形式上的权利平等与市场制度的不平等看似矛盾的，但是后者事实上是以前者为前提的。形式平等是由现代公民身 130
份通过法律来规定的，它是维护阶级制度的必要条件，也是国家建构权力的产物。为了塑造现代劳动力，并且将商品形式强加在劳动上，国家不得不将人建构为法律主体，因此人就可以被确认为平等个体的一种集合，可以作为人口加以总计。所以，法律和政治权利的形式平等就是巩固现代英国资产阶级的一个条件。马歇尔甚至说："这些（早期）的权利与资本主义社会的不平等并不冲突；相反，它们是维护那种特殊形式的不平等的必要条件。"[47]在马歇尔看来，与资本主义相冲突的是社会权利，因为社会权利看起来是针对不平等而授予的权利。换言之，福利制度是与市场观念相矛盾的，因为它看起来"创设的是享有实际收入的普遍权利，而实际收入是与权利主张者的市场价值不相称的"。换言之，社会权利"呈现出改变整个不平等模式活动的外貌"。[48]

由于马歇尔把各种东西都塞到关于公民身份的公民、政治和社会权利框架之中，因此，当他讨论工会这种集体法律主体时，就陷入了困境。因为，他将这些集体法律主体看成是为"劳工公民身份"（industrial citizenship）创设的次级制度，是一般公民权利的一部分。公民权利被说成是在18世纪就已经发展了的，但是即便在漫长的18世纪——从工业革命到1832年[49]——并没有将从1871年才获得的工会"权利"的发展包括在内。更为重要的是，尽管在为公民的自由权和法律平等权而奋斗的过程中，资产阶级起了至关重要的作用，但是工会权利只是持续不断的工人阶级斗争的产物。吉登斯批评马歇尔将劳工权利与公民权利联系在一起,他是对的。[50]但是他忽视了马歇尔之所以用这种方式讨论工会,原因在于他将工会视为进行集体讨价还价、签订合同的法律主体。他用这种方式考虑工会的原因在于他已经认可了这样的论点,即"前现代"社会转向"现代"社会的本质是从身份向契约的转变。[51]这一点将在下文加以评论。

马歇尔的解释不足的第三个理由是,这种解释明显缺乏国家和现代管理。原则之间的冲突的确无需国家去加以克服,而且即便是在他讨论阶级斗争和公民身份发展的过程中,马歇尔也没有将国家分析坚持下去。到 1918 年为止,享有公民权利、
131 政治权利和社会权利的个体法律主体几乎已经得到了完全的巩固。但是他的分析中仍然没有提到这种建构过程的核心动源。与吉登斯的主张相反,在讨论将工会建构成为工人阶级集体组织时,马歇尔也没有重视国家的作用。[52]而且马歇尔也没有阐述国家在这一过程中的意义——他将工会的发展仅仅视为公民权利的扩展,而没有讨论管理机制,以及后来与之相关的行政法的发展。正如我们将在下文表明的那样,这一过程对于国家和工会的发展来说是最为基本的东西。因此尽管马歇尔认识到了公民身份发展的历史维度,甚至也认识到了阶级斗争,但是由于他刻意忽视建构现代公民过程中的核心动源,即国家,他的这些努力都白费了。由于马歇尔聚焦在权利上,因此他的关注就局限在法律上;所以他对政治管理没有任何阐述,更别说将它与国家–市民社会分立联系在一起来加以使用了。

社工、失业、保险:英国的劳动公民及其家庭

作为国家调解资本与劳动的一种形式,作为工人阶级斗争藉以扬弃到一种政治形式之下的手段,政治管理只是在1870年代以后的英国才得以巩固。因为在这一时期,它可以被用来巩固个体(工人阶级)公民向国家和社会的整合。从1870年代开始,人们日益关注济贫法的运作情况,各种试图"改善"济贫法的努力使得济贫法的管理出现了诸多的变化,这些变化发生在济贫院内外,最终为20世纪国家对福利的管理奠定了基础,并藉此为国家对工人阶级的管理奠定了基础。与此同时,济贫院也以人们预想的方式发生了变化。人们认为济贫院只适合救济部分人口,而这部分人口也发生了同样的变化。我们先讨论慈善组织协会(即组织慈善救济暨遏制乞讨协会(The Society for Organizing Charitable Relief and Repressing Mendicity),简称为COS)在政治管理发展过程中的意义,然后讨论1906-1911年自由主义 132
福利改革的几个方面。

慈善组织协会成立于1869年,其目的并不是发放救济,而是通过协调大量的慈善协会及其与济贫法机关的关系来组织救济的发放。其成员——知名的业界人士是它的真正中坚[53]——表明了它的担忧:赤贫愈来愈严重,阶级差距在加大。就此而言,该协会是对两种国民这一问题的回应以及对道德堕落的担

心。例如,在1870年代"反对"院外救济的活动中[54],该协会批评伦敦小学委员会为了让最穷困的儿童能够上学而向他们提供靴子,理由是,如果提供靴子,孩子的父母就会为了获得靴子而忽视送孩子上学。同样,该协会认为,校餐是对父母的一种救济,这会鼓励父母们逃避他们的责任。[55]

该协会最著名的创新就是问卷调查——对每一个申请救济的个体进行系统性的调查。这一做法的目的是将该得到救济的穷人与不该得到救济的穷人区分开来。它也为现代管理的一个核心原则——将个体主体变成管理客体——奠定了基础。[56]该协会认为,确定一个申请者是否该得到救济的唯一方式是全面了解其背景。这种方法既可以阻止那些"聪明的"穷人寻求尽可能多的救济,也可以阻止那些不能提供身份证明的人或者那些希望避免不体面的救济经历的人获得救济。[57]为此目的,该协会对每一个申请个体及其家庭的身份、文化、行为和生活方式进行专业性的调查。协会工作人员亲自接触、登门造访,收集信息,创建具有个人详细情况的档案。尽管这一工作的初始目的是想确定谁是救济的合适人选,其结果却发展为对每个人的了解。相应地也就使得分类的形式得以发展,即便不是对整个人口或工人阶级的分类,至少也是对那些申请救济者的分类。到1886年,该协会在伦敦的社工人员每年就要处理25000份问卷。

在问卷调查发展过程中,该协会的活动看似构成了"现代"
133 权力—知识网络的一部分,由此开始对社会机体进行监视、管理和监督,而这项工作是通过"非政治的"专业人员来完成的。在福柯看来,"问卷构成了知识部门的对象,构成了权力部门的抓手。”[58]在多泽罗特看来，这种“社会调查”旨在生产调查、分类和解释的知识，它可以用来为管理那些被认为需要管理的客体提供基础。就此而言，社会调查就处在帮助与压迫的交汇点上。[59]普洛卡西继续了这种福柯式的解读。他认为，作为社会工作者的先驱，济贫问卷者是一种像毛细血管一样分布在家庭救济中的工具。而斯奎里斯认为，社工的发展表明了古老的审问式规训对新形式的适应。社工人员的目的就是从穷人那里攫取“忏悔”。通过这种方式，社工就变成了不断发展的社会关系。在这种社会关系中，一直都存在着监视、观察和旨在“改变性格”的治疗。社工因此被解读为帮助建构了一种有关监督活动和监视活动的新型规范话语。[60]此外，慈善组织协会主要关注的是家庭义务和挣工资的男人，这使得社会工作能够被解读为多泽罗特的“监护情结(tutelary complex)”的一部分，即通过家庭进行的社会管理的一部分。

然而，就该协会及其社会工作的起源和结果而言，这样的分析还存在着诸多的问题。在讨论家庭问题之前，我们先对此进行简要的考察。

从其起源来看，该协会无疑包含有解决道德和贫穷的“个人主义”进路。然而，与此同时，它还包含着一种明显的“国家主义的”进路。这种国家主义进路植根于英国唯心主义的主要鼓动者的背景之中。在关注该协会的个人主义的过程中，很多讨论该协会的文献并没有公正地对待其工作中的国家主义方面。[61]的确，对于该协会背后的那些人来说，例如对于伯纳德·鲍桑葵，尤其是它的创建者和秘书长C.S.洛赫来说，慈善被视为个人道德堕落的产物,(个人化的)社会工作寻求弥补的正是这件事情。然而,该组织也致力于这样的原则,即慈善是文明生活的一个主要特征,它通过与之相连的一系列共有结构将个人与国家联系在一起,克服了个人主义所产生的诸多问题。由于忽视了后一方面,该协会才会被解读为又一个个人主义的组织。这种观点没有在鲍桑葵和洛赫的著作中所发现的个人主义与其他自由主义思想家的著作中所发现的个人主义之间做出区分。例如,鲍桑葵在原子个人主义与伦理(更高级的)个人主义之间做出区
134 分。前者是在边沁、密尔和斯宾塞的著作中所发现的个人主义,是一种片面的理解。后者通过将个人与普遍意志连接在一起,超越了单纯的肉体上的孤立,达到了作为社会基础的伦理个体的高度。因此个人的真正意志与国家的意志是一致的。这样,国家的行为只有与个人意识的发展相一致的时候,才是正当的。[62]换言之,个人主义与国家主义这一简单的二分法力图将该协会纳入到前面的范畴,然后进一步将其简化为19世纪后期大多数文献中所发现的那种个人主义,从而将该协会的活动解读为规训福利(disciplinary welfare)规范趋势的一部分。所有这一切都没有公平地对待国家在该协会的思想和实践中的核心作用。

从其结果看,尽管社会工作背后的最初动力很可能是源于该协会,一个非国有的单位,但是这种情况只有在这种条件下才是对的,即济贫法的实施和对贫穷的管理不需要急剧的改变。一旦制度本身受到威胁,需要进行改变时,社会工作就从市民社会转到了国家的手中,变成了政治管理的一种形式。例如,1900

年代初期院外救济管理就发生了转变,其基础就是对穷人的了解。1911年“关于院外救济管理”的通告要求监护人要尽力全面了解申请者的背景和需求,用力所能及的方式了解申请者的经济情况。[63]1900年代初期,这种策略的目的就是要了解穷困者的情况,以便实现良好的管理。1911年的“救济管理法令”规定了新的法律规范框架,迫使监护人对穷人进行一定程度的了解,以此作为院外救济运作的必要条件。至此,这一策略达到了顶峰。1911年的法令强迫济贫法机关对所有申请救济金者进行 135
问卷调查,其中包括申请者的信息,还要对个人的历史情况加以了解。[64]管理就是以这种了解为基础的,它是在国家中发生的,而不是在市民社会(或社会)中发生的。它是一种政治管理的形式,一种为国家权力提供便利、然而以国家权力为基础的了解。随着国家保险的发展,这一点就变得更加清楚了,这一点我们将在下文讨论。当资本主义危机四伏的特征逐渐被证明是其永恒的特征时,与阶级斗争一起,新济贫法再一次变成了关注的焦点。对此,该协会根本就没有任何回应手段;市民社会不能自己监督自己,为了整合阶级斗争,避免害怕发生的革命,需要英国国家的大力发展来作出回应。

该协会也代表转向“监护情结”的一部分,这种观念也是极其成问题的。的确,在这一时期,对“家庭”的关注日渐增强,但是它的意义需要加以澄清。济贫法并不重视家庭本身,当男性挣钱者不能赡养家庭时,济贫法就要将家庭拆散,在济贫院中男人、妇女和儿童是分开来的。这可能是新济贫法最令人讨厌的一个方面,但是这并不能视为工人阶级对“家庭”的渴望。后来对家庭的关注——使家庭团圆和睦，维护家庭内部的“秩序”，按照国家行政机关制定的标准管制家庭——作为（重新）塑造劳动力的一种手段，是更为广泛地寻求济贫院的替代物的一个部分。“个人主义”是19世纪资产阶级思想的核心，同时也是“家庭主义（familism）”的一种形式；实践中的“自足”指的就是家庭——家庭是应该加以维护的“自给自足”的单位。[65]鉴于它在资产阶级思想中政治和道德经济的核心作用，家庭成了管理得以运作的枢纽。要想起到这样的作用，就得剥夺家庭的早前意义，它指的是一家子人，还包括“非亲属居住者、旅居者、寄宿者、房客……契约学徒工和寄宿的佣人——他们有的是雇佣来干家务的，有的是牧场或店铺雇佣的临时寄居的劳动力”。[66]因此，家庭要作为一个独立的经济单位来重新思考。就此而言，如果人们想要谈论作为家庭主义的个人主义，那么他才可以说家庭被原
136 子化了。事实上，家庭指的是“资产阶级家庭”，[67]**工人阶级家庭则被构建成了阶级和国家权力发展的一个部分**。多泽罗特正确地认为，我们是通过家庭来思考治理的，而不是思考**有关**家庭的治理的，但是只有当人们把阶级和国家视为通过家庭进行治理的动因时，才能理解其意义。用普兰扎斯的话来说，国家“发现并指定家庭的位置”。[68]家庭非但不是市民社会内部的私人环节，反而是政治管理的一个单位，它是国家建构的，是国家为了监管福利和斗争所发展的机制的一部分。这种观点无疑带有为多泽罗特所鄙视的马克思的功能主义的味道，因而促使他探究工人阶级愿意致力于家庭生活的原因。[69]但是作为管理运作的枢纽，家庭也被建构成了私人的领域，埃利·扎列茨基写道：

> 无产阶级化导致了主体性。家庭变成了主要的社会领域,在这个领域中,个人是最重要的——它是无产者所“拥有”的唯一空间。在这个空间中,社会活动的一个全新领域开始形成:个人生活……无产阶级本身开始分享资产阶级把家庭当作“乌托邦式隐居所”的理想。[70]

与其说工人阶级“选择”了“家庭”,不如说国家把原子化的家庭作为一种斗争场所赋予了工人阶级。

尽管我已经论证了1834年济贫法的出现其基础在于工人阶级的骚动这样的解释是不成立的,但是这种解释对于1880年代以后的发展来说则是合适的。贯穿于1870年代到1880年代的大萧条表明,工业资本主义的发展也带来了贫困的发展;“进步”与贫困同时变成了可能。1885－1886年失业的激剧增加强化了阶级斗争的过程,最终引发了1886年2月8日的特拉法尔加广场(Trafalgar Square)暴动。斯特德曼·琼斯正确地指出,暴动的意义并不在于实际的事件本身,而在于对这一事件的回应,[71]即地方治理委员会的主席约瑟夫·张伯伦在第二天发布了一个通告,敦促地方当局创办公共工程,以此作为解决失业的一种手段。该通告明确规定:所提供的工作不能带有侮辱穷人的意味;非技术工人都能做得来;不得与现有的雇佣相竞争;工资稍微低于私人雇佣所给付的工资。 137 该通告在1887年、1891年、1892年、1893年和1895年一再发布(尽管在1895年,最后一条被删掉了)。它第一次承认有一些种类的人——例如,工人——

现有的济贫法是不适合救济的,并且承认:失业不是个人的问题,而是社会问题。张伯伦通告第一次认识到,社会政策的核心因素——济贫法——事实上对于社会关注的中心——失业来说,远远不够。失业不再被视为个人道德堕落的产物,而是被视为工业资本主义的一个特征,尤其是在严重依赖于临时工作的产业中更是如此。此时极为明显的资本主义积累的周期也表明存在着这样的一些阶段,在这些阶段中,失业对于很多人来说是不可避免的。就此而言,社会的基本问题逐渐开始不是赤贫的问题,也不是诸如住房、卫生、健康等领域的政策问题,而是失业问题。在这个问题之后隐藏的是更为重要的贫困问题。它过去是,现在仍然是,正是因为工人阶级的绝对贫困,失业才是一个问题。

经济学家阿尔弗雷德·马歇尔评论说:"1834 年的问题是赤贫问题,1893 年的问题是贫困的问题。"[72]这一论断富有启发性。因为,如果贫困是资本主义的必要条件,那么贫困就是资本主义的问题,或者换言之,就是工人阶级的身份(状况)。19 世纪末,人们不再关注赤贫,而是转向关注贫困,这一转变是与人们从管理上承认工人阶级这一转变同时发生的。重要的是,这一转变是通过失业完成的,因为失业被说成了政治问题,因此也就变成了社会问题。甚至我们也可以这样说,只有将失业说成政治问题,它才能变成社会问题。[73]在此期间,即 1880 年代,"失业"作为话语的对象出现了。也是在这一时期,失业变成了国家管理的一个范畴。在官方文献中第一次从总体上提到受雇的体力劳动者是在 1887 年。此前,只是简单地列出工人的所有职业。作为

一个管理范畴,失业是通过政治经济学家们——如马歇尔—— 138
的工作揭示出来的,并最终在1895年得到广泛的应用和认可。[74]随着失业作为国家管理的一个范畴的出现,整个人口才能被视为存在于同一个层面的东西。在这个层面上,每个人才能得到平等的对待,而不再是一系列群体中的一员,从而成为一个个体性的管理客体。[75]

英国国家对失业问题的回应首先是发展劳工介绍所,其次是发展国民保险。最终分别颁布了1909年的劳工介绍所法(Labour Exchange Act)和1911年的国民保险法(National Insurance Act)。

1909年法案部分是1909年济贫法皇家委员会的产物,部分是贝弗里奇对1905年失业工人法(the Unemployed Workmen Act)批评的产物。该委员会多数派和少数派的报告都支持引进劳工介绍所,贝弗里奇认为,1905年的法案集中在为失业工人提供救济性工作上,没有解决劳动市场的问题。需要做的不是提供救济性工作,甚至也不是提供工作本身,而是**由国家对劳动市场进行合理的组织,从而确保劳动的流动性**。因此该法通过引入劳工介绍所来解决失业问题。在劳工介绍所中,失业工人可以登记,以便为他们提供本地区以外的工作。就此而言,1909年的法案没有提供一个工作机会,也没有打算这样做,而是寻求塑造一种流动的劳动力。[76]

但是,该法案的目的也是要成为更为广泛的一揽子计划中的一部分,包括引进国民保险。温斯顿·丘吉尔在向下院介绍该法案时,一再重复了这一点。1911年的保险法案不是一个普遍性的方案,它的目的只是包含临时的和可预见的失业。这就意味着它只是适用于那些存在着周期性失业的行业。因此,那些使用大量临时工的行业、那些衰退的行业、那些有大量女工的行业,以及那些往往开工不足而不是解雇工人的行业,一概排除在外了。这个方案的另外一个主要特征就是,它不得不是一种分担性的方案,即要求工人、雇主和国家共同分担。

这种分担的实际水平我们在这里不用关注。[77]保险起初不
139 是普遍性的,这一事实也暂时放到一旁。重要的是从它所确立的工人、雇主和国家之间的关系来看该方案的性质,因为国民保险巩固了它们之间的特定关系。因为这种情况要想出现,保险就得从市民社会中的工人机构,如互助会,中剥离出来,进入政治管理的机制之中。[78]雇主与雇工之间的分担将他们紧密地联系在一起,而国家不仅分担,而且要对整个体系的管理进行仲裁和管制。从更一般的角度来看,三方组成的这种形式可以理解为由国家加以调解的劳资关系。[79]国家相当于劳资之间的一个楔子,既将他们联系在一起,同时又将他们分开。政治管理的各种形式,如社会保险,将个人带进了与国家的具体关系之中,通过正式确认需求,将个人巩固成为管理客体。即便是未来的需求也得到了国家的正式确认。从这种意义上来讲,劳工介绍所的建立就至少可以解读为在某种程度上保证劳动市场将得到最大限度的管制,以便失业——因此也就是国家救济金的支付——保持在最低水平上。

此外,这种政治管理得到这种发展,不只是由于认识到了个人需求,而且还由于认识到了工人阶级的集体权力。一些大政

治家也认识到保险在转变社会主义威胁过程中的作用。丘吉尔声称，保险会：

> 增强我们制度的稳定性，因为保险会使产业工人大众从增进自己直接利益的角度考虑来维护我们的制度。工人们若以保险的形式对抗当今的邪恶，从而与国家休戚相关，就不会注意渺茫的社会主义革命前途……保险会使他成为一个更好的公民，一个更有效率的工人，一个更幸福的人。[80]

而鲍尔弗想论证的是“社会立法……不仅仅要与社会主义立法区分开来，而且是其最直接的对立面，是其最有效的解毒剂。”[81]此外，一些著名的政治人物认识到，德国俾斯麦的立法是一个有用的范例，说明通过引进社会保险政策可以如何来阻断社会主义运动。[82]丘吉尔坚持认为，如果国家和政党想要把俾斯麦主义的大部分内容强加在我们产业制度的整个底层，那么它 140 们就会得到极大的发展。[83]政治经济学家，诸如马歇尔，也开始建议采纳德国使用的那种方案。国家甚至资助工会到德国旅行考察俾斯麦政策的运作方式。[84]

因此，我们可以相当清楚地看到，国家新的政治形式的发展是对工人阶级的集体权力和资本主义危机四伏的特征的回应。[85]国家认识到了工人阶级的权力，它所采取的立场是，在需求与能力之间充当一楔子，但它是通过一系列的管理形式来做到这一点的。国民保险的发展，作为回应工人阶级威胁的一个因素，表明国家正式承认了工人阶级的需求。它是这样一种过程，一方面巩固了工人阶级需求与能力之间的分离，另一方面将工人阶级牢牢地锁死在一种资本与国家的关系之中。相应地，工人阶级被赋予了更多的政治权利：公民身份的个人权利，如投票权，通过授予工会合法的豁免权而获得的集体权利。

劳动与资本的主体性：工会、法人与国家

到目前为止，在考察法律与管理的过程中，我们一直局限于对个体主体的讨论。但是，为了更为全面地理解管理和法律在建构国家权力方面的核心作用，我们还必须考察集体主体。若不进行这样的考察，则法律和管理的存在是为了管制人类个体之间的关系这一自由主义的假设，就会被证明是正确的。因为，只有通过劳动与资本的构建，从而将它们带到一起，对市场的全面塑造才能出现；法律所构建和调解的不仅是作为公民的个体主体，而且是作为阶级分立对立双方权力的集体主体。

马克思主义者注意到工会的明显局限性、它们对现状的认可，以及工会在限制工人阶级活动方面的作用。例如，拉尔夫·米利班德将工会称为遏制斗争的行政机关，是“管理阶级冲突的
141 盟友”，正如收入《资本主义之下的工会》一书中的大多数文章所认为的那样。但是这些作者使用的解释性的概念工具常常有很大的问题。他们倾向于依赖这样一些概念：如“工人贵族”、“工

会意识”的局限性、工党或一般的政治组织的不足,甚至还有米歇尔斯的精英理论[86]。与之相联系的一种观点是,工会在某种程度上已经“失败”了,有时候它还与安德森-奈恩理论中所发现的工人阶级的明显消极性或苟安特征联系在一起。这些解释没有解决这样的问题:工会是“国家的造物”[87],这一点比他们所说的工会是二战后的合作这一点,是更深层次的问题。

尽管1824年废止了联合法(Combination Acts),但是它们所赋予个人和契约的重要性阻碍了集体讨价还价的发展。作为一种集体行为,这种集体讨价还价被定义为强制性的行为。即便是某些工会领袖,如弗朗西斯·普赖斯(Francis Place)和约瑟夫·休姆,也认为这种集体行为是错误的。[88]从1832年到1871年,这种思想非常普遍。因此,在Hornby诉Close(1866-1867)一案中,成功地论证了这一点:一个限制贸易、剥夺工人自由行使自己意志的工会是不合法的工会。随着工会法的制定,人们在1871年开始与这种思想决裂。皇家劳工委员会(Royal Commission on Labour)(1867)提出了三个原则作为立法的基础:如果他人所作出的行为是合法的,那么工人作出的行为就是合法的;如果单个人所作出的行为是合法的,那么工人联盟所做出的行为就是合法的;工会的基金受法律的保护。1871年的工会法使得那些限制贸易的行为合法化了。1875年的财产共谋与保护法(The Conspiracy and Protection of Property Act)使得工会免受犯罪共谋的刑事诉讼威胁,同时将和平围厂抗议行为合法化了。法院对该法的回应是发展共谋侵权行为,尤其是在非技术工人和运输工人在1889年的码头罢工期间成立了工会,以后更是如此。在 1893－1905 年的一系列案件中，参与罢工行为的人只承担民事共谋责任，或者承担的是引诱他人撕毁合同的责任。最著名的是 1901 年的塔夫谷案（Taff Vale）判决。在该判决中，一家注册工会因其会员所实施的侵权行为而负有赔偿责任，用其
142 基金加以赔偿。此后，1875 年法律中适用于刑事共谋法律的行为，在 1906 年的劳资纠纷法（Trade Disputes Act）中适用于民事共谋法律。[89]

1871 年到 1906 年见证了罢工自由的发展。只要遵循"促进劳资纠纷"的行为"黄金公式（golden formula）"，工会就享有法律豁免权。通过罢工权利，国家承认了工人阶级的集体权力，国家力图将这种权力引入为了将其加以管理而建造好的车辆。正如个体公民本身是由国家构建而成的，并通过法律和管理机制而整合到国家之中的一样，集体主体也是如此。罢工自由体现的是工人阶级的集体权力向合法权利范畴的转变。罢工权利体现的是对集体工人的形式自由的确认。换言之，工会由国家建构成了工人阶级的法律主体。

这些发展的一个重要特征是，它们是在 1848 年国家击败了宪章运动之后很快出现的。1832 年以后最重要的工人阶级运动，即宪章运动，所提出的改革选举权、议会和财产与权力之间关系的 6 点计划，是一项"足以推翻整个英国宪制（包括女王和上议院在内）"[90]的明确的政治纲领。它本想彻底改变英国国家的性质，然而它失败了。这种失败被安德森和奈恩解读为前现代的——实质上是封建的——文化和政治战胜了由激进集团和阶级所形成的一种新兴的现代文化和政治的一个重要范例。事

实上，宪章运动失败的意义并不在于此。因为，事实上，此后工人阶级被迫发展的是一种本质上是"经济性的"意识。这一点可以举1871年之后的工会为例。工会中的斗争集中在市民社会。宪章运动失败以后，工人阶级便开始使整个市民社会（用E.P.汤普森的话说）变得像兔窝（warren）*。这种兔窝化过程的核心 143
就是发展工会和工会联盟。它们成了工人阶级活动的重点。然而这些机构的每一次发展都"使得工人阶级同时更深入地卷入了现状之中。工人阶级在资本主义民主国家机器之内产生的每一次影响，都将它们作为伙伴（即使是对立的伙伴）卷入到机器的运作之中。"[91]一旦宪章运动失败，就可以适当地整合工人阶级。工会就是在这个基础上表现为工人的非革命的政治代表的，由此也就可以将工会确认为工人阶级的法律主体。因此，国家对工会的建构是宪章运动的失败带来的不经意的结果，也是国家构建工人阶级活动重点的标志。正是从这一时期起，正式的和非正式的仲裁组织开始出现，而某些工会比其雇主更具有调解性。[92]

1871年工会法的一个特征是，迫使注册的工会采用规则。尽管注册是自愿的，但是由于它享有重要的所得税上的特权，因此注册就是至关重要的。而且，第四款规定，该法不允许法院强制执行工会内部的某些协议和工会之间的协议，从而确保工会所享有的法律豁免权能延伸到它们的内部工作方式上。然而，

---

* 此系英国历史学家汤普森使用的一种比喻说法，意为使得资本主义社会的底部变得像兔窝那样布满了洞穴和通道。这里所谓的洞穴和通道，指的是工会、选举等，从而自下而上地导致资本主义过渡到社会主义。——译注

通过第四款，在制定工会内部章程方面，国家起了重要的作用。因此由于采纳了国家规定的规则，大多数工会的内部运作方式和章程从一开始就是由国家制定的。有些人认为工会是“自然地”[93]从工人阶级中产生的自发的组织，然后国家再加以管制或同化。与此观点相反，本书强调的是国家对工人阶级组织所行使的建构权力。就集体劳动组织是工人阶级斗争的产物这一点而言，其具体的形式是国家建构的产物。它们的内部运作方式，它们相对于其他工会、雇主和国家的运作空间从一开始就是由国家建构的。

正是通过这一过程，工会被国家建构成了一个机制，通过这个机制，“劳工问题”得以解决，劳工得到了管制。而且还发展出一系列的管理机制来处理该问题。1886 年劳工统计局（the Labour Statistical Bureau）（从 1893 年开始改成劳工部（the Labour
144 Department））的建立，目的就是收集关于劳工的数据，如工会会员的水平、工作时间和工人阶级的生活支出。它们的目的也很明确，就是确认工会制度的稳定和调解作用，激励工会在共同体中发挥未雨绸缪机构的作用，以便“消除这样的幻想”：工会的目的就是罢工。在劳工部内，管理者们认识到他们的作用就是要“管理“和“遏制”新的社会问题，工会是实现这一目的的主要工具。[94]而且一旦这样的管理机制到位了，工会领导人致力于对工人阶级的政治管理就是很自然的一步。工会领导人可能会变成在管理机构内部工作的“专家”的一部分。[95]正如霍布斯邦所写到的那样：

> 在调解政策中,将工会主义者纳入行政部门……从而利用他们的统计服务看起来就是很自然的了。1912 年的国民保险法甚至把工会当作正式批准的社团,使其成了健康保险管理部门的一部分。……由此,距离现代技术也就只有一步之遥了,现代技术将把劳工纳入顾问和咨询机构之网。……如今,工会是国家与工人之间至关重要的中介。[96]

通过这种方式,国家就能够将市民社会的一个组成部分,即有组织的工人阶级权力扬弃到它的统治之下,赋予它以管理的功能,然后让它转而反对这种权力,用它来管理市民社会。

国家构建工会的最后一个特征是集体讨价还价得到了认可,即便尚未变成规范。集体讨价还价的意义并不只是在于它确认了劳工的社会权力,而且还在于它为工会在政治管理过程中的作用提供了便利。要全面证明这一观点的合理性,就必须更全面地考察法律和管理。然而在此之前,我们首先得考虑工会要与谁进行讨价还价?就什么事情进行讨价还价?并阐述这一问题的重要性。

当国家通过建构工人阶级及其组织的法律主体性来塑造劳动力时,它同时也塑造了资本的法律主体性。正如工人阶级不得不被这样塑造一样,财产也不得不被这样塑造。工人阶级不仅仅受到国家的压迫,而且被国家塑造成了劳动力。同样,财产 145
不仅被国家所攫取,而且被国家所构建。[97]要实现这一点,就要建构作为适合资本的法律形式的合股公司和有限责任。[98]

只有当1830年到1846年间土地贵族的覆没被砸实时，资本的法律结构的改才会以所需要的规模发生。在此之前，只有通过皇家特许状和特定法律，才能组建公司。[99]在由格拉斯通担任主席的议会合股公司委员会(Parliamentary Committee on Joint Stock Companies)成立之后，1844年的合股公司登记和管理法(Joint Stock Companies Registration and Regulation)制定了三个原则，这三个原则至今仍然是公司法的核心。该法规定，所有新公司，只要其成员超过25名，或者有可转让的股份，即可登记注册，由此在合股公司与私人合伙企业之间划清了界限。该法还规定用全面的公开性(full publicity)的办法作为防止欺诈的手段。最关键的是，它规定公司仅凭登记注册行为而非特定的法律和令状即可成立，从而避免了假手国王和议会的权力。然而在这一阶段，有限责任——公司法的另一个关键方面——还没有法律规定。直到1856年的合股公司法才规定，只要有7个人签订了一份合伙备忘录，并登记备案，即可成立有限责任公司。[100]尽管该法原本的目的是适用于合股公司的，但是很明显，通过将成立一个公司所要求的人数减少到7人，而不是指定股份的最小数量，公司法律形式的范围就潜在地包括了小合伙企业和个人企业(one-man enterprise)[101]，只要能找到7人，能把公司的股份分给他们即可。上议院关于萨拉蒙诉萨拉蒙有限责任公司(*Salomon v. Salomon and Co. Ltd.*, 1897)一案的判决确认了个人企业，而1907年的有限合伙法正式规定和确认了私人公司，从而将股份有限公司巩固为资本的法律形式。

帕蒂·爱尔兰(Paddy Ireland)已经提请人们注意需要把作为

经济形式的公司与作为法律形式的公司区分开来。[102]到1855年为止，公司的法律形式（即有限责任公司）被限定为合股公司的经济形式，有意识地拒绝给予经济合伙企业和个人企业这种法律形式。然而，到1914年，公司的法律形式已经变成了英国制造业的标准企业形式，尽管事实上合股公司是从属于合伙企业的。因此公司法律形式的胜利是由于私人合伙企业将自己变成 146
了私人有限公司；1914年注册的62762家公司中，有75%的公司是“私人的”，因此不是在合伙股份的基础上组织的。正如爱尔兰所说的那样：

> 因此“公司”一词的意义在上个世纪发生了改变。从指称无法律形式含义的特殊*经济*性质联合体，它已经变成了指称无*经济*形式含义的特殊*法律*地位的联合体。[103]

由此可见，在1844－1914年间，公司形式被建构成了资本的法律主体性。

尽管1845－1848年的经济衰退和1873－1896年的大萧条很明显地向资本阶级暴露了无限责任公司的危险，从而提供了发展和扩展有限责任公司的动力，但是，这并不应该促使我们将合股公司和有限责任公司的发展看成是经受暂时困难的市民社会的某些阶层（尽管是有权势的阶层）对压力所作出的回应。这种观点不仅经受不住历史的考验——工业资本家不是最积极支持立法的人，[104]而且从理论上看具有很大的弱点：正如法律仅仅是对“自发的”、“自然成长的”工会的回应这种假设一样，这样的进路促使粗鄙的还原主义者将法律思想视为现实的简单表述。同样,也有人一直这样主张:有限责任公司的发展是为了保护工人阶级的利益、改善工人阶级的状况,[105]而很多社会主义者和马克思主义者则错误地认为,合股公司指向了资本主义生产以外的东西,是“在资本主义生产方式本身的限度内对作为私人财产的资本的放弃”。[106]正是这种理论上的弱点,部分地解释了为什么一些社会主义者对“大众”股权会做出混乱的回应。在撒切尔政府发布私有化纲领之后,“大众”股权在1980年代被视为社会化和民主化的一种形式。合股公司和有限责任公司并不是一种社会主义的措施,而是资本的法律形式,它本身是由国家建构的。在发展公司法的时候,英国国家不只是在回应英国资本主义所带来的经济困境,也不是在向工人阶级作出“社会主义的”
147 让步。它是在致力于塑造现代资本的法律主体性,这是一个相当于财产概念这个原子分裂的过程。[107]

为什么会发生这样的原子分裂?重要的是要将这一时期出现的两种相关过程分离开来,尽管它们在其他方面实际上是整合在一起的。一方面是建构了一种新的法人,即股份有限公司。另一方面是建构了一种新的财产形式,即股份。[108]就前者而言,人们常常认为萨拉蒙诉萨拉蒙有限责任公司一案为将股份有限公司确认为单独的法律实体开辟了道路。事实上真正的转变出现在1856年和1862年法案的措辞中。1856年的法案认为个人在将自己组成股份有限公司。1862年的法案认为个人在通过自己组成公司,而不是组成自己的公司。先前的法案将公司等同于自己的成员;后来的法案认为公司是独立于其成员并外在于其成员的。[109]就后者而言，到1862年法案颁布时，股份的法律性质同时被重新加以概念化了。18世纪和19世纪早期，股份的所有权指的是公司资产股份的所有权。当私人公司被置于法律基础之上时(1907年)，股份已经被完全建构成为独立的财产了。在大量案件中，法院发现股份公司的股东的兴趣只在利润上，而不在资产上。因此，股份与资产之间的联系被分割开来了，而股份的可转让性就变成了很平常的事情。事实上，英国公司法的发展已经产生了一种新形式的法律主体(即私人法人)和一种新形式的财产(即股份)。公司与股东、股东与股份之间的双重分离开始了，尽管事实上法律在监管这种分离，但是它们首先是通过法律才被建构成为独立实体的。正如在劳动方面的情形一样，法律也建构了它所关注的客体。

作为法律主体，法人有一些不同于人类法律主体的特征——它"没有需要拯救的灵魂，或者说，它没有可以踢打的身体"。[110]因此法人在权利和责任方面比人类法律主体拥有更为严格的限制，如它不能结婚，不能投票。这些事实并不能使得我们 148
遵从法官的话，赋予它各种名称，称之为：欺诈、神话、虚构、虚假的联合体、泡沫、人造物、披风、形而上的概念、幻影、空心的伪造物。[111]正如欧内斯特·巴克所说，法律并不是撰写小说，[112]每个法人都是法律上善意的人，能够形成契约和自己的财产，这一事实比将"人造"人与"自然"人区分开来更为重要；毕竟契约"假定缔约双方都承认对方是人和财产的所有者"。[113]无论整个国家——用《泰晤士报》的话来说——是否在转变成为"一大群非人格的东西"，[114]法人形式都变成了工业资本主义最重要的法律结构特征。作为法律主体的法人与作为财产形式的股份之间的根本联系在于,股东除了股份之外,对公司的任何特定资产都没有财产权或权利。拥有英国电信公司的一份股票,并没有给予股东盗走公用电话间的权利。[115]股东能主张的权利只是请人按照公司章程管理公司资产——参加年会、收到年报、对某些事情投票,以及最关键的是,有权消耗公司的劳动力所生产的剩余价值分红。[116]

公司的财产就是公司的财产,而不是股东的财产,这是公司形式的必然结果。雇佣劳动制度要想完全运作起来,国家就不得不构建一种新的法律主体,这种主体不仅能够购买市场上的作为客体的劳动力,同时在法律上又能拥有自身。[117]在将法人构建成资本的法律形式时,国家塑造了劳动合同和集体讨价还价的另一方当事人。马克思主义者一直没有认识到,资本和劳动并不总是已经结合在一起的,而是通过国家结合在一起的。[118]这不仅表明市场并不是一种自发的秩序——像自由主义的意识形态神话学说仍然要求我们相信的那样,而且表明其核心特征,即合同的双方都不得不被建构成为法律主体,这种主体能缔结契约,能被国家确认为善意的主体,以便资本积累过程能持续下去。就此而言,它们算得上是与其同时出现的国有公司(public
149 corporation)的表亲。无论是资本的法人形式(corporate form)还是国有公司,都是国家作为政治上管理市民社会的一部分而塑造的。正是这一点,将现代公司(modern companies)的法人形式与它们(先前的)非公司的法人(non - company corporate)形式——如大学和教会——区分开来。然而,大学和教会源于中世纪的法人(corporation)观念,公司(company)形式是为了缔约和履约的目的而形成的国家的造物。同样,现代世界的国有公司也是国家的造物——由国家建立的,国家赋予它权力,确定它的目的,并且国家可以解散它——是国家从政治上管理市民社会的一种机制。

法"人"是真正的人还是虚构的人,即"自然"人与"人造"人之间的区别,关注这一点,没有抓住问题的核心:国家是通过法律来决定谁具有法律主体性或什么具有法律主体性的。法律参与了市民社会的建构,它"用法律机制所创造的东西,即抽象的、自我规定的个体和人造的法人来占据市民社会,将利益归于它们,并决定它们的遭遇何时可以被认定为'伤害'"。[119]我们不应该庆贺(或保护)"主体的死亡",而应该探讨国家是如何通过司法和行政机器用新的法律主体占据市民社会的。因此,国王之手也不再需要植根于君主的最高权力思想。但是必须认识到国家通过管理和法律建构资本的法律主体性的作用,认识到有助于巩固1874年以来英国工业革命的这一过程。

雇佣劳动要作为客体出售,也要求主体同时发生转变。[120]但是这种"转变"并没有抓住所实现的变迁。以公司的形式,国家和法律用资本客体塑造了法律主体,用以准备与作为主体的工人见面。然而工人作为人类主体出卖的是作为客体的劳动。当生产关系被物化的时候,事物就都人格化了——人类主体变成了客体,客体变成了主体——这是一个非理性的、"令人迷惑的、扭曲的、颠倒的世界"。在这个世界中,"资本先生(Monsieur le Capital)"具有社会性格[121],国家和法律不仅确证和维护这种社 150

会性格，而且首先在塑造它。

正如工会一样，公司也是要服从法律和管理的整体权力的。实际上，一家作为法律实体的新公司的成立需要得到法律的许可，需要通过某种管理程序，一旦必要的文件——宣布公司名称、资本和目的的联合体备忘录、宣布公司章程的联合体条款、董事会的名单和股东大会的权力——交与公司注册处（the Registrar of Companies）保管，联合体就变成了一个有限公司，一个独立的法律实体。[122]公司从成立开始，就始终有法律义务，根据现有的法律和管理办法来管理他们的事务。对于登记处来说，年会、账目和收益都是法律要求规定的管理程序。公司还有可能受到贸易委员会监管权力的官方检查。[123]任何注册公司的破产都会受到官方接管人（the Official Receiver）的调查。这些接管人会向公诉主管人（the Director of Public Prosecutions）报告。当然公开招股公司都是受股票交易所监管的。最后，所有这些管理办法和法律要求都依靠这样的假设：最广泛的公开性是最好的管制："立法机关一向认为有限责任法人资格的基本条件是，它应该具有广泛的公开性。"[124]这一要求是 1844 年的法律中规定的。1967 年的法律加以确认，希望公司——无论是私人公司还是公开招股公司——都得全面披露它们每年的账目。尽管公司像公共机构和工会一样，从属于越权无效原则，但这种最低限度和高度灵活的资本组织方法，与对工会事务的大量法律和管理干预形成了强烈的对比（1979 年以来的工会法改革使得这种对比显得尤为强烈）。[125]这一点本身并不足为怪，因为法律和管理最终针对的是劳动而不是资本（事实上，是为资本服务的）。

建构法人形式和赋予工会法律基础是同时发生的,因此登记注册这一简单要求看似同样适用于公司和工会。在 1871 年 151
的工会法中确立了自愿登记制度。在实践中,大多数工会因为所得税方面的优惠都登记注册了。然而登记注册这一简单的行为还不足以给予工会以法人的地位。正如高尔指出的那样,表面上看起来注册给予了工会某种法人资格,但过去和现在仍然不清楚的是,给予的是何种法人资格。塔夫谷判决表面上看起来意味着某种法律人格,然而只有布兰普顿(Brampton)勋爵认为工会是真正的法人资格。[126]随后的皇家劳资纠纷委员会(Royal Commission on Trade Disputes, 1903)建议在法律上承认工会是合法的实体。1906 年的劳资纠纷法则打了折扣,只授予工会某些作为法人的特权;到 1971 年为止,大量的其他案件并未将工会的处境弄清楚,以致在 1971 年以前,已经注册的工会看起来只具有一定程度的法人资格。1971 年的劳资关系法试图将工会完全法人化,但是这一努力由于工会对该法的抵制而搁浅,并且最终被 1974 年的工会及劳资关系法所推翻。该法规定工会不得是公司法人,或者不得被视为公司法人;但还是认为工会可以缔结契约,拥有自己的财产,能进行诉讼,而其应讼的程度和方式类同实体公司。自此以后,1992 年的工会暨劳资关系(合并)法(the Trade Union and Labour Relation (Consolidation) Act)也确立了同样的立场。同样上议院贵族法官(the Law Lords)在 *Amalgamated Society of Railway Servants v. Osborne*(1910)一案中所 152
作的判决也没有多大的改进。该案的判决认为,工会是准法人。[127]

：尽管工会的形式是准法人，但是工会的法人属性足以使得对政治管理至关重要的两个过程在20世纪得以发生：即对集体讨价还价的巩固和试图以法人来组织经济。要想获得“通向国家领域的通行证”[128]，工会需要足够的人格来越过管理的边界，与管理所要求的公司老板——私人公司老板和国有公司的老板——进行讨价还价。因为尽管通过法律建构为法律主体是确认的条件，但是即使法律的主体性只是得到了部分实现，这种确认也能发生。与公司相比，这种部分实现的原因无疑在于两种形式——一个是资本，另一个是劳动——的不同性质和国家要求它们所起的作用：例如，公司应该以国家的名义收税和管理国民保险。而工会只要具有法人属性，就足以管理劳动秩序。

尽管英国从来不曾有过成熟的社团制度（corporate order），但是评论者认为英国有一种社团结构或“社团偏好”的“倾向”，[129]它是资本主义能够在自由民主的形式下生存下来的基础。我们或许可以将评论者所说的这种东西看做是准社团主义（*quasi-corporatism*）。这种准社团主义最终是植根于资本的法人（corporate）性质和劳动的准法人性质的。毫无疑问，尽管事实上在自由主义的社团主义（corporatism）（或自由民主之中的社团偏好）与封建主义和法西斯主义的社团主义之间需要作出明确的区分，但是它们的理论和政治动力是同样的：即在不对内部作出区分的情况下对社会加以概念化，并且对社会政治组织加以精心建构，从而使得阶级斗争扬弃在不同的形式之下。自由民主中的这种理论和政治假设依赖于资本的法人地位和劳动的准法人地位。

通过将社团主义视为政治管理的一个环节，我们还可以克服某些关于社团主义的著作中的内在弱点，这些著作倾向于将20世纪的英国国家对社团的偏爱视为市民社会中主要的经济集团谋求代表的一种手段。这种思想认为，社会的发展只是从市民社会走向国家。通过将社团主义确立为政治管理的一种形式，这种解释就确认了国家对市民社会的建构权力，从而与黑格尔保持了一致：国家建构了法人形式，明确了管理和法律的要求，管制了集团，并且最终创设了法人赖以存在的团体，并授予它们权力。米德尔马斯用图式勾画了社团偏好中的三重过程，这是值得我们认同的。这三重过程是：首先是政府与治理机构（雇主和工会）之间的三方合作；其次是这些机构与它们的组成部分（TUC与工会，BEC或FBI（后来是CBI）和特定行业的联合会）之间的三方合作；第三是个体成员（联合会与企业、工会以及部门官员）之间的三方合作——很明显，国家与市民社会边界的模糊性是通过政治管理而发生的，而这一点也只有通过扩展政治概念才能得以理解。因此社团主义（corporatism）就是国家用 153
法人的形式（the corporate form）从政治上管理市民社会，其最终目的就是要扬弃阶级冲突，确保尽可能顺利地规范资本主义的秩序。

关于法律与管理

整个19世纪，流行的是从身份到契约的观念。其经典的表述是梅因的《古代法》(1861 年),但是由于它关注的是资本主义法律的主要特征,即契约,因此它明显求助于马克思主义,如恩格斯认为:

> 它[资本主义]把一切变成了商品,从而消灭了过去流传下来的一切古老的关系,它用买卖、“自由”契约代替了世代相因的习俗,历史的法。英国的法学家亨·萨·梅恩说,同以前的各个世代相比,我们的全部进步就在于 from status to contract[从身份到契约],从过去流传下来的状况进到自由契约所规定的状态,他自以为他的这种说法是一个伟大的发现,其实,这一点,就它的正确而言,在《共产党宣言》中早就说过了。[130]

这种观点也是马歇尔公民身份著作中的主要特征。在英国,它也与法学家中的这种普遍假设密切相关,即英国不可能有行政法(administrative law)这样的东西,从其潜在的、本质的观点来看,管理(administration)的发展可能是与法治格格不入的。例如,戴雪在其影响极大的宪法著作中表明,法治就意味着:

> 我们这里没有真正相当于法国行政法(droit administratif)或者行政裁判所(tribunaux administratifs)的东西。外国人所熟知的、作为行政法基础的那种概念就是,政府或者公务员所涉及的事务或争端不属于民事法院管辖的范围,而必须由专门的、多少带点官方色彩的机构来处理。这种

观念在英国的法律中是闻所未闻的，而且从根本上说来是 154
与我们的传统和习惯格格不入的。[131]

于是，戴雪摈弃管理而偏爱法律。我们已经看到福柯是如何将法律消解在管理中的。对于这两个人而言，法律与管理在某种意义上是不相容的。我将会表明为什么事实并不是如此，为什么必须要有一种管理与法律的理论。为了做到这一点，我将引进第三个学者，即苏联法学家 E.B.帕舒卡尼斯，在某种程度上，或许可以把他看做是最精致地解释法律的马克思主义者，从而表明，在他的著作中也没有管理。[132]对于这三个作家来说，法律与管理之间的关系是成问题的。我将论证，这种问题的根源在于他们对国家的解释。

帕舒卡尼斯将他的分析集中在法律形式和马克思为分析商品所发展出来的那些范畴上面，因此他的分析不是从内容的层面来分析法律，但是也不是那种粗鄙的工具主义路径。帕舒卡尼斯论证说，商品需要所有者，需要法律主体，这种法律主体能够占有，它使得自己能够自由平等地面对其他的商品所有者，将其他的主体视为具有意志、由法律建构的东西。

因此法律主体是至高无上的商品的一种抽象的所有者。从法律意义上讲，它的意志的真正基础在于这样的一种愿望，即通过获得而异化，通过异化而获利。要想实现这种愿望，最为重要的是，商品所有者的愿望在中途彼此相遇，用法律术语表示，这种关系就是一种契约……。与此同时,法律形式在交换行为中获得了一种物质基础。[133]

正如产品采用了个体商品(客体)的形式一样,人也采用了个体公民(主体)的形式。在这两种情形中,那些没有共同衡量尺度的东西就能够进行交换了。与商品生产的过程相类似,法律形式将人类个体建构成了平等的法律主体,从而从形式上消灭了他们之间的差别。法律充当了普遍的平等物。在这样做时,人类的需求就被形式化为平等的“权利”了。但是由于帕舒卡尼斯的注意力集中在契约上,因此他的阐述严格说来只适用于私法。由于在商品形式与法律形式之间强加上同一性,也就极为难以解释不同的法律形式。从商品关系中获得法律形式,这一简单的做法将所有法律扬弃到私人合同法之中了。因此帕舒卡尼斯要么是忽视,要么是否定了公法和行政法的意义。因为他关注的是司法主体之间的法律关系,因此他将公法仅仅视
155 为私法形式在政治领域的一种反映。尽管在国家发展过程中私法一直占据主导地位,这是事实,但是临近19世纪末期的时候,公法变得日益重要,而且正如我们已经看到的那样,公法变成了国家发展和政治管理形式的核心。

这一点是与这一事实密切相关的,即帕舒卡尼斯没有认识到国家的积极建构权力,将法律之源看成是与国家无关的东西,是处在建构政治秩序之外的东西。“国家机关将明晰性和稳定性引入了法律结构,但是并没有为它创设前提条件,其前提条件仍然是植根于物质生产关系之中的。”[134]帕舒卡尼斯给唯物主义分析增加了经济主义的紧身衣,将司法主体单纯而又简单地视

为经济关系的产物;国家是高高在上的、确保稳定性的东西。法律和国家消极地承认已经给定的——总是已经在那里的——经济现实,只是管制它。正是因为这个原因,他只能按照他从分析私人合同法中抽取的术语思考国家:国家是一种"集体的意志"或"集体的人格"。[135]正如马克思、福柯一样,帕舒卡尼斯认识到保护权利和形式自由的议会制出现的过程中司法主体的重要意义,认识到这些形式自由和平等掩盖了其他形式的统治和权力。但是他并没有分析与之相伴的各种管理形式,这些管理形式是与主体所享有的形式自由一道发展出来的,它使得某些权力过程得以可能,然而又依赖其他权力机制。

帕舒卡尼斯认为,国家是一种集体意志,它管制市场中司法主体的不平等。因此帕舒卡尼斯没有别的理论工具来处理国家权力的生产方面,他仍然停留在传统的理论中,将国家只是看做一种压迫的工具,一种只是压迫工人阶级的特殊权力。正如雷德黑德所认为的那样,毫无疑问,帕舒卡尼斯的法律著作是有缺陷的,因为它是在脱离国家理论的情况下运作的。[136]他的分析植 156
根于马克思的范畴,这些范畴是为政治经济批判而发展出来的;他的论证基础是,司法主体是经济关系的产物。因此他的分析事实上是一种粗鄙的基础——上层建筑的分析。帕舒卡尼斯步列宁的后尘,在粗鄙的经济主义之外,没有任何关于国家的分析,因此也没有任何市民社会的概念。因此他的思想中也没有斗争的概念,从而使得他不可能认识到,法律是阶级斗争的形式,是阶级斗争的产物,由此带来的一个结果就是管理。

帕舒卡尼斯、福柯和戴雪是三个完全不同的思想家。我之所以将他们三个拉在一起,是因为他们都将法律与管理分离开来,都没有前后一致地解释国家对市民社会的建构权力。因为在每一种行政法的背后都存在一种国家理论[137],戴雪对国家的自由主义解释植根于他的个人主义和反对集体主义的态度。由此导致他认为:英国没有行政法。福柯消解了国家概念,由此导致他将法律消解到管理之中。帕舒卡尼斯对国家作出了列宁主义解释,由此导致他对法律进行的唯物主义解释具有种种局限性,因此在他的著作中缺乏管理。然而正如每一种行政法理论背后都有一种国家理论一样,每一种国家理论现在也必须是一种行政法理论。我们已经注意到这样的主张:日益发展的工业社会见证了从身份到契约的转变。然而19世纪末的很多发展看起来对契约和法治构成了威胁。阿提亚在其契约自由的兴衰一书中认为,1870年之前的立法活动对契约自由具有某种侵蚀作用,自此以后,这种侵蚀迅猛发展,[138]正如我们将会在下面看到的那样,有些学者事实上已经认为,不是从身份到契约,而是从契约到身份。然而本书的论点是,如果有一种转变的话,那么就是从契约到管理的转变,但是,正如福柯的批评所揭示的那样,我们要敏锐地注意这种二分法所导致的问题,要在与法律的关联中思考管理,并把它们整合在连续统一体上来思考它们。它们之间的关系不是由契约和戴雪的“普通”法院所规定的,而
157 是日益为管理和行政法所规定的,是国家发展的一部分。

契约之所以在历史上如此重要,并因此在理论上起着如此巨大的作用,原因之一就是,作为一种清晰的法律关系,契约是可以由法院来加以监管的。与此同时,法院可以根据议会制定

的法律来调整法律关系。而最后解释就变成了议会的职责。因此,这里关于行政法的论点就是反思国家-市民社会分立发展的核心。如同法律一样,管理的存在是为国家建构社会和政治秩序提供方便。这就意味着由国家调整个人关系和集体关系。我将简要地概述这方面的一些例子,以便重新反思"社会权利"观念;然后对集体讨价还价加以考察。最后将这一切放到一起以表明法律和管理这一连续统一体对于政治管理的重要性。

济贫法委员会的运作不受议会的控制,这是19世纪总体趋势的一部分。1832年以后,管制工厂的立法大力发展,起先涉及的是妇女、儿童的安全和状况,后来又集中在工作时间和一般安全上。1832年以前就已经通过了这方面的立法——1802年的保护学徒工的安全和道德法(the Act for the Preservation of the Health and Morals of Apprentices)就是例子——但是这些法律之所以失败,是因为没有执行机构。的确有刑事制裁(不管多么轻微),但是它们的实施主要依靠的是工厂主和地方治安法官的合作。1833年工厂法的不同之处不在于增加了刑事惩罚,而在于引进了中央集权管理的新方案。刑事制裁降低为辅助作用,主要作用是由行政法规(administrative regulation)来承担的。[139]

在矿山,工人与雇主之间严格的法律"契约"关系和工人的劳动条件是当时的法律制度所认可的,是符合合同法的。曾有三年的时间里,3000多工人丧失了生命,但是无一判罚。这一事实看起来毫不相干,但是,正如阿瑟斯所指出的:

我们无法找到引人注目的事例来说明,如今在道德和

158 制度上多么需要推动行政法的成长。人民被残害、被屠杀、被侮辱，法律——正式的法律制度——对此却无任何规定；因此急需一种新的规范制度和新的实施技术。只有管理才能回应这一要求。[140]

同样，1906－1910年的自由主义福利改革巩固了劳动、资本和国家之间的关系，向传统的司法形式提出了严峻的难题。法官们囿于根深蒂固的契约和贸易自由观念，深信管理的发展是与法治不相容的。例如，在有关工人赔偿的法律案件中，法官认为，因为贸易是自由的，因此契约也是自由的，赔偿可以被视为一种契约问题，工资就是对伤病的赔偿。但是从1870年开始，这一问题在政治上的重要性日益增强，最终导致通过了1880年代的雇主责任法。该法限制雇主有共同雇佣抗辩权，而1897年的劳工赔偿法规定通过保险进行赔偿，并且把案件交由协议或仲裁来解决。然而，事实上仲裁是由郡法院的法官来进行的，有时甚至上诉到上议院。政府认为这种做法是司法机关对其目的的干扰，这无疑也是司法机关对契约重要性的坚持和对管理的抗拒。[141]其结果是，1906－1911年的福利立法的发展明确规定把对各项计划（schemes）的管理放到法院之外。1908年的养老金计划是由郡议会或自治市议会来管理的，其上诉机关是地方政府委员会，而1911年的法律规定由“审断人法庭”（Court of Referees）裁决争端，这种审断人法庭由雇主和工人组成，而进一步的上诉则由作为“仲裁人”的保险专员受理。换言之，为了有利于管理，戴雪的普通法院已经被有意识地撇到一边去了。司法机关被排除在英国国家发展的关键维度之外。[142]

对行政决定（administrative decisions）的上诉，这里值得仔细考虑一下。因为1911年以来上诉程序的发展是个极好的例子， 159
说明旨在扬弃斗争的行政准司法和准立法形式在不断发展。1934年的失业补助法与新创设的失业补助委员会一道引进了上诉机制。失业补助委员会作为试图使失业"摆脱政治"的一部分完全用不着向议会负责，也不承担内阁责任，同时又不受地方当局的控制。然而它的规章在提交议会审议后即具有法律规则和法令的效力。[143]上诉机制巩固了行政裁判所的准立法作用，但同时其目的也是为了防止工人阶级反对所预计的救济金的削减。失业补助委员会的目的是引进统一的标准，以取代公共帮助委员会的各种不同做法，这一改变导致了救济金的大幅削减。[144]然而前些年围绕救济金的申请和救济金的水平问题展开了很多的斗争，再加上失业问题的政治化，阶级斗争日见紧张。[145]上诉机制有意识地引进管理机制，试图在管理的形式下扬弃这种斗争。这一制度后来的改变大多是名称上的变换：贝弗里奇"革命"将"审断人法庭"变成了"国民保险地方裁判所"，将"仲裁人"变成了"专员"，后来又将"国民补助"变成了"补助津贴"（1966年），继之变成"收入补贴"（1988年），这些改变都没有太大的区别。因此，引进上诉程序的立法确立了管理机关来裁决针对行政决定的上诉。准司法形式绕过了"普通"法院。国家补助委员会[146]向弗兰克委员会提供的证词表明，该委员会的裁判所观念与司法机关观念相去甚远。该委员会自己也发现"国家补助裁判所"（National Assistance Tribunal）从形式上看是司法的，但是实质上并不是司法的。大量的案件并没有从裁判所上诉到“普通法院”。

当然，重要的是，这些例子都是与工作和生计相关的，因为管理最为关注的最终就是生计，即工人阶级在市民社会中的地
160 位。尽管雇佣合同看起来是私法最明显的范例，但是在缔约之前、之中和之后，雇佣合同是受制于大量各种各样机制的。正如卡尔·伦纳指出的：

> 行政法发展成了一个特殊的法律分析部门，经济管理很快就成了这一部门中的绝大部分内容。财产法和雇佣合同在工厂的适用导致了多种投诉。因此行政法的粉墨登场势所必然。与正常工作时间、工厂检查、妇女和儿童的保护相关的规章都是公法制度。这些公法制度不断地在补充私法制度，针对疾病、事故和老人的保险也接踵而至，公共劳工介绍所（public labour exchanges）代替了私人劳动市场，不一而足。[147]

因而，雇佣劳动关系的存在和运行只能借助管理和行政法的思考才能搞得清楚。管理和行政法已经发展成了监管工人阶级的一种工具。由于工人阶级进入了作为公民的权利领域，因此需要用新的法律形式将他们作为贫穷阶级和劳动阶级来加以管制。正如我们看到的那样，只有把行政法理解成为广义的、伴随国家的管制而来的实际的法律和惯例的行政法，而不能是狭义的（学术界常用的）意指司法审查的行政法，这种路径才会有

效。[148]

这也从某种程度上阐明了马歇尔关于公民身份的解释中存在的问题的性质。马歇尔认为，公民身份发展的第三阶段就是赋予公民社会权利，由此他迫使其分析进入了（合同）法的框架。但是第三阶段的主要特征，即福利，最好不要从马歇尔及其他诸多社会学家所具有的那种变态的法条主义的方面去理解，而要从本书所追溯的法律与管理之间的相互作用来理解。为了确保一定的收入水平而提供一定失业救济金，不应该理解为一种权利，而应该理解为国家在形式上确认和管理的一种需要。失业救济金不是基于公民身份权利而授予的，而是因为管理机关确信所有的特定条件已经得到了满足——即这个人是一个善意的无产者。[149]就这种语境而言，唯一的权利就是针对行政决定提起诉讼的权利——一种掩盖了缺乏实体权利的程序性权利。针对需要未得到满足所提起的诉讼并不是基于福利“权利”在法院中 161
判决的，而是在准司法的行政裁判所制度内，基于行政不当问题加以裁决的。

管理与行政法是与工会和资本的法人形式同时兴起的，因而有些学者认为，与法人形式相联系的身份，标志着契约的衰落和对法治的根本威胁。[150]梅特兰认为，法人已经取代个人作为现代法律的单位。戴雪认为，鼓励集体讨价还价削弱了工人和雇主的缔约能力——“工人的工伤赔偿权利已经不是一个契约问题，而是一个身份问题”。同样，麦克唐纳认为，从1870年起，“‘契约自由’在与集体讨价还价或大众权力发生冲突时，不再站得住脚。工会现在稳固地倚仗着它在法律中的特殊身份——事实上,是一种独一无二的身份。"而高尔将公司法的发展视为从契约向身份的转变。[151]

支持从契约向身份的转变这一主张的一个特征是,集体讨价还价协议不具有合同的形式,因此,一般说来并不具有合同的法律效力——正如福特汽车公司诉 AEUFW & TGWU (1969年)[152]一案表明的那样。凯伊和莫特等人认为,集体讨价还价的协议是事实合同,申言在 1971 年以前,没有对这个问题的判决。[153]1969 年的判决表明,他们的这种说法不是事实。同样,多诺万委员会(1968 年)认为:"集体协议不是具有法律拘束力的合同,因为当事人并不想缔结具有法律拘束力的合同。当事人双方如果不想缔结具有法律拘束力的合同,那么这种协议就不是法律意义上的合同。"[154]1971 年的劳工关系法(Industrial Relations Act)试图使得集体讨价还价具有法律上的效力,但是因为该法的搁置而宣告失败。无论它们是事实合同抑或根本不是合同,无论如何,凯伊和莫特的以下观点都是正确的:这并不是司法上的身份问题,而是一个它们确实存在的事实问题。之所以如此,是因为国家的建构权力要将工会确定为司法上的主体。这就造成了这样的假象,它们所达成的协议是合同。但是事实上,集体讨价还价的结果是管理协议。因此,"通过参与持续的集体讨价还价,工会也就参与了管理。"[155]在这个意义上来说,尽
162 管契约衰落了,但是这种转变不是从契约转向身份,而是从契约转向管理。[156]

然而这种说法相应地也是有问题的。它过于公式化,易于出现福柯所说的法律的死亡与管理的兴起这样的困境。运用简

单化的概念二分法——契约与身份、契约与管理、公法与私法、法院与行政裁判所——会使人们认为它们是一些历史"阶段",一个阶段比另一个阶段更为"现代"。这不仅将历史发展的复杂性过于简单化,而且还揭示了一个基本的理论上的缺点,因为它假设不能适合于自由主义的契约概念的任何东西在某种程度上都是"前现代"的。[157]与这种简单对立的二分法不同,我们要探求的是法律与管理的连续统一性。这种探索不是建立在摒弃一方,支持另一方的基础上的,而是基于承认它们同时既有整合又有分立这种基础上的。

现代社会中的很多关系都是通过管理,而不是通过契约来治理的。这一事实并不意味着这些关系存在于某种法律真空之中。毋宁说管理的发展是行政法兴起的必要条件。很多纠纷都可以通过行政法来裁决。大量法律都是在管理中发展的,并为管理所适用。正是在这种意义上,管理是以准立法和准司法的方式起作用的。准立法是通过委任立法或政府部门的通告来起作用的。政府部门的通告是就制定法中的含混之处阐述官方的观点。准司法的行为可以在行政裁判所看到:有些裁判所行使的是司法职能,有些则是以司法的形式行使管理的职能。正是因为这些机构的性质具有含混的现状,因此它们被象征性地称之为行政裁判所,而不是更具指示性地称之为行政法院。[158]一位宪法学者说,裁判所是"寄身于国家管理机构中的法院"。[159]准司法和准立法管理的发展从 1832 年就出现了,它是国家权力发展的一个组成部分。正如罗伯茨指出的:

> 正如普通法院一样，中央部门代表的是司法机关。但是司法与行政之间的界限很不清楚……。中央行政部门一
> 163 直坚持自己的主张，慢慢地……它们就获得了立法和司法权力，从而奠定了现代行政国的基础。[160]

而且，标准的宪法观或法治观认为，法院才是最终真正对管理进行司法审查的机关，只有法院才会把法治视为理所当然的事情。因此法律最终具有对管理的权力。这种观点因为法院自己对管理权力的顺从而被大大地削弱了。人们可能会忽视所有管理机关，但是仍然会认识到在英国大约有2000个行政裁判所。它们每年要做出一百万个裁决，其中只有少数部分被法院加以审查。[161]司法审查可以改变裁判所的裁决，这是判例法赋予司法审查的法律地位。但是由于政治管理不断发展，整个司法判决的基本情况是，大量的管理完全超出了法院管辖的范围。正如皮特·菲茨帕特里克所说的那样，确认法律监督反而强化了法律的限度。[162]这里的一个极好的例子就是上诉法院在1914年的判决，即地方政府委员会(Local Government Board)在行使准司法权力时无需遵照法院程序。[163]换言之，即便是法律，也认可了管理的核心地位，确认了后者自身的权力。行政裁判所的准司法权力掩盖了这一事实：这些权力是寄身于国家管理机构之中的。然而这也并不意味着法律被取代了，因为管理需要法律来行使这种确认行为。[164]因为法律要建构社会现实，因此法律顺从管理就是管理权力的一项必然要求。要想管理既规范又公正，法律就必须这样来解读它。

人们之所以关注契约的衰落，是因为人们关注到，个体司法主体已经被置换了。但是它掩盖了这一事实：司法主体既是法律主体又是管理客体。管理的存在依赖于法律主体，在管理过程中，管理强化了自身的重要性。因此我们需要扩展我们早先的主体建构图式。因为现在应该很清楚了：现代主体是通过法律和管理建构的。公民既是权利的主体，又是管理的客体，而且 164
它们是在同一历史时刻建构起来的。

法律与管理并不是分离和矛盾的。事实上，它们是完全相容的；它们相互限制，相互依存。它们在永恒的张力中联结在一起。当然，关键在于它们是相互依存的，它们“奇妙地整合在一起”。就此而言，它们是同一活动的不同形式：保全国家和市民社会。[165]法律和管理是一种媒介，通过这种媒介，国家建构、调整、编排和隔离市民社会的机体，无论是人的身体还是非人的机体。法律和管理之所以重要，是因为它们不仅仅是“上层建筑”。与粗鄙的基础－上层建筑分析方法不同，法律，如同国家一样，最好被理解为在一种总体性中的依存因素，但该因素建构了这种总体性特征，这是一种服从于持续斗争的总体性。

如果法律是一种总体性中的依存因素，而该因素建构了那个总体性的特征，那么管理也是同样如此。“法律－与－管理”是一种连续统一体。作为一种连续统一体，法律与管理是如此奇妙地整合在一起，以致公民发现自己被包裹在“法律－与－管理”的过程与程序中。法律与管理以这种方式联结在一起就使得管理被视为国家权力运作的组成部分。正如法律被编织到社会关系中，因而监管社会关系也相应地受到法律的监管(因此不能将法律分离开来，不能将它理解成一种上层建筑)[166]一样，管理也在这种任务中承担着支持和维护法律的作用。与其说存在着一种从契约和法律向身份或管理的**转变**，或者说法律被管理**取代了**，还不如说国家权力的性质发生了转变，以致法律在监管市民社会中的作用通过管理机制的发展而大大加强了。

这样的结果就使我们必须反思国家与市民社会的分立。我已经论证了：我们不应摒弃国家与市民社会的分立，而是需要通过政治管理这一范畴来修改它。人们只能通过理解管理机器网络来理解 1832 年以来的英国国家权力的发展。这些管理机器旨在监管市民社会、扬弃阶级斗争、调和矛盾。市民社会会被内
165 部的对抗撕裂，这一持续的威胁要求国家管理这些对抗，从而将斗争的组织和主体建构成国家自身行为的一部分。

因此，政治管理是资产阶级社会国家建构权力的典范，同时也是这种权力的重要发展。它是管理，因为它处理的是工人阶级垂死斗争的僵化残余，由此来设法治理市民社会的事务，完成国家权力的任务。它是**政治的**，因为它承担工人阶级的斗争，将它们转化为国家建构的机构，将它们抽象为管理形式，消除它们的革命潜力。因此政治管理变成了一个关键的理论范畴，通过这个范畴，历史唯物主义才能将 1837 年以来的英国国家权力理论化。这一理论的优势是，它促使人们**既**使用国家 – 市民社会模式**又**使用基础 – 上层建筑模式，而不是支持一个排斥另一个。因为这一论点涉及保留作为**历史**范畴的国家和市民社会。这非但不是意味着要摒弃基础 – 上层建筑，反而要用国家 – 市民社会来修正它，从而避免粗鄙的经济还原主义。因为它既宣称市

民社会中的阶级斗争是首要的，是历史变迁背后的主要动力——国家把政治管理发展成为扬弃阶级、调和冲突的机制——与此同时又确认和强调了国家的建构权力。为了进一步发展这一论断，国家与市民社会只能被理解为唯物主义的范畴，而历史唯物主义必须要运用国家-市民社会的分立。只有一起使用这两个模式，它们中的每一个才能起作用，而且鉴于1832年以来英国国家的发展，只有通过政治管理这一范畴来反思它们，才能清楚地理解它们。

注　　释

注释中使用的缩略语

FM　L. 阿尔都塞,《保卫马克思》(*For Marx*), B. 布鲁斯特译(Harmondsworth: Penguin, 1966)。

LP　L. 阿尔都塞,《列宁与哲学及其他论文集》(*Lenin and Philosophy and Other Essays*), 布鲁斯特译(London: New Left Books, 1971)。

RC　L. 阿尔都塞与 E. 巴里巴尔,《解读资本论》(*Reading Capital*), 布鲁斯特译(London: New Left Books, 1970)。

DP　M. 福柯,《规训与惩罚》(*Discipline and Punish: The Birth of the Prison*), A. 谢里丹 (Harmondsworth: Penguin, 1977).

HS　M. 福柯,《性史》(*The History of Sexuality: An Introduction*), R. 赫胥黎译 (Harmondsworth: Penguin, 1978)。

P/K　M. 福柯,《权力/知识》(*Power/Knowledge: Selected Interviews and OtherWritings 1972 - 1977*), C. 戈登等译, ed. C. 戈登编(Brighton: Harvester, 1980)。

PPC　M. 福柯,《政治,哲学,文化》(*Politics, Philosophy, Culture: Interviews and Other Writings 1977 - 1984*), A. 谢里丹等译, L. 克里茨曼编(London: Routledge, 1988)。

SON　A. 葛兰西,《狱中杂记选》(*Selections From Prison Notebooks*), *Q*. 霍尔和 *G*. 诺维尔·史密斯编译(*London*: *Lawrence & Wishart*, *1971*)。

PhR　G. W. F. 黑格尔,《法哲学原理》(*Elements of the Philosophy of Right*), trans. H. B. 奈斯比特译, A. 伍德编(Cambridge: CUP, 1991)。

Revs 1848　K. 马克思,《1848 年革命》(*The Revolutions of 1848*), 戴维·费恩巴赫编 (Harmondsworth: Penguin, 与《新左派评论》杂志社联合出版, 1973)。

SE　K. 马克思, Surveys From Exile, 戴维·费恩巴赫编(Harmondsworth: Penguin, 与《新左派评论》杂志社联合出版, 1973)。

FIA　K. 马克思,《第一国际及其后》(*The First International and After*), 戴维·费恩巴赫编(Harmondsworth: Penguin, 与《新左派评论》杂志社联合出版, 1974)。

EW　K. 马克思,《早期著作集》(*Early Writings*), 卢西奥·科利蒂撰写导言 (Harmondsworth: Penguin, 与《新左派评论》杂志社联合出版, 1975)。

序　言

1. 例如,参看亚当·梅奇尼克将团结工会的第一年描述为"市民社会的前景",载《泰晤士文学增刊》(*Times Literary Supplement*), 1988 年 2 月 19 日,第 188 - 199 页。关于波兰,具体参看 A. 阿拉托,"与国家对立的市民社会:波兰 1980 - 1981 年",载 *Telos*, 167
第 47 期(1981 年春季号),以及"帝国与市民社会:波兰 1980 -

1981年”，载 *Telos*，第50期(1981－1982年冬季号)。关于中欧，一般参看T. 加顿·阿什，《逆境的使用：关于中欧命运的论文集》(*The Uses of Adversity*: *Essays on the Fate of Central Europe*)(Cambridge: Granta, in association with Penguin Books, 1991)，第173－174页，第244－247页，以及J. 基恩(编)，《市民社会与国家》(*Civil Society and the State*)第三部分的论文(London: Verso, 1988)。当然，它的一个主要问题是这些政体中的政党的存在与性质；源于/要求“市民社会”的这些运动大多是既反对国家也反对政党的运动。出版关于市民社会的一般文献已经变成了出版商的一种追求。更有吸引力的著作(尽管并非没有问题)是N. 波比奥的《民主与独裁》(*Democracy and Dictatorship*)，P. 肯尼利译(Cambridge: Polity Press, 1989)；J. 柯亨和A. 阿拉托，《市民社会与政治理论》(*Civil Society and Political Theory*)(Cambridge, Mass.: MIT, 1991)；J. 基恩，《民主与市民社会》(*Democracy and Civil Society*)(London: Verso, 1988)，以及J. 基恩(编)，《市民社会与国家》(*Civil Society and the State*)。

2. N. 普兰扎斯，《国家，权力，社会主义》(*State*, *Power*, *Socialism*)，P. 卡米勒(P. Camiller)译并撰写导言(London: Verso, 1980)。
3. 我用“subsume”这个范畴表达的德语文本的 *Aufheben*(扬弃)这个词所表达的放弃与保留的双重含义。在《逻辑学》中，黑格尔把这一概念描述为“哲学中最重要的概念”，它指的是“保留、维持，同时……又导致了停止、结束”。在A. V. 米勒翻译的G. W. F. 黑格尔《逻辑学》英文版(London: Allen & Unwin, 1969)中，将这个词翻译为“sublation”；因此“扬弃的东西同时也是保留的东西”。“某物被扬弃意味着它进入了与之相对的统一体中”(第106－108页)。遗憾的是“sublation”有一个非常不利的方面,即它不是一个英文单词。其他的翻译如"overcoming"和"transcendence",各有各的问题,尽管原因不一样。出于上下文的需要,我在第一章也简单地使用"sublation"这个词,但是在别的地方,尤其是可以发现论点的症结所在的第五章,我还是选择使用"subsumption"。

4. N. 波比奥,"是否有一种马克思主义的国家学说?",载《哪一种社会主义?马克思主义、社会主义与民主》(*Which Socialism? Marxism, Socialism and Democracy*),R. 格里芬译(Cambridge: Polity, 1986),第51页。

5. 我所使用"policing"一词的意义比当代英语所理解的该词的意义广泛得多。这个词在本书中的意义来自黑格尔,在第一章将会有较为清楚的阐述,在第三章中将简要地对福柯对该词的使用加以批判,以示距离。第五章会用到这个词。

6. G. 卢卡奇,《历史与阶级意识》(*History and Class Consciousness*),R. 利文斯通译(London: Merlin, 1971),第xxiii页。

7. M. 福柯,"话语的秩序",载《社会科学信息》(*Social Science Information*),第10卷,第2期,1971年。

8. G. 罗斯,《黑格尔反对社会学》(*Hegel Contra Sociology*)(London: Athlone, 1981),第220页。

9. R. 雅各比,《失败的辩证法:西方马克思主义的形态》(*Dialectic of Defeat: Contours of Western Marxism*)(Cambridge: CUP, 1981),第37页。正如彼得·斯罗特迪吉克在一个不同的背景中所指出的那样,黑格尔完全说到点子上了,我们只能站在他的立场上。参看斯罗特迪吉克,《犬儒理性批判》(*Critique of Cynical Reason*),M. 埃尔德雷德译(London: Verso, 1988),第300页,注32。对于"黑格尔中的马克思主义"的重要性,参看雅各比,第二章,以及

J. 麦卡内,“真正自由的王国:共产主义之后的马克思主义哲学”,载《新左派评论》(*New Left Review*),第 189 期(1991 年),第 19–38 页。关于《法哲学》的重要性,具体参看 H. 马尔库塞,《理性与革命:黑格尔与社会理论的兴起》(*Reason and Revolution: Hegel and the Rise of Social Theory*)(London: Routledge, 1955),第 184 页,以及 B. 芬纳,“黑格尔的《法哲学》与马克思的批判:重新评估”,载 W. 伯纳菲尔德等(编),《解放马克思》(*E-*
168 *mancipating Marx*)(London: Pluto, 1995)。

10. “真正的驳斥必须收揽对立的力量并置身于他的力量范围之内;如果从他本身以外攻击他,并且,判案是当他缺席时进行的,那么,事情就不会有进展。”黑格尔,《逻辑学》,第 581 页(中文译文引自《十八世纪末—十九世纪初德国哲学》,商务印书馆,1975 年,第 338 页——译者注)。

11. B. 杰索普,《国家理论:资本主义国家的适当地位》(*State Theory: Putting Capitalist States in Their Place*)(Cambridge: Polity, 1990),第 249 页。

第一章 国家权力,社会权力

1. J. 基恩,“暴政与民主”,载 J. 基恩(编),《市民社会与国家》(*Civil Society and the State*)(London: Verso, 1988). 作为国家成员的市民观念将在下面的第五章中阐述。

2. 他将它视为重要的世界历史事件,哲学通过宣称自由的普遍原则对它作出回应。参看 G. W. F. 黑格尔,《历史哲学讲演录》(*Lectures on the Philosophy of History*),J. 西布里译(New York: Dover, 1956),第 452 页;G. W. F. 黑格尔,《哲学史讲演录》,第三卷,E. S. 霍尔丹译(London: Routledge & Kegan Paul, 1955),第385页。

3. 卡尔·马克思,"论犹太人的问题",载《早期著作》,第233页。(中文译文引自《马克思恩格斯全集》,第一卷,第442页。——译者注)饶有兴味的是,正如它从黑格尔那里继承的一样,这个问题部分地是围绕 *Buerger* 和 *citoyen* 这两个范畴来讨论的。尽管在德文中,公民就是 *Buerger*(市民),公民身份的起源与 *Buergertum*(资产阶级)的出现密切相关,因此在语义上,*Buerger* 这个词不但包括国家的公民而且包括市民社会的私人成员,但是意味深长的是,当黑格尔在他关于自然法的讲演(1817-1818年)中开始发展国家与市民社会的分立时,他却诉诸法语的 citoyen 和 bourgeois。因此在市民社会中,*Buerger* 是资产阶级而不是公民。参看 J. 范霍恩·梅尔顿,"18-19世纪德国'社会'的出现",载 P. J. 科费尔德(编),《语言、历史和阶级》(*Language, History and Class*)(Oxford: Blackwell, 1991),第149页,以及 B. 特纳,"当代公民身份中的理论问题",载 B. 特纳(编),《公民身份与社会理论》(*Citizenship and Social Theory*)(London: Sage, 1993)。当然马克思继承了这种二分法并试图克服它。当今对市民社会和公民身份的研究常常掩盖了这一点。例如库玛在"市民社会:对历史术语用法的探究"中宣称 *buergerliche Gesellschaft*(市民社会)这个术语并没有在资产阶级领域与 citoyen 领域之间做出区分,见《英国社会学杂志》(*British Journal of Sociology*, 第44卷,第3期),第375-395页。

4. "黑格尔国家学说批判",载《早期著作集》,第90页(中文译文引自《马克思恩格斯全集》,第1卷,第284页。"黑格尔国家学说批判"不是马克思著作中的标题,而是英文本《早期著作集》的编者自己加的，内容包括马克思《黑格尔法哲学批判》一文中对黑格尔《法哲学原理》第 261 - 313 节的批判。——译者注）；也可参看《德意志意识形态》（London: Lawrence & Wishart, 1970），第 57 页。

5. 《法哲学原理》，第 182 节，以及《德意志意识形态》第 57 页。

6. 黑格尔，《法哲学原理》第 267 节，第 273 节和第 276 节。我这里用的是 H. B. 尼斯比特的译本，理由稍后讲明。T. M. 诺克斯的译本（Oxford: OUP, 1952），在第 267 节把 der politische Staat 译为"政治国家"，但是在第 273 节和第 276 节译为"作为政治实体的国家"，不过还是要参看诺克斯在对第 267 节所做的编者注释
169 中非常有益的讨论。也可以参看 Z. 佩尔金斯基，"黑格尔式的国家思想"，载 Z. 佩尔金斯基（编），《黑格尔的政治哲学：问题与视角》（*Hegel's Political Philosophy: Problems and perspectives*）（Cambridge: CUP, 1971），第 13 - 14 页。

7. 参看《法哲学原理》，第 255 节。

8. 同上书，第 183 节。

9. 例如，参看上书，第 189 节；佩尔金斯基，"黑格尔式的国家思想"，第 12 页。

10. 《法哲学原理》，第 236 节，第 239 - 248 节。

11. 同上书，第 252 节。

12. 同上书，第 253 节；也可以参看第 301 节。

13. 同上书，第 274 节。

14. 同上书，第 249 节和第 256 节。

15. A. 阿拉托，"重建黑格尔的市民社会理论"，载 D. 科梅尔，M. 罗森费尔德和 D. G. 卡尔松（编），《黑格尔与法律理论》（*Hegel and Legal Theory*）（London; Routledge, 1991），第 310 页；J. 柯亨

和 A. 阿拉托,《市民社会与政治理论》(*Civil Society and Political Theory*)(Cambridge, Mass.: MIT, 1992),第 109 页。

16. 《法哲学原理》,第 301 – 303 节;参看柯亨和阿拉托,《市民社会》(*Civil Society*);C. 泰勒,《黑格尔》(*Hegel*)(Cambridge: CUP, 1975),第 444 页。马克思把等级称之为市民社会向国家委派的代表。
17. 马克思,"黑格尔国家学说批判",载《早期著作集》,第 131 页。(中文译文引自《马克思恩格斯全集》,第 1 卷第 328 页。——译者注)
18. 同上书,第 141 页。(中文译文引自《马克思恩格斯全集》,第 1 卷第 338 页。——译者注)
19. 参看《法哲学原理》,第 290 – 297 节;也可参看"英国的改革法案",载《黑格尔政治著作集》,T. M. 诺克斯译(Oxford: Clarendon Press, 1964)。
20. 参看"论犹太人的问题",载《早期著作集》,第 230 页,在这里,"保护……警察概念"被解读为对市民社会利己主义的保证。
21. "路易·波拿巴的雾月 18 日",SE, 第 186 页。(中文译文引自《马克思恩格斯选集》,第 1 卷,1972 年 5 月第一版,第 641 页)
22. "法兰西内战"初稿,载《第一国际及其后》,第 246 – 247 页。(中文译文引自《马克思恩格斯全集》,第 17 卷,第 584 页。——译者注)
23. M. 里德尔,《传统与革命之间:黑格尔派政治哲学的变迁》(*Between Tradition and Revolution: The Hegelian Transformation of Political Philosophy*)(Cambridge: CUP, 1984),第 151 页。
24. 例如,参看《法哲学原理》,第 205 节。
25. 同上书,第 297 节;也可参看柯亨和阿拉托,《市民社会》,第

103 页；阿拉托，“黑格尔理论重构”，第 309 页。

26.《法哲学原理》，第 292 节。

27. 参看“黑格尔国家学说批判”，第 106－108 页。然而意味深长的是，当马克思用更复杂的阶级理论分析法国国家时，他认为官僚机构是一种等级，而不是一个阶级。

28.《法哲学原理》，第 243 节。

29. S. 阿维南热，《黑格尔的现代国家理论》(*Hegel's Theory of the Modern State*)(Cambridge: CUP, 1972)，第 96 页。如果我们要想避免对(与普遍阶级对立的)普遍等级概念的错误解释，这一点非常关键。参看下面的注释 83。

30.《法哲学原理》，第 207 节。

31. 同上书，第 238 节。

32. 同上书，第 252 节，尽管等级应该代表“多数”，但是它排除了“儿童、妇女，等等”。可以推测出这里的“等等”包括没有投票权的人，即没有财产的人。参看“符腾堡王国的等级会议议程：1815－1816 年”，载《黑格尔政治著作集》，第 262－265 页。参看 B. 库仑，《黑格尔的社会政治思想导论》(*Hegel's Social*
170 *and Political Thought: An Introduction*)(Dublin: Gill and Macmillan, 1979)，第六章。

33.《法哲学原理》，第 244 节；在 1819 年至 1820 年的讲演中，黑格尔评论了财产的必要性，引自伍德的《法哲学原理》编者注释，第 453 页。黑格尔提出的一个“解决方案”是殖民主义和帝国主义。参看第 245－248 节。这是布哈林和列宁的安内必先攘外理论的先声。参看下面的第二章。他们三个都没有看，要调和这些对立思想，国家必须发展内部的政治管理结构。

34. T. E. 瓦滕贝格，“黑格尔市民社会理论中的财产与阶级结构”,载《哲学与社会批判》,第 18 卷, 第 2 期(1981), 第 169 - 182 页。

35. “黑格尔法哲学批判导言”,《早期著作集》, 第 256 页(中文译文引自《马克思恩格斯选集》,第 1 卷,第 14 页。——译者注);《德意志意识形态》, 第 94 页。

36. 在这里黑格尔和马克思揭示了它们在从前的政治思想中的根源,从前的政治思想通常都将工人阶级排除在市民社会之外,参看 C. B. 麦克弗森对洛克的讨论,见《具有强烈占有欲望的个人主义的政治理论》(*The Political Theory of Possessive Individualism*)(Oxford: OUP, 1962), 第 227 页, 第 248 页。同样,参看康德关于公民(既要成为成人和男人,也要)成为自己的主人的必要性,即排除那些被他人奴役的人的必要性的评论, “论一种常见的说法:‘这在理论上可能是对的,但是在实践中是行不通的’”, 载康德,《政治著作集》,H. B. 尼斯比特译(Cambridge: CUP, 1991), 第 78 页。对于马克思没有步黑格尔后尘的原因,参看 J. 柯亨, 《阶级与市民社会:马克思批判理论的局限》(*Class and Civil Society: The Limits of Marxian Critical Theory*)(Amherst: University of Massachusetts Press, 1982), 第 61 页,以及 J. 兰德尔, 《现代性的起源:从康德、黑格尔到马克思的社会理论起源》(*Origins of Modernity: The Origins of Social Theory from Kant to Hegel to Marx*)(Cambridge: Polity, 1987), 第 90 页。后来的作家们同样都会犯这样的错误。在第二章将表明列宁是如何继续这一解读的,尽管用的是“工人贵族”这个词。这里我们做一简要的补充:尽管英国“权利 - 黑格尔学派”助长了工人阶级的整合,但是他们认可的是这样的一种可能性,即雇佣劳动者完全被剥夺了财产权。——T. H. 格林,《政治义务原理》(*Principles of Political Obligation*)(Cambridge: CUP, 1986), 第220节。关于把“穷人”排除在“人民”之外的观点,参看克里斯托弗·黑尔,“17世纪英国的穷人与人民”,载F. 克兰茨(编),《来自下层的历史》(*History From Below*)(Oxford: Blackwell, 1985)。

37. 这一点在本书第四章和第五章还有阐述。

38. T. 阿道尔诺,“社会”,载E. 布朗纳和D. M. 凯尔纳(编),《批判理论与社会读本》(*Critical Theory and Society: A Reader*)(London: Routledge, 1989), 第274页。

39. “法兰西的阶级斗争:从1848年到1850年”, SE, 第43页。(中文译文引自《马克思恩格斯选集》,第1卷,第400页。——译者注)

40. “宪章派”, SE, 第265页。(中文译文引自《马克思恩格斯全集》,第8卷,第391页。——译者注)

41. “法兰西的阶级斗争”, 第45页。

42. 《资本论》,第一卷, B. 弗克斯译(Harmondsworth: Penguin, 与《新左派评论》杂志社联合出版, 1976), 第395页。

43. “法兰西的阶级斗争”,第57页, 着重号为本人所加。(中文译文引自《马克思恩格斯选集》,第1卷,第413页。——译者注)

44. 他指出,资产阶级社会的基本特征是雇佣劳动,雇佣劳动的基本特征是绝对贫困。《政治经济学批判》,注释171。M. 尼克劳斯译(Harmondsworth: Penguin,与《新左派评论》杂志社联合出版, 1973);也可参看“戈达纲领批判”, 载《第一国际及其后》,
171 第351 – 352页。

45. 兰德尔,《现代性的起源》,第9页。

46. “经济学哲学手稿”, EW;第385 – 386页。(中文译文引自《马

克思恩格斯全集》,第 42 卷,第 163 页。——译者注)

47. “经济学哲学手稿”,第 386 – 392 页;也可参看《德意志意识形态》,第 60 – 61 页。更彻底的讨论参看 C. J. 阿瑟,《劳动辩证法:马克思及其与黑格尔的关系》(*Dialectics of Labour: Marx and his Relation to Hegel*)(Oxford: Blackwell, 1986),以及 S. 本哈比布,《批判,规范与乌托邦:批判理论基础研究》(*Critique, Norm and Utopia: A Study of the Foundations of Critical Theory*)(New York: Columbia University Press, 1986)。关于异化,参看 I. 梅斯查罗斯,《马克思的异化理论》(*Marx's Thory of Alienation*)(London: Merlin, 1970),以及 B. 奥尔曼,《异化:马克思关于资本主义社会中人的思想》(*Alienation: Marx's Conception of Man in Capitalist Society*)(Cambridge: CUP, 1971)。

48. 参看“经济学哲学手稿”,第 322 – 334 页。

49. 《阶级与市民社会》,第 37 页。

50. 兰德尔,《现代性的起源》,第 88 – 89 页。

51. “黑格尔法哲学批判”, 第 250 – 251 页。

52. 马克思,“经济学哲学手稿”,第 393 页。(中文译文引自《马克思恩格斯全集》,第 42 卷,第 172 页。——译者注)

53. “黑格尔国家学说批判”,第 73 页。

54. 同上书,第 111 页。(中文译文引自《马克思恩格斯全集》,第 1 卷,第 305 页。——译者注)

55. 《政治经济学批判》,(London: Lawrence & Wishart, 1970), 第 20 页;也可参看《德意志意识形态》,第 42 页。

56. 之所以说是声名狼藉的,是因为它常常被视为对历史唯物主义的定义性表述,然而它根本就是非马克思主义的,最明显的是,它没有提到阶级或者阶级斗争。参看 G. 索雷尔,《进步的幻觉》, J. & C. 斯坦利译(Berkeley: University of California Press, 1969), 附有法文第一版前言。关于这一点可能理由的讨论, 参看 A. M. 普林茨, "马克思 1859 年'前言'的背景和隐秘动机",《观念史杂志》(*Journal of the History of Ideas*), 第 30 期(1969), 第 437 – 450 页。

57. A. 古尔德纳,《两种马克思主义》(*The Two Marxisms*)(London: Macmillan, 1980), 第 359 页。

58. "黑格尔所说的市民社会就是市场机制。"《黑格尔的现代国家理论》(*Hegel's Theory of the Modern State*), 第 12 页;还可参看第 141 – 154 页。事实上这是一个非常常见的对黑格尔的错误解释。

59. K. 库玛,《市民社会》,第 377 – 379 页;J. 基恩,《民主与市民社会》(*Democracy and Civil Society*)(London: Verso, 1988)。第 32 页, 第 58 页。事实上库玛和基恩对"独立的"的社会领域的研究是注定要失败的。他们认为像医院这样的机构,不管怎么"社会化",也都要从属于资本的要求。这完全不是还原论的观点。事实上尽管 I. 基恩批判了马克思的"还原论",但是他自己的社会主义市民社会的观点依据的是这样的理由:它很可能是一个"商品生产和交换不再占统治地位"的市民社会。对当前流行的市民社会的最好批判是 E. M. 伍德的"市民社会的运用与滥用", 载《社会主义语域》(*Socialist Register*)1990, 第 60 – 84 页, 但是也可以对照一下她自己在《资本主义的原初文化:旧制度与现代国家研究》(*The Pristine Culture of Capitalism: An Essay on Old Regimes and Modern States*)(London: Verso, 1991)对黑格尔的错误解读,第 88 页。

60. L. 阿尔都塞和 E. 巴利巴尔,《阅读资本》(London: New Left

Books, 1970), 第 162 页。参看《保卫马克思》(Harmondsworth: Penguin, 1966), 第 110 页。这一点对于阿尔都塞著作的意义将在第二章讨论。G. 亨特, “葛兰西,市民社会与官僚机构”, 载《国家实践》(*Praxis International*), 第 6 卷, 第 2 期(1986), 注释 172,第 206 - 219 页, 把国家 - 市民社会这个对子描述为
“不思考‘马克思主义’的典型的概念工具”的一部分(第 210 172
页)。

61. 这就提出了 20 世纪马克思主义发展的核心问题,以及“西方马克思主义”与马克思 - 列宁主义、非正统马克思主义与正统马克思主义、热门的思想潮流与冷门的思想潮流之间的分歧的基础。尽管对政治经济学的批判也是对市民社会的内在批判,然而政治管理的出现使得政治经济学的批判还远远不够。这就表明还必须解决其他的领域,这些领域甚至是最关键的领域。这里我们关注的是政治的性质,但是同样的观点也可以适用于——比如——文化领域。

62. G. 亨特, “马克思市民社会概念的发展”,载 B. 杰索普和 C. 马尔科姆 - 布朗(编),《卡尔·马克思的社会和政治思想:批判评估》(*Karl Marx's Social and Political Thought: Critical Assessments*),第 Ⅳ 卷(London: Routledge, 1990)。

63. 同上书,第 34 页, 注释 30。相关的部分在《第一国际及其后》, 第 246 - 247 页;参看第 208 页和第 210 页。

64. 同上书,第 34 页, 注释 31。具体的例子是莫斯科版的第 133 页和第 141 页,可与企鹅版的第 231 页和第 240 页加以比较。在企鹅版中,分别是“市民社会”和“资产阶级社会”。同样的“问题”在其他著作中也可以找得到,如《政治经济学批判》的第一页。也可以参看“关于现代国家一书的计划草案”, 载《著

作选集》(*Collected Works*),第四卷(London: Lawrence & Wishart, 1975), 第666页。

65. C. J. 阿瑟,"《德意志意识形态》导论", 第5页

66. 例如,参看《政治经济学批判》,附录"导论",第188页。

67. 亨特,"市民社会概念的发展",第30页。

68. G. 塞尔本,《科学,阶级与社会》(*Science, Class and Society*)(London: Verso, 1980), 第210页。

69. 例如,参看T. 博特摩尔,《政治社会学》(*Political Sociology*)(London: Hutchinson, 1979), 导论;A. 古尔德纳,《西方社会学面临的危机》(*The Coming Crisis of Western Sociology*)(London: Heinemann, 1971), 第92页。

70. 正如我们已经看到的那样,这一发展并不完全是概念分立的产物。在很大程度上,它植根于法国革命,即貌似"社会"的性质,和所导致的更强有力的资产阶级社会力量的特征。革命的这种社会性质与17世纪英国的政治-法律和宗教革命判然有别。见塞尔本,《科学,阶级与社会》,第212-213页。参看古尔德纳,《两种马克思主义》,第374-379页。

71. 例如,S. 阿维南热,《卡尔·马克思的社会和政治思想》(*The Social and Political Thought of Karl Marx*)(Cambridge: CUP, 1968), 他认为马克思的批判"将费尔巴哈对黑格尔哲学的一般批判用到了政治学上",第10-12页。K. -H. 伊尔廷,"黑格尔的国家概念与马克思的早期批判",载Z. A. 佩尔金斯基(编),《国家与市民社会:黑格尔政治哲学研究》(*The State and Civil Society: Studies in Hegel's Political Philosophy*)(Cambridge: CUP, 1984), 认为马克思将过多的精力花在黑格尔的逻辑学上,是一个十足的费尔巴哈信徒,从而错过了可能的政治批判。事

实上,与费尔巴哈相反,马克思对黑格尔的批判大多是政治批判,正如这里所表明的那样。

72. 见费尔巴哈"论纲"初稿和"经济学与哲学手稿",EW, 第 349 页;(中文译文引自《马克思恩格斯全集》,第 42 卷,第 122 页。——译者注)S. 克拉克,《马克思,边际主义与现代社会学:从亚当·斯密到马克斯·韦伯》(*Marx, Marginalism and Modern Sociology: From Adam Smith to Max Weber*), 第二版(London: Macmillan, 1991), 第 57 – 58 页。

73. M. 韦伯,"社会科学与社会政策中的'客观性'", 载《社会科学 173
方法论》(*The Methodology of the Social Sciences*)(New York: Free Press, 1949), 第 68 页。

74. 为了占领社会学中的一个领域,大量学者开始探究"身体与社会":B. 特纳,《身体与社会:社会理论研究》(*The Body and Society: Explorations in Social Theory*)(Oxford: Blackwell, 1984); P. 布朗,《身体与社会:男人,女人与早期基督教中的禁欲》(*The Body and Society: Men, Women and Sexual Renunciation in Early Christianity*)(London: Faber, 1988); A. 辛诺特,《身体社会:象征主义,自我与社会》(*The Body Social: Symbolism, Self and Society*)(London: Routledge, 1993)。在特纳那里,"society"与"the social"看来是可以互换的,它是一种一般的动因(a general agency),回应的是看似某种前现代的需求。在身体社会学的背景中,诸如特纳等人的著作事实上是受到了福柯的影响, 因此我们对福柯的批评同样适合他们——在分析身体的日常活动与权力的行使之间的联系时,所有的"权力活动"都简化成了一个连续统一体,在这个连续统一体中,它们所起的功能完全一样。在一次采访中谈论这个问题时,特纳看似有些动摇,他认为,按照鲍德里亚的方式,“社会”(society)这种观念或许日益变得多余了。见“结论。理论与身体认识论”,载《管制身体:医学社会学论文集》(*Regulating Bodies*: *Essays in Medical Sociology*)(London: Routledge, 1992),第229-260页。

其他的社会学家试图用不同的方法克服“社会”这一问题。例如,吉登斯用的是“民族-国家”、“交互社会系统”和“时-空”等范畴。见《民族-国家与暴力:当代历史唯物主义批判第二卷》(*The Nation-State and Violence*: *Volume Two of a Contemporary Critique of Historical Materialism*)(Los Angeles: University of California Press, 1985),第21页,第172页;《建构社会》(*The Constitution of Society*)(Cambridge: Polity, 1986)导论,第163-169页,第244页;《现代性的后果》(*The Consequences of Modernity*)(Cambridge: Polity, 1990),第12页。同样,鲍曼认为,后现代社会理论应该用社会性(sociality)这个范畴来取代“社会”(society)这个范畴:Z. 鲍曼,《后现代性的暗示》(*Intimations of Postmodernity*)(London: Routledge, 1992),第190页,沃伦斯坦则用“历史系统”(historical system)来替代它:I. 沃伦斯坦,“世界-系统分析”,载A. 吉登斯和J. H. 特纳(编),《今日社会理论》(*Social Theory Today*)(Cambridge: Polity, 1987),第309-324页。我认为这些人都不会成功;所有这些人都将社会作为一个批判的概念,却都没有将这里所说的国家与市民社会的基本分立作为分析的范畴。例如沃伦斯坦承认,用“历史体系”取代“社会”,只是一个语义学上的替代物,但是却使我们不再需要将“社会”与“国家”联系在一起(第317页)。同样,吉登斯糊涂地说,市民社会首先指的是农村,随着现代民族-国家的兴起,这个意义上的“市民社会”消失了。

见《民族－国家与暴力》,第21页。

75. 这里有两点说明。一方面,的确很多马克思主义者都在用国家－经济二分法,这种二分法的可怕结果是,要么忽视了社会的维度,要么将社会维度消解到了国家或经济之中。——见第二章对阿尔都塞著作的批判。另一方面,尽管确实可以说通过考察社会学所谓的马克思主义已经忘记了的市民社会,它已经回应了这种方法(古尔德纳,《两种马克思主义》,第370页;库玛,"市民社会",第380页)。这常常导致人们满不在乎地扩展和使用"社会(society or social)"概念,正如我们上面讨论的那样;或者它导致了人们试图将马克思主义与社会学 174
强扭在一起的做法。例如,B. 特纳认为,由于本质上缺乏社会关系理论,市民社会分析所起的是一种马克思主义内部的社会学的作用。见"当代公民身份理论中的问题",第16页,注释4。

76. 葛兰西指出社会学中没有批判的维度,见《狱中杂记》,第243页,以及他对布哈林的批判,第419－473页。F. 里姆描述了社会学中保守主义性质,见《社会学思想中的理性与自由》(*Reason and Freedom in Sociological Thought*)(London: Allen & Unwin, 1985),第二章,以及古尔德纳,《西方社会学面临的危机》,第12－14页,第442页。古尔德纳认为,对于年轻的社会学家来说,克服这一点的方法是改变他们的做法。他的这个解决方案显然与我这里的论点不一致;问题不在于社会学家,而在于规训本身。

77. 见马克思在"经济学哲学手稿"中关于需要统一的人的科学的讨论。第355页。

78. "论犹太人的问题",第235页。(中文译文引自《马克思恩格斯

全集》,第1卷,第443页。——译者注)

79. “法兰西内战”, FIA, 第210页。(中文译文引自《马克思恩格斯全集》,第17卷,第359-360页。——译者注)

80. 同上书,第206页, 第210-211页;(中文译文引自《马克思恩格斯全集》,第17卷,第355页,第359页。——译者注)“法兰西内战”初稿,第250页。(中文译文引自《马克思恩格斯全集》,第17卷,第588页。——译者注)

81.《政治经济学批判》,第157页, 第162页, 第488页, 第832页;《资本论》,第一卷,第163-177页, 第929-930页。还可见“詹姆斯·穆勒《政治经济学原理》一书摘要”, EW, 第269页,以及《资本论》,第三卷,D. 费恩巴赫译(Rarmondsworth: Penguin, 与《新左派评论》杂志社联合出版, 1981), 第959页,正如本哈比布所指出的那样, Gemeinshaftlich 这个词的使用被认为是与 Buergerliche Gesellschaft 相对立的, 即具有交换关系个体性的团结一致与司法规范之间的对立。——《批判,规范与乌托邦》,第121页。

82. 见“黑格尔国家学说批判”,第191页。

83. 在这里,阶级与等级之间分立的重要性显得更为明显,诺克斯说的是“普遍阶级”,而尼奈斯比特坚持的是“普遍等级”(见他们对第250节和第303节翻译上的对立)。

84. 同上书,第112节, 重点号为本人所加。(中文译文引自《马克思恩格斯选集》,第1卷,第307页。——译者注)

85. “黑格尔法哲学批判”,第255页。(中文译文引自《马克思恩格斯选集》,第1卷,第13-14页。——译者注)

86. 同上书,第254页。

87. 同上书,第256页。(中文译文引自《马克思恩格斯选集》,第1

卷,第14页。——译者注)

88.“共产党宣言”,载《1848年革命》,第77页;同样他认为下层中产阶级、小工厂主、店主、工匠、农民,为了自己的生存,都是反对资产阶级的。这个视角也表明了其他人对他的评论。例如,他严厉谴责德国资产阶级堕落到了社会等级的层面,因此不能为整个社会说话。——《新莱茵报》的文章,《著作选集》,第八卷(London: Lawrence & Wishart, 1977),第162页。

89.《德意志意识形态》,第83页。

90.在《批判、规范与乌托邦》中,本哈比布讨论了普遍化的社会化与政治的普遍性,第39页。“社会化的自由”(socialized freedom)这个术语引自E. 布洛赫,《论卡尔·马克思》,J. 马克斯韦尔译,注释175(NewYork: Herder & Herder, 1971),第49页;政治的社会化与社会的政治化,见P. 奥斯本,“没有限度的激进主义?话语,民主与身份政治学”,载P. 奥斯本(编),《社会主 175
义与自由主义的限度》(*Socialism and the Limits of Liberalism*)(London: Verso, 1991)。

91.“黑格尔国家学说批判”,第191页。(中文译文引自《马克思恩格斯全集》,第1卷,第396页。——译者注)

92.“关于现代国家一书的计划草案”。1865年马克思写给库格尔曼的信中说,在英国,关于选举权的问题,共产国际产生了不小的骚动,并评论说,这个问题在英国的重要性完全不同于普鲁士;“1865年2月3日致库格尔曼的信”,载FIA. 更一般地讲,他多次指出了考察选举特征的必要性,认为它不是依赖投票者的名字,而是依赖投票者的经济基础或经济状况,这一必要性的最终目的是摈弃选举的政治特征;“巴枯宁《国家与无政府主义》的大纲”,FIA,第336页。

93. 论“夺取政治权力”,见“共产党宣言”,“共产国家工人协会开幕式上的讲演”, FIA, 第 80 页,“临时统治”, FIA, 第 82 页,“宪章派”, 第 264 页, 以及“法兰西的阶级斗争”, 第 71 页。
94. L. 科利蒂,“导论”, EW, 第 44 页;关于马克思对投票的讨论,见 R. N. 贝尔克,“马克思批判黑格尔政治哲学的几个视角”,载 Z. 佩尔金斯基(编),《黑格尔的政治哲学》, 第 213 页。
95. 见黑格尔《法哲学原理》,第 301 – 303 节, 以及“符腾堡王国的等级会议议程:1815 – 1816 年”,第 253 页和第 262 页;也见泰勒,《黑格尔》, 第 445 页, 以及伍德对《法哲学原理》第 301 节的注释, 第 469 页。
96. 在《代议制政府》和“关于议会改革的思想”中,约翰·斯图尔特·密尔同意选举改革和普选原则,但是一旦指出它的意义之后,他就引进很多的程序来否定这个原则。像马克思一样,密尔认识到,具体而言,选举改革的意义在于谁夺取政治权力的问题,他也像马克思一样相信,普选会导致工人阶级统治。尽管密尔没有将普选概念化为消解国家与市民社会,但是他关注的是,普选导致人民成为成熟的公民,即便由于贫穷或无知,他们不可能被视为公民。

第二章　从帝国主义到意识形态

1. G. 卢卡奇,《列宁:关于他的思想的统一性的研究》(*Lenin: A Study On the Unity of His Thought*), N. 雅各布斯译(London: New Left Books, 1970), 第 60 – 61 页。
2. A. J. 波伦,《列宁与政治学的终结》(*Lenin and the End of Politics*)(London: Methuen, 1984), 第 10 页;以及 R. 米利班德,《阶

级权力与国家权力：政治论文集》（*Class Power and State Power：Political Essays*）（London：Verso，1983），第八章。

3．列宁，"国家与革命"，两卷本选集，第二卷（London：Lawrence & Wishart，1947）。列宁对农庄的关注源于他对农庄遗产的担忧；他想坚持的是，1905年和1917年的革命能继续农庄的工作，证实马克思的分析，相应地，证明布尔什维克的立场。 176

4．同上书，第153页，第171－173页。

5．E．伯恩施坦，《进化的社会主义：批判与肯定》（*Evolutionary Socialism：A Criticism and Affirmation*），E．哈维译（New York：Schoken Books，1961）。这是英文的标准版，省略了原著四分之一与三分之一之间的内容，尤其是论黑格尔的那一章。这些省略的内容在H．图德编译的《E．伯恩施坦，社会主义的先决条件》（*E．Bernstein，The Preconditions of Socialism*）（Cambridge：CUP，1993）一书中可以找到，在这本书中，从伯恩施坦对黑格尔辩证法"难点"的评论与对市民社会的解读来看，他的修正程度显得更加清楚。

6．M．萨尔瓦杜里，《卡尔·考茨基与1880－1938年的社会主义革命》（*Karl Kautsky and the Socialist Revolution 1880－1938*），第二版（London：Verso，1990），第14页，第38页。

7．K．考茨基，《政治著作选集》（*Selected Political Writings*），P．古德编（London：Macmillan，1983），第30－31页。

8．"国家与革命"，第145页，第155页，第213页，第214页。

9．考茨基，《无产阶级专政》（*The Dictatorship of the Proletariat*），H．J．斯滕宁译（Michigan：Ann Arbor Paperback，1964），第84－85页。

10．同上书，第68页。

11. R. 卢森堡，“俄国革命”，载《罗莎·卢森堡言论集》(*Rosa Luxemburg Speaks*) M. – A. 沃特斯编 (New York: Pathfinder Press, 1970)，第 387 页。
12. 同上书，第 393 页。
13. 波伦，《列宁与政治学的终结》，第 155 页。
14. G. 塞尔本，“资本的统治与民主的兴起”，载《新左派评论》，103(1977)，第 3 – 43 页；也见他的“投票权与通向或穿过现代性的第四条道路”，载 R. 托斯滕达尔(编)，《国家理论与国家历史》(*State Theory and State History*)(London: Sage, 1992)。
15. 具体见“抵制”(1906)，但是也可见“我们应该抵制国家杜马吗?”“杜马的消解与无产阶级的任务”以及“反对抵制”，载 12 卷本选集，第三卷(London: Lawrence & Wishart, 1936)，以及“左翼共产主义幼稚病”第七章。
16. 下面对葛兰西的讨论回到这一点。
17. 《社会主义的先决条件》，第 146 – 147 页(哈维翻译的旧版中，将 civil 译为 civic，还省略了一些段落(《进化的社会主义》，第 147 页)。也见“社会主义中的现实主义与意识形态环节”(1898)载 H. & J. M. 图德(编)，《马克思主义与社会民主：1896 – 1898 年的修正主义论战》(*Marxism and Social Democracy: The Revisionist Debate 1896 – 1898*)(Cambridge: CUP, 1988)，第 243 页。见卢森堡，“改革还是革命”，载《罗莎·罗森堡言论集》，第 86 页。
18. N. 布哈林，“关于帝国主义国家的理论”，载《论国家与向社会主义的转变文选》(*Selected Writings on the State and the Transition to Socialism*)(London: Spokesman, 1982)，第 25 页，第 31 页。
19. “国家与革命”，第 147 页；也见列宁为布哈林的《帝国主义与世界经济》(*Imperialism and World Economy*)(London: Merlin, 1987)所写的导言。也见S. F. 柯亨,《布哈林与布尔什维克革命:政治传记(1888–1938年)》(*Bukharin and the Bolshevik Revolution: A Political Biography 1888–1938*)(New York: Vintage, 1975),第39–43页,以及M. 索沃尔,"《国家与革命》的起源",载《社会主义语域》(1977),第209–227页。

20. N. 哈丁,《列宁的政治思想·第二卷:社会主义革命中的理论与实践》(*Lenin's Political Thought, Vol. II: It Theory and Practice in the Socialist Revolution*)(London: Macmillan, 1981),第116–118页。 177

21. 布哈林,"关于帝国主义国家的理论",第31页。

22. 列宁,"无产阶级革命与叛徒考茨基",十二卷选集,第二卷,第383页。

23. "工人贵族"作为理论工具的弱点在下面的第四章中阐述。第四章将表明,作为理论研究的概念,它既没有理论上的特点也没有历史上的特点。

24. 这是波伦使用的术语。

25. 尽管在他的笔记中,列宁强调了马克思的"路易·波拿巴的雾月十八日"对国家的分析,认为在大多数资本主义国家中,"国家机器"是一种官僚–军事机器(在1917年完全可以这么说)(引自索沃尔,"《国家与革命》的起源",第217页),但是这一点没有得到任何真正的阐述。

26.《狱中杂记》,第243–244页。

27. M. 萨尔瓦杜里,"葛兰西与PCI:两种领导权思想",载C. 穆夫(编),《葛兰西与马克思主义理论》(*Gramsci and Marxist Theory*)(London: Routledge, 1979),第252页;也见P. 托格里亚蒂,

《论葛兰西及其他论文》(On Gramsci and Other Writings)(London: lawrence & Wishart, 1979),第七章和第八章。

28.《政治论文集(1910 - 1920)》(*Political Writings 1910 - 1920*),J.马休斯译(London: Lawrence & Wishart, 1977),第83页,第262页。

29.“意大利国家”,载《入狱前论文集》(*Pre-Prison Writings*),R.贝拉米编(Cambridge: CUP, 1994),第141 - 145页;也见载于同一卷中的“三种原则与三种政治秩序”一文中他对英国、德国和意大利三个国家的比较。单个民族 - 国家问题及其“特殊性”是下面第四章的关键问题。在第四章中,我们将考察英国的“特殊性”,这一论点在很大程度上依赖于对新葛兰西学派的解读。

30.《政治论文集(1910 - 1920)》,第191页,重点号为本人所加。

31.R.波科克,《领导权》(*Hegemony*)(London: Tavistock, 1986),第25页;P.安德森,“安东尼奥·葛兰西的二律背反”,《新左派评论》,100(1976 - 1977),第9 - 78页。

32.引自C.布希 - 格拉克斯曼,《葛兰西与国家》(*Gramsci and the State*)(London: Lawrence & Wishart, 1980),第177页。

33.A.戴维森,《意大利共产主义的理论与实践》(*The Theory and Practice of Italian Communism*)(London: Merlin, 1982),第97页;也见M.克拉克,《安东尼奥·葛兰西与该领域的革命》(*Antonio Gramsci and the Revolution That Field*)(New Haven, Conn.: Yale University Press, 1977)。

34.《政治论文集(1921 - 1926)》(*Political Writings 1921 - 1926*),Q.霍尔译(London: Lawrence & Wishart, 1978),第408 - 409页。

35.《狱中杂记》,第238页。

36. 安德森,“二律背反”, 第 59 – 63 页。
37.《狱中杂记》, 第 221 页;也见第 243 页。
38. 同上书,第 235 页。
39. 同上书,第 243 – 244 页;也见第 79 页。
40. 同上书,第 160 页。
41. 同上书,第 263 页。
42. 同上书,第 239 页。
43. 同上书,第 244 页。
44. 同上书,第 12 页。
45. 例如, 同上书,第 52 页。
46. 安德森,“二律背反”, 第 17 页。安德森谴责葛兰西的僵化和概念上的游移。这不仅没有充分注意到葛兰西的背景或时代(见 R. 贝拉米与 D. 谢克特,《葛兰西与意大利国家》(*Gramsci and the Italian State*)(Manchester: Manchester UP, 1993), 第 120 页),而且掩盖了重要的理论要点,即葛兰西是用黑格尔的方 178 式,用国家与领导权这两个概念来进行研究的,正如我在这里试图表明的那样。
47. N. 波比奥,“葛兰西与市民社会概念”,载 J. 基恩(编),《市民社会与国家》(*Civil Society and the State*)(London: Verso, 1988), 第 83 – 84 页。然而正如瓦尔特·亚当森所指出的那样(《领导权与革命:安东尼奥·葛兰西政治文化理论研究》(*Hegemony and Revolution: A Study of Antonio Gramsci's Political and Cultural Theory*)[Los Angeles: University of California Press, 1980], 第 218 页), 波比奥认为葛兰西颠倒了马克思主义的结构对于上层建筑的优先性,这一观点实在是太牵强。
48.《狱中杂记》, 第 408 页。

49. 同上书,第158－168页。这一点将葛兰西牢牢地置于西方马克思主义的传统之中,正如我们在第一章中所指出的那样,这个传统关注的是政治经济学批判的不足。这正是葛兰西的焦点所在,他认为,1917年代表的是"反对资本的革命"(Revolution Against Capital)。葛兰西对经济主义的批判还表明意大利对他思想的影响,这种影响可以追溯到马基雅维里:"马基雅维里所做的事情就是,把每一件事物都放回到政治学中。"(《狱中杂记》,第249页)

50. 关于运用葛兰西方法的研究,见J. 厄里,《资本主义社会的解剖学:经济,市民社会和国家》(*The Anatomy of Capitalist Societies: The Economy, Civil Society and the State*)(London: Macmillan, 1981)。

51.《狱中杂记》,第259页。

52. 见波比奥,"葛兰西与市民社会概念",第84－85页。

53.《狱中杂记》,第170页。

54. 安德森,"二律背反"(Antinomies),第25页。

55.《狱中杂记》,第12页。

56. 穆夫,《葛兰西与马克思主义理论》导言,第10－11页以及同一卷中的"葛兰西的领导权与意识形态",第187页。我们可以发现大量的评论都将领导权(错误地)解读为集中在市民社会中的东西——例如,见T. 伊格尔顿,《意识形态》(*Ideologe*)(London: Verso, 1991),第113页,以及《希斯克利弗与大饥荒:爱尔兰文化研究》(*Heathcliff and the Great Hunger: Studies in Irish Culture*)(London: Verso, 1995),第52页,第73页;B. 杰索普,《资本主义国家》(*The Capitalist State*)(Oxford: Blackwell, 1982),第148－149页以及《国家理论:资本主义国家的适当地位》(*State Theory: Putting Capitalist States in Their Place*)(Cambridge: Polity, 1990), 第51页;J. G. 默奎尔,《西方马克思主义》(*Western Marxism*)(London: Paladin, 1986), 第101页;C. 皮尔逊,《马克思主义理论与民主政治》(*Marxist Theory and Democratic Politics*)(Cambridge: Polity, 1986), 第89页。还可以给出更多的例子。

57.《狱中杂记》, 第246页。

58. 同上书,第80页。

59. 同上书,第271页, 第80页。

60. 布希-格拉克斯曼,《葛兰西与国家》, 第93页;A. 肖斯塔克·沙逊,《葛兰西的政治学》(*Gramsci's Politics*)(London: Croom Helm, 1980), 第111-114页。

61. J. 霍夫曼,《葛兰西的挑战:马克思政治理论中的强制与同意》(*The Gramscian Challenge: Coercion and Consent in Marxist Political Theory*)(Oxford: Blackwell, 1984), 第60页。

62. E. 拉克劳和C. 穆夫,《领导权与社会主义策略:彻底的民主政治学之探讨》(*Hegemony and Socialist Strategy: Towards a Radical Democratic Politics*)(London: Verso, 1985), 第136-138页。在拉克劳和穆夫步福柯的后尘把政治消解到社会之中时,这一点得到了巩固,本书第三章将阐述这一点。

63. 布希-格拉克斯曼,《葛兰西与国家》, 第70页。

64. 同上书,第49页, 第63页, 第70页。

65. 亚当森,《领导权与革命》,第175页, 第178页。

66.《狱中杂记》;第266-267页。 179

67. 同上书,第195页。

68. 同上书,第160页。

69. 见 M. 凯恩，“葛兰西，国家与法律的地位”，载 D. 休格曼（编），《法律，意识形态与国家》（*Legality, Ideology and the State*）（London: Academic Press, 1983），第 95－117 页，第 101 页。

70. 安德森，“二律背反”，第 36 页。

71. 见第一章注释 60。

72. 《列宁与哲学及其他论文》，第 131－136 页。

73. A. 卡利尼科斯，《未来还有马克思主义吗？》（*Is There a Future for Marxism?*）（London: Macmillan, 1982），第 75 页。

74. 《列宁与哲学及其他论文》，第 138 页。

75. T. 本顿，《结构主义马克思主义的兴衰：阿尔都塞及其影响》（*The Rise and Fall of Structural Marxism: Althusser and his Influence*）（London: Macmillan, 1984），第 99－103 页；G. 艾略特，《阿尔都塞：理论的迂回路线》（*Althusser: The Detour of Theory*）（London: Verso, 1987），第 225 页。

76. 中国共产党关于无产阶级文化大革命的决定，引自本顿，《结构主义马克思主义的兴衰》，第 97－98 页。

77. 艾略特，《阿尔都塞》，第 225 页。

78. 同上书，第 233 页；本顿，《结构主义马克思主义的兴衰》，第 103 页；安德森，“二律背反”。

79. 如果情况属实，那么正如本顿指出的那样，很难发现阿尔都塞仍然留在法共中的理由（第 103 页）。也见 P. 安德森，《关于西方马克思主义的思考》（*Considerations on Western Marxism*）（London: NLB, 1976），第 39 页，以及 S. 凯纳尼，《论证革命：战后法国知识分子左派》）（*Arguing Revolution: The Intellectual Left in Postwar France*）（New Haven, Conn.: Yale University Press, 1993），第 87 页。凯纳尼提出了一个非常有趣的观点，“意识形

态与 ISAs”的文本旨在将党视为政治变迁唯一的行动者。这一点包含了我下面关于历史主体评论的思想。如果人们把阿尔都塞的党派与法共加以区分——后者的作用完全不同于前者——,那么就可以搞清楚阿尔都塞在这里所作的评论的意思。多年以后,在“关于 ISAs 的笔记”中,阿尔都塞摈弃了功能主义的指控,否认将政党(包括革命的政党)等同于 ISAs。他写道,“我从来没有写过,政党是意识形态的国家机器。(如果我要承认的话)我倒是完全说过不同的事情,即政党只是特定意识形态国家机器的‘组成部分’:政治意识形态国家机器的组成部分,它实现了统治阶级的政治意识形态,在其‘宪法政体’中一复如是。”(引自艾略特,《阿尔都塞》,第 235 页)。

80. 他指的是“没有先例的深层危机”(unprecedently deep crisis),它动摇了全球那么多国家的教育制度;《列宁与哲学及其他论文》,第 149 页。

81. 《列宁与哲学及其他论文》,第 232 页。

82. 同上书,第 153 – 159 页。

83. 同上书,第 159 页。

84. 同上书,第 160 页。

85. 同上书,第 169 页。

86. 见卡利尼科斯,《未来还有马克思主义吗?》,第 66 页,以及艾略特,《阿尔都塞》,第 229 页。

87. P. 赫斯特,《论法律与意识形态》(*On Law and Ideology*)(London: Macmillan 1979),第 60 页。 180

88. 《列宁与哲学及其他论文》,第 201 页;也见《阅读资本》,第 253 页。

89. 同上书,第 180 页。

90. 同上书,第 252 页。

91. K. 索帕,《人道主义与反人道主义》(*Humanism and Anti-Humanism*)(London: Hutchinson, 1986), 第 104 – 106 页。

92. E. P. 汤普森,《理论的贫困及其他论文》(*The Poverty of Theory and Other Essays*)(London: Merlin, 1978), 第 147 – 148 页。

93.《阅读资本》, 第 233 页, 第 267 页。

94. 汤普森,《理论的贫困》, 第 103 – 107 页;艾略特,《阿尔都塞》, 第 169 页。

95. P. 安德森,《在历史唯物主义轨道上》(*In the Tracks of Historical Materialism*)(London: Verso, 1983), 第 37 – 38 页。

96. 见《事物的秩序:人文科学考古学》(*The Order of Things: An Archaeology of the Human Sciences*)(London: Routledge, 1970), 第 261 页;这一点在下面的第三章阐述。

97.《列宁与哲学及其他论文》, 第 219 页。

98. 本顿,《结构主义马克思主义的兴衰》, 第 105 页;艾略特,《阿尔都塞》, 第 232 页。

99. 引自艾略特,《阿尔都塞》, 第 181 页。

100. M. 杰伊,《马克思主义与整体性:一个概念的冒险——从卢卡奇到哈贝马斯》(*Marxism and Totality: The Adventures of a Concept from Lukacs to Habermas*)(Cambridge: Polity, 1984), 第 411 页。作为关于抵抗问题的论战,这一点也将出现在福柯的著作中。

101. N. 普兰扎斯,《国家,权力,社会主义》(*State, Power, Socialism*)(London: Verso, 1980), 第 31 页。

102. 伊格尔顿,《意识形态》, 第 149 页。

第三章 福柯与政治学的终结

1. M. 福柯,“主体与权力”,为 H. 德雷弗斯和 P. 拉比诺德的《米歇尔·福柯:超越结构主义和解释学》(*Michel Foucault: Beyond Structuralism and Hermeneutics*)(Brighton: Harvester, 1982)所写的后记,第 208 页。
2. 《规训与惩罚》,第 26 页。
3. 同上书,第 293 页,也可参看第 115 页,第 257 – 263 页。
4. 关于前一观点,参看 M. 卡曾斯和 A. 侯赛因,《米歇尔·福柯》(*Michel Foucault*)(London Macmillan, 1984),第 240 页,以及 A. 霍奈特,《权力批判:批判社会理论中的反思舞台》(*The Critique of Power: Reflective Stages in a Critical Social Theory*),K. 拜因斯译(Cambridge, Mass.: MIT Press, 1991)。关于后一观点,参看 B. 杰索普,《国家理论》(*State Theory*)(Cambridge, Polity, 1990),第 234 – 238 页,P. 迪尤斯,《解体的逻辑:后结构主义的思想与批判理论的主张》(*Logics of Disintegration: Post-Structuralist Thought and the Claims of Critical Theory*)(London: Verso, 1987),第 145 – 148 页,以及 B. 弗兰克尔,《超越国家? 主流理论和社会策略》(*Beyond the State? Dominant Theories and Social Strategies*)(London: Macmillan, 1983),第 16 页,关于福柯的暧昧性参看 J. 柯亨和 A. 阿拉托,《市民社会与政治理论》(*Civil Society and Political Theory*)(Cambridge, Mass.: MIT Press, 1992),第 282 – 286 页。
5. 福柯,《权力话语》(Discourse on Power),载《马克思评论》(*Remarks on Marx*)(New York: Seminotext(e), 1991),第 163 – 164 页。
6. 福柯,“社会保障”(Social Security),载《政治、哲学、文化:访谈与杂论(1977 – 1984)》,第 67 – 68 页。

7. 福柯,“思想体系史,1979”(History of systems of Thought, 1979)作为“福柯在法兰西学院 II:夏季课程,詹姆斯·伯诺尔撰写导言”出版,载《哲学与社会批判》(*Philosophy and Social Criticism*)第 8 卷,第 3 期(1981),第 350 – 359 页,第 355 页。

181 8. 1979 年 4 月 4 日在法兰西学院的讲演,转引自 C. 戈登,“治理的合理性:导论”,载 C. 戈登与 P. 米勒(主编)的《福柯效应:治理术研究》(*The Foucault Effect: Studies in Govermentality*)(Hemel Hempstead: Harvester, 1991),第 23 页。

9.《规训与惩罚》,第 116 页。

10.《性史》,第 118 – 119 页,还可参看第 149 – 150 页。

11.“性史”,载《权力/知识:访谈与其他作品》,第 188 页。

12.“治理术”,载《福柯效应》,第 103 页。

13.“真理与权力”,载《权力/知识:访谈与其他作品》,第 122 页。

14. 尽管福柯没有将这些权力描述成下层建筑,但是这种解读为他的“下层权力”这个概念提供了一种新的意义。此外,鉴于这些下层权力不同于法律,因此将规训机制描述为“相对自动的”观点(《规训与惩罚》,第 301 – 302 页,以及“性史”,第 188 页)就变得更为引人入胜了。

15. 参看“两篇讲演”,载《权力/知识:访谈与其他作品》,第 94 页;关于讨论,参看 A. 亨特,《法律与社会研究:法律建构的理论之探讨》(*Explorations in Law and Society: Towards a Constitutive Theory of Law*)(London: Routledge, 1993),第 12 章,以及 F. 伦特里西亚,《埃里厄尔与警察》(*Ariel and the Police*)(Brighton: Harvester, 1988),第 1 章。

16.“真正的肉体规训建构了形式、司法自由的基础”,《规训与惩罚》,第 222 页;还可参看"真理与权力",第 122 - 123 页,在这里福柯把权力描述为国家的基础。

17.《规训与惩罚》,第 27 页。

18.《权力批判》,第 179 页。

19. 卡曾斯和侯赛因,《米歇尔·福柯》,第 231 页。

20.《规训与惩罚》,第 29 页,还可参看第 177、205、293 - 294 页。

21.《规训与惩罚》,第 48 - 49、53、82、115 - 116、205 页;《性史》,第 137 - 138 页;"关于地理学的问题",载《权力/知识:访谈与其他作品》,第 71 页。

22.《规训与惩罚》,第 208 - 209 页;还可参看"两篇讲演",第 106 页。

23. 他的评论可以为证:"[性史]计划的全部观点在于重新讨论权力理论"(《性史》,第 187 页)。尽管这种观点的真正出现是在 1970 年以后的著作中,但是关于这一观点,人们也不要小瞧他的前期著作。从 1970 年开始,他有意识地试图解决所遇到的权力问题;在 1970 年的法兰西学院就职讲演中,从考古学向谱系学的转变同样是向关注知识生产的机构条件的转变。参看"话语的秩序",载《社会科学信息》(*Social Science Information*)第 10 卷,第 2 期(1971),第 7 - 33 页。然而一旦当权力主题占据了中心舞台,人们就可以回到他的早期作品中阅读这一主题。正如爱德华·萨伊德在《世界、文本和批判》(*the World, the Text, the Critic*)(London: Faber, 1984)(第 243 页)中所指出的那样,福柯的早期作品完全没有意识到自己的理论力量。在阅读《规训与惩罚》之后,重新阅读《疯癫与文明》,人们只能惊异于他的早期作品多么具有先见之明。福柯后来也认识到这一点:"当我现在(1977 年)回头思考时,我自问,在《疯癫与文明》

和《临床医学的诞生》中,我所谈论的除了权力之外,还有其他东西吗? 然而我完全意识到,我根本不曾使用权力这个词,在我所处理的东西中,也从来没有这样的分析领域。”(“真理与权力”,第 115 页)。

24. “两篇讲演”,第 88 页;还可参看《性史》,第 82 – 83 页。

25. 《性史》,第 5、131 页;“身体/权力”,载《权力/知识:访谈与其他作品》,第 59 页;“权力与性”,载《政治、哲学、文化:访谈与杂论(1977 – 1984)》,第 113 页;“两篇讲演”,第 90 – 91 页。

182 26. 《性史》,第 140 – 141 页。事实上,福柯自己很清楚在使用“压抑”这个概念,例如,他认为 1968 年事件表明,知识的交流起着双重压制的作用,而他自己讨论监狱的著作就是对压抑的斗争,见“革命行动:到现在为止”,载《语言、反记忆、实践:米歇尔·福柯论文与访谈选集》(*Language, Counter – Memory, Practice: Selected Essays and Interview by Michel Foucault*), D. 布沙尔编(New York: Semiotext(e), 1987)与 R. 基特, “社会理论中的人类身体:赖希、福柯与压抑假说”,载《激进哲学》(Radical Philosophy), 第 42 期(1986),第 24 – 32 页。

27. 《规训与惩罚》,第 274 – 275 页、第 218 – 221 页;《性史》,第 141 页、第 123 – 125 页;“两篇讲演”, 第 105 页;“犯罪政治学”,载《党派评论》(*Partisan Review*),第 43 卷,第 3 期(1976),第 453 – 459 页,第 459 页。

28. 《规训与惩罚》,第 308 页;参看 G. 罗斯,《虚无主义辩证法:后结构主义与法律》(*Dialectic and Nihilism: Post – Structuralism and Law*)(Oxford: Blackwell, 1984), 第 179 页。

29. 霍奈特,《权力批判》,第 191 页。

30. 《规训与惩罚》,第 177 页、第 80 页、第 89 页。当然我讨厌人们把我解读成那些“弱智评论家”(《事物的秩序》(London: Tavistock, 1970), 第 xiv 页)中的一员,这些评论家试图将福柯强加进结构主义者(或后结构主义)阵营,但是如果他摈弃了关于诸如动因这些问题的明显相似性,那么他就会深陷在申辩的危险之中。

31. 霍奈特,《权力批判》,第 183-184 页。
32. “真理与权力”,第 121 页,着重号为引者所加;还可参看《性史》,第 91 页。
33. 《真理与权力》,第 122 页。
34. “两篇讲演”,第 102 页;还可参看第 105 页。
35. 这一点在后期著作中也是一样的,例如,当他把向治理术的转变描述成从主权向规训的转变时;“治理术”,第 103 页。
36. 《规训与惩罚》,第 194 页;“真理与权力”,第 119 页;《性史》,第 144 页。
37. 《规训与惩罚》,第 223 页。
38. “两篇讲演”,第 106 页。
39. 《性史》,第 90-91 页。
40. “治理术”,第 95 页。
41. 《性史》,第 109 页。
42. 亨特,《法律与社会研究》,第 12 章,以及 A. 亨特和 G. 威克曼,《福柯与法律》(*Foucault and Law*)(London: Pluto, 1994), 第 3 章。
43. 《规训与惩罚》,第 222-223 页;还可参看第 177 页,第 231-232 页。
44. 同上书,第 301-304 页。
45. 同上书,第 22 页;“两篇讲演”,第 106-107 页。

46. 卡曾斯和侯赛因,《米歇尔·福柯》, 第 238 页;J. 哈贝马斯,《现代性的哲学话语》(*The Philosophical Discourse of Modernity*), F. 劳伦斯译(Cambridge: Polity, 1987), 第 290 页;P. 赫斯特,《法律,社会主义与民主》(*Law, Socialism and Democracy*)(London: Allen & Unwin, 1986), 第 50 页;N. 普兰扎斯,《国家,权力与社会主义》(*State, Power, Socialism*), P. 卡米勒译(London: Verso, 1978), 第 77 页。

47.《规训与惩罚》, 第 227 – 228 页。

48. 霍奈特,《权力批判》, 第 197 页。事实上,尽管这样的批判相当常见,但是它并没有公平地对待福柯观点的某些精微之处。例如,尽管事实上,工厂、监狱和兵营显然不同,这种不同部分
183 地植根于在司法上自由或不自由的主体在其中的地位,但是它们因不同的方式而不同。无疑,从司法上讲,工厂是以自由劳动为基础的,与迫使主体坐牢的强制完全相反,但是在兵营,一个人既在司法上是自由的,同时也服从另外一种法律——军法——在自己的法庭中采取的是规训形式。军事或军队在福柯分析中的重要性非常明显。

49.《规训与惩罚》, 第 303 页。

50.《性史》, 第 139 页。

51.《规训与惩罚》, 第 30 页。

52. 罗斯,《虚无主义辩证法》, 第 178 页。

53.《性史》, 第 144 页。

54. 同上书,第 89 页。

55. 见 P. 菲茨帕特里克,《现代法律神话学》(*The Mythology of Modern Law*)(London: Routledge, 1992), 第 128 – 129 页;A. 侯赛因,"福柯的性史", m/f 第 5 卷, 第 6 期(1981), 第 169 – 191 页,

第 176 页;J. 闵森,《道德谱系学:尼采,福柯,多泽罗特与伦理学的怪异》(*Genealogies of Morals*: *Nietzsche*, *Foucault*, *Donzelot and the Eccentricity of Ethics*)(London: Macmillan, 1985), 第 91 页。

56. 见罗斯,《虚无主义辩证法》,第 191 – 192 页。

57. 《性史》, 第 144 页。F. 埃瓦尔德试图捍卫福柯,其理由是,规范与法律本身并不对立,只是与"司法"对立,司法是表达主权者的权力的法律机构。这种观点并不令人信服。因为,首先福柯那么多的评论并没有将法律与司法分立,事实上却是这两个术语之间变换。其次,埃瓦尔德本人恰恰在做这样的变换,证据是,他评论说,"就生物权力而言,司法的任何提法都是幻觉,因为生物权力语言完全是技术性的,与法律本身没有关系"。见"规范、规训与法律",《表现》(*Representations*), 第 30 期(1990), 第 138 – 161 页, 第 159 页, 着重号为本人所加。

58. 侯赛因, "福柯的性史", 第 177 页。

59. 关于"法律质询",见亨特,《法律与社会研究》(*Explorations in Law and Society*), 第 11 章。的确,福柯有时认识到法律在管制性规范方面的重要性,尤其是在与性欲的关系中。例如,见"监禁,精神病学,监狱"与"性的道德性与法律",载《政治学,哲学,文化:访谈及其他文章》, 尤其是第 205 页和第 271 页。然而,就我们所知,他并没有探讨非人法律主体问题。鉴于它们对现代资本主义、法治以及国家建构和管理它们的重要性——见第五章,这是一个重大的疏忽。

60. 霍奈特,《权力批判》, 第 166 页。

61. 《规训与惩罚》, 第 184 页。

62. 同上书,第 144 页, 第 303 页;《性史》, 第 118 页, 第 126 页, 第

136 页，第 138 页，第 144 页，第 149 页。

63．“个体的政治工程学”，载 L. 马丁，H. 古德曼和 P. 赫顿（编），《自我工程学：米歇尔·福柯研讨会》（*Technologies of the Self: A Seminar with Michel Foucault*）（London: Tavistock, 1988），第 162 页。

64．《性史》，第 109 页。

65．普兰扎斯，《国家，权力，社会主义》，第 77 页；霍奈特，《权力批判》，第 173 页。关于监狱诞生的另外一种解释也描述了这一点，例如 M. 伊格纳提夫，《痛苦的正义措施：1750 – 1850 年工业革命时期的监狱》（*A Just Measure of Pain: The Penitentiary in the Industrial Revolution 1750 – 1850*）（London: Penguin, 1989）。

66．《规训与惩罚》，第 211 页。

184 67．M. 瓦尔泽尔，“米歇尔·福柯的政治学”，载 D. C. 赫伊（编），《福柯：批判读本》（*Foucault A Critical Reader*）（Oxford: Blackwell, 1986），第 54 页。

68．柯亨和阿拉托，“市民社会与政治理论”，第 285 – 286 页；罗斯，《虚无主义辩证法》，第 178 页。

69．“治理术”，第 102 – 103 页。

70．“思想体系史”，第 354 页。

71．见 C. 戈登，“公民的灵魂：马克斯·韦伯与福柯论合理性与治理”，载 S. 温斯特尔和 S. 纳什（编），《马克斯·韦伯，合理性与现代性》（*Max Weber, rationality and modernity*）（London: Allen & Unwin, 1987），第 299 页，以及 C. 戈登，“治理的合理性”，第 27 页；也见 M. 迪安，《批判的与有效的历史：福柯的方法与历史社会学》（*Critical and Effective Histories: Foucault's Methods and Historical Sociology*）（London: Routledge, 1994），第 153 页和第

176页。

72. 福柯谴责这些人说,他们的著作依赖于这样的假设:国家有一种统一性和一种严格的功能性。在另外的地方,他写道,“国家无非是一种治理术的多重政体的流动结果”。《解放》(*Liberation*),第30期,1984年6月,引自戈登,“公民的灵魂”,第304页。

73. “全体与唯一:‘政治理性’批判探讨”,载S. 麦克马林(编),《关于人的价值的坦纳讲演》(*The Tanner Lectures on Human Values*),第二卷(Cambridge: CUP, 1981),第246-249页。也见“个体的政治工程学”和“主体与权力”,第215页。

74. 《规训与惩罚》,第215-216页。

75. 福柯,“作为自由实践的自我关怀伦理学”,载J. 伯诺尔和D. 拉斯马森(编),《最后的福柯》(*The Final Foucault*)(London: MIT Press, 1988)。也见“主体与权力”,第224页,以及“肉体的忏悔”,载,《权力/知识:访谈与其他作品》,第208页。

76. 迪尤斯,《解体的逻辑》(*Logics of Disintegration*),第166页;伦特里西亚,《埃里厄尔与警察》,第48页。

77. 《规训与惩罚》,第211页,第298页,第303页。关于社会机体,载《规训与惩罚》,见第78页,第79页,第80页,第82页,第89页,第90页,第92页,第94页,第99页,第131页,第184页,第207页,第208页,第209页,第213页,第214页,第231页,第298页,第301页;“身体/权力”,第55页,“监狱谈话”,《权力/知识:访谈与其他作品》,第39页;“主体与权力”,第226页;“1968年5月的法国”,《关于马克思的评论》(*Remarks on Marx*),第144页。

78. “权力与策略”,《权力/知识:访谈与其他作品》;第142页;也见《性史》，第 187 页。

79. P. 帕斯丘诺，“政治的戏剧：资本监管的谱系学与繁荣的国家”，载《意识形态与意识》（*Ideology and Consciousness*），第 4 期（1978），第 41－54 页，第 52 页。

80. “犯罪政治学”，第 453－459 页；也见“地理学问题”，第 73 页；“关于权力的话语”，第 167－171 页，以及引自 D. Macey，《米歇尔·福柯的生活》（*The Lives of Michel Foucault*）（London: Hutchinson, 1993）的段落，第 385 页。诚然，一方面福柯是相当正确的——纳粹和苏联的确吸纳了自由民主国家所发展的方法，苏联也的确没有改变整个权力网络——但是由此得出结论说人们不必在国家政体或形式上加以区分就很荒谬了。福柯是被迫得出这样的结论的，因为没有国家－市民社会的分立，他就没有用来做出这种分立的概念工具。他（在“关于权力的话语中”）宣称，由于他关注的是 1849 年以前的事件，因此不能苛求他没有对整体主义的政体与非整体主义的政体之间做出区分，因为 18 世纪，整体主义国家并不存在。有鉴于此，人们很容易用类似他形容萨特的词汇来形容他。他认为，可以合适地说，辩证理性批判是“18 世纪的人臆想 20 世纪的壮
185 观而又可悲的努力”。（引自 D. 埃里本，《米歇尔·福柯》（London: Faber, 1991），第 161 页）因此我们可以说，福柯常常看起来是一个试图臆想 20 世纪的 18 世纪的人。

这一困境也解释了他随便使用“法西斯主义”的原因。德勒兹和古阿塔里的著作被他描述为不仅是希特勒和墨索里尼的法西斯主义而且是“我们之中的所有法西斯主义的战略对手，包括我们头脑中的、我们每一种行为中的法西斯主义，这种法西斯主义使得我们热爱权力，渴望各种主宰和剥削我们

的东西”。见《G. 德勒兹和 F. 古阿塔里，反俄狄浦斯:资本主义与精神分裂症》一书的前言，R. 赫尔利等译(London: Athlone, 1984)。在其他的地方,他认为“我们大家的头脑中都有法西斯主义”(“两篇讲演”, 第 99 页, 也见第 139 – 140 页)。也见关于杀害小女孩的凶手的“大众”反应的评论, 见梅西, 第 304 – 305 页。然而,与此同时,他反对请愿,理由是,它提到西德是法西斯分子(梅西, 第 394 页)并认为将戴高乐主义与纳粹主义等同起来的想法简直是“异想天开”(U. 米勒,《米歇尔·福柯的情感》(*The Passion of Michel Foucault*)(London: Harper Collins, 1993), 第 185 页)。造成这些混乱思想的原因大多是由于当时的知识分子氛围,尤其是面对“新哲学”的时候。关于这方面的讨论见米勒, 第 238 – 240 页, 特别是 P. 迪尤斯, “新哲学与福柯”,《经济与社会》(*Economy and Society*), 第 8 卷(1979), 第 127 – 171 页。这里的要点是,由于福柯摈弃了国家与市民社会的分立,因此,他没有概念工具来阐述对法西斯主义的充分理解。这一点我在“持久战,或一战接一战:施米特,福柯,法西斯主义”(载《哲学与社会批判》(*Philosophy and Social Criticism*), 第 22 卷, 第 2 期(1996))中有所阐述。

此外,鉴于福柯在解释监狱和现代权力的起源时,关注的是酷刑的终结,因此意味深长的是,恰恰是在法西斯的政体中,酷刑在 20 世纪得到了最明显的恢复。关于这一点请比较福柯的解释(或缺乏解释)与 T. 阿道尔诺和 M. 霍克海默尔的解释。见《启蒙辩证法》(*Dialectic of Enlightenment*), J. 卡明译(London: Verso, 1979), 第 231 – 236 页, 以及 T. 阿道尔诺,《否定辩证法》(*Negative Dialectics*), E. B. Ashton 译(London: Routledgc, 1973), 第 365 页。

81. 见J. 卢卡，“规训与资本主义的发展”，载B. 芬纳等(编)，《资本主义与法治：从异端理论到马克思主义》(*Capitalism and the Rule of Law: From Deviancy Theory to Marxism*)(London: Hutchinson, 1979)，第88–89页。

82. 见迪尤斯，《解体的逻辑》第187–188页；J. 多泽罗特，《对家庭的监管》(*The Policing of Families*)，R. 赫尔利译(London: Hutchinson, 1979)，第xxvi页，以及由G. 德勒兹撰写的前言，第ix页；戈登，“治理的合理性”第27–29页；G. 普洛卡西，“社会经济与贫困的治理”，伯切尔等(编)，《福柯效应》第151–168页。

83. E. 拉克劳和C. 穆夫，《领导权与社会主义策略：彻底的民主政治学之探讨》(*Hegemony and Socialist Strategy: Towards a Radical Democratic Politics*)(London: Verso, 1985)，第152–155页。

84. N. 穆泽里斯，《马克思主义还是后马克思主义》，载《新左派》，第167期(1988)，第107–122页，第119–120页。

85. P. 奥斯本，“没有限度的彻底主义？话语，民主与同一性政治学”，载，P. 奥斯本(编)，《法西斯主义与自由主义的限度》(*Socialism and the Limits of Liberalism*)(London: Verso, 1991)，第213页。

186 86.《现代性的哲学话语》，第242页。

87.《规训与惩罚》，第131页。

88. J. 多泽罗特，“对家庭的监管”；“促销社会”，载《经济与社会》，第17卷，第3期(1988)，第395–427页；“政治文化的贫困”，载《意识形态与意识》，第5期(1979)，第73–86页；“社会的流动性”，载《福柯的效应》。N. 罗斯，“心理学的情结：心智措施与社会管理”，《意识形态与意识》第5期(1979)，第5–68

页;“超越公/私部门:法律,权力与家庭”,载 P. 菲茨帕特里克和 A. 亨特(编),《批判法律研究》(*Critical Legal Studies*)(Oxford: Basil Blackwell, 1987);《治理灵魂:私人自我的塑造》(*Governing the Soul: The Shaping of the Private Self*)(London: Routledge, 1989);“发达自由主义中的政府职权与专家”,《经济与社会》第 22 卷, 第 3 期(1993), 第 283 – 299 页;以及 N. 罗斯和 P. 米勒,“超越国家的政治权力:治理问题”,《英国社会学杂志》(*British Journal of Sociology*), 第 43 卷, 第 2 期(1992), 第 173 – 203 页, 以及“治理经济生活”,载《经济与社会》,第 19 卷, 第 1 期(1990), 第 1 – 31 页。

89. 多泽罗特,《监管家庭》, 第 55 页。

90. 罗斯,《治理灵魂》, 第 127 页;也见“超越国家的政治权力”,第 181 页。

91. 罗斯,《治理灵魂》, 第 128 页;比较他在第 70 页关于“超越公/私部门”的评论。

92. 罗斯, 同上书,第 5 页。

93. 多泽罗特,《监管家庭》, 第 8 页, 第 94 页。

94. 在“治理家庭生活”中,罗斯和米勒同样认为,不用描述它的某些意义,治理术就是要增加财富的生产,而不是描述它的某些——甚至是基础层面上的——意义,例如,什么是“财富?它是如何生产的?

95. M. 巴雷特和 M. 麦金托什,《反对社会家庭》(*The Anti-Social Family*)(London: Verso, 1982), 第 101 – 103 页。

96. 罗斯,“超越公/私部门”, 第 68 页, 第 70 页;多泽罗特,《监管家庭》, 第 227 页。由于多泽罗特认为女人是社会机器工作的轴心,因此他遭到了女权主义的严厉批评就不足为怪了。见巴雷特和麦金托什,《反社会家庭》,以及 F. 贝内特等,“女权主义——社会的堕落?”,载《政治学与权力》(*Politics and Power*),第 3 期(London: Routledge, 1981);紧接着的是 P. 赫斯特在同一问题上对多泽罗特的支持性评论(“社会的起源”)。

97. 多泽罗特,“政治文化的贫困”,第 82 页;罗斯,《治理灵魂》,第 5 页,以及罗斯和米勒,“超越国家的政治权力”,第 189 页。

98. 多泽罗特,“政治文化的贫困”,第 82 页;“社会的流动性”,第 173 页。

99. 罗斯和米勒,“超越国家的政治权力”,第 191 - 192 页。

100. 罗斯,“心理学的情结”,第 60 页;“治理灵魂”,第 125 - 157 页。

101. 罗斯和米勒,“超越国家的政治权力”,第 189 页。

102. “关怀自我的伦理学”,第 12 页;《性史》,第 95 页;“权力与性”,第 123 页。

103. 事实上,福柯终结了将社会机体视为永恒战争的思想,这并没有什么奇怪的。它表明了没有国家与市民社会分立的研究所出现的问题,卡尔·施米特也摈弃了这个概念对子,他也终结了通过永恒战争的观念所理解的“政治概念”。施米特与福
187 柯之间的这种对比,以及它与法西斯主义对国家与市民社会分立的摒弃和战争的普遍性之间的联系,在拙作“永恒战争或不停的战争”中进行了追溯。

104. 《性史》,第 157 页;“性史”,第 191 页;“关怀自我的伦理学”;“论伦理学的谱系学:进步工作概述”,载《福柯读本》(*The Foucault Reader*),P. Rabinow 编(London: Penguin, 1984)。

105. “权力与策略”,第 137 - 138 页。在问到关于“平民”的问题

时,福柯回避了问题。见“论大众正义:关于毛主义的探讨”,载《权力/知识:访谈与其他作品》,第 22 页。也见 R. 科米,“挖掘压抑假设:福柯思想中的解放难题”,*Telos*, 67(1986), 1 第 111－119 页。关于平民的使用与“新哲学”之间的联系见迪尤斯,“新哲学与福柯”。

106. J. 西格尔,“逃避主体”,载《观念史杂志》,第 51 卷,第 2 期(1990),第 273－299 页,第 297 页。这一点可以解释为什么晚期的福柯联系围绕“自由主体”观念为基础的“自我关怀”和他对“人民自由”、对“我们大家都是生活和思考的主体”的信念来谈论伦理的“自由实践”的;——见“访谈”;“关怀自我的伦理学”,第 12 页,以及“真理,权力,自我:一次访谈”,载《自我工程学》,第 14 页。这也相应地可以解释为什么有些人认为福柯至少在后期著作中部分地克服了他的伦理困惑。也见 P. 迪尤斯,“后期福柯的主体转向”,《激进哲学》,第 51 期(1989),第 37－41 页。

107. 《规训与惩罚》,第 200 页。

108. 同上书,第 131 页。

109. 同上书,第 308 页。

110. P. 奥布奈恩,“惩罚的前景:19 世纪法兰西的监狱”(*The Promise of Punishment: Prisons in Nineteenth Century France*)(New Jersey: Princeton University Press, 1982),第三章;E. 戈夫曼,《避难所》(*Asylums*)(Harmondsworth: Penguin, 1968)。

111. 普兰扎斯,《国家,权力,社会主义》,第 149－50 页。普兰扎斯批评说关于平民的论证是“无根基的”,尽管他的批评是对的,但是应该指出的是,他自己也常常诉诸这样的阐述——全面评论见下面第四章注释 62。

112. “两篇讲演”，第82－85页；以及《规训与惩罚》，第27－28页；见迪尤斯，，第186－192页。

113. 见“什么是启蒙？”，《福柯读本》，“简约主义的自我”，《政治学，哲学，文化：访谈及其他文章》，第14页。

114. 参看R. 维斯克尔，《米歇尔·福柯：作为批评的谱系学》（*Michel Foucault: Genealogy as Critique*）（London: Verso, 1995）以及D. 欧文，《成熟性与现代性：尼采，韦伯，福柯以及理性的暧昧性》（*Maturity and Modernity: Nietzsche, Weber, Foucault and the Ambivalence of Reason*）（London: Routledge, 1994）. 也见T. 麦卡锡，《非纯粹理性批评》，《政治理论》，第18卷，第3期（1990），第437－469页。

115. M. 弗兰克，《什么是新结构主义？》（*What is Neostructuralism?*）（Minneapolis: University of Minnesota Press, 1989），第184页。

116. 马克思，“1843年9月致卢格的信”，《早期著作集》，第207页。

117. 正如迪尤斯指出的那样（《解体的逻辑》，第189页），一种福柯自己几乎都不可能相信的自发性。

118. A. 卡利尼科斯，《反对后现代主义：一种马克思主义的批评》（*Against Postmodernism: A Marxist Critique*）（Cambridge: Polity, 1989），第90－91页。

188 119. H. 马尔库塞，《对立面》（*Negations*）（Harmondsworth: Penguin, 1972），第86页。

120. “反抗无用吗？”，载《哲学与社会科学批评》，第8卷，第1期（1981），第3－9页。

121. “真理与权力”，第122－123页；“革命行动：‘直到现在’”，第230页。

122. 见 C. 卡斯托里亚蒂斯,《政治与社会文集》(*Political and Social Writings*),第 3 卷(Minneapolis: University of Minnesota Press, 1993),第 274 - 275 页。

123. 见伦特里西亚,《埃里厄尔与警察》,第 74 页;A. 卡利尼科斯,《未来还有马克思主义吗?》(London: Macmillan, 1982),第 161 - 162 页。

124. "真理与权力",第 114 页。同样,见他在"肉体的忏悔"中的评论:"我的立场是,我仿佛在进行一场战争",第 209 页。

125. "两篇讲演",第 90 - 91 页。

126. 《性史》,第 93 页。围绕"战争"和"政治学"的这些令人恐惧的引文都是福柯摘引的。在《规训与惩罚》中,关于"政治学"与战争之间的关系,他同样做了大量的摘引,第 168 页。在"权力与性"中他对"法律"与"战争"作为两种模式做了对比。

127. "和平装饰的战争",载《牛津文学评论》(*Oxford Literary Review*),第 4 卷,第 2 期(1980),第 15 - 19 页,第 16 页,重点号为本人所加。他还认为这种任务就是要破解战争的这种**永恒性**的密码。在追问战争是否是"首要的"、"基本的"、"最终的"关键性的决定因素、政治机构的"内核"这样的问题时,福柯并没有做出否定的回答。

128. F. 尼采,"希腊国家",《道德的谱系》,C. 迪特译(Cambridge: CUP, 1994),第 183 页。

129. 引自 P. 帕斯丘诺,"战争与和平的政治理论:福柯与现代政治理论史",《经济与社会》,第 22 卷,第 1 期(1993),第 77 - 88 页,第 83 页。

130. "两篇讲演",第 91 - 97 页。在第 91 页,他把"国内和平"描述为战争的继续。

131. 见霍奈特,《权力批评》,第157页。比较J. 劳斯,"权力/知识",载G. 古廷(编),《剑桥福柯指南》(*The Cambridge Companion to Foucault*)(Cambridge: CUP, 1994),第109页。

132.《虚无主义辩证法》,第178页。

133.《临床医学的诞生》,A. 谢里丹译(London: Routledge, 1973),第xvi页

134.《肉体的忏悔》,第208页。福柯要求我们在向观念开展时,不要用战争的模式。这一点使得他的这一要求有点让人摸不着头脑(《关于马克思的评论》,第180-181页)。

135.《性史》,第137页。

136. 同上书,第102页。

137.《规训与惩罚》,第308页。国家与战争的扩展是没有关系的,这种观点可以追溯到与福柯关系密切的那些作者的著作中。例如,德勒兹和古阿塔里也颠倒了克劳塞维茨的话,认为战争机器并不是植根于国家权力之中的,它"改变了我们现在宣称要加以控制、加以围绕的整个地球的平稳空间。战争本身完全被超越了,它一直在走向一种更为可怕的和平形式。战争机器已经控制了这个目标,控制了全世界的秩序,国家不过是适应这种机器的客体或工具。"《千年平稳期:资本主义与精神分裂症》(*A Thousand Plateaus*: *Capitalism and Schizophrenia*),B. 马苏米译,(London: Athlone, 1988),第421页,但是一般的论述见第十二章。注意战争与和平之间的差别是如何被抹杀的、留给我们的只有战争。

189 138."人性:正义与权力",F. 埃尔德斯(编),《自反性的水:对人类的基本关注》(*Reflexive Water*: *The Basic Concerns of Mankind*)(London: Souvenir, 1974),第133-197页,第182页。

139.《规训与惩罚》，第162页。这里可以看到韦伯的未言明的影响："军队的规训孕育了所有的规训"；见"规训的意义"，载《自马克斯·韦伯以来》，(*From Max Weber*)，H. H. 格特和C. 怀特·米尔斯编译(London: Routledge, 1948)，第261页。事实上，在这里无论是韦伯还是福柯都很在理，可惜福柯没有真正阐述这一点。例如在英国，第一部监狱规训法规——1899年监狱条例——很明显是依照军事规训法规制定的。尽管1970年司法介入了监狱规训，但是军事法规和作风一直在监狱生活中占主导地位。监狱中需要快速的"正义"——因此对囚犯权利的限制——都是基于下述理由进行辩护的："当一个人因为违反规训被带到指挥官面前时，无论是在武装部队，还是在航行的船上，从来不曾有过允许他请律师的做法。案件必须尽快裁决才是第一要务。"(丹宁勋爵：*Fraser v. Mudge* [1975]，重点号为本人所加)关于这一点见E. 菲茨杰拉德，"监狱规训与法庭"，载M. 麦奎尔等(编)，《问责与监狱：打开一个封闭的世界》(*Accountability and Prisons: Opening Up a Closed World*)(London: Tavistock Publications, 1985)，以及S. 利文斯通和T. 欧文，《监狱法：文本与资料》(*Prison Law: Texts and Materials*)(Oxford: OUP, 1993)，第七章。值得注意的是，1992年的监狱安全法恢复了暴乱罪，而监狱长和管教人员一直都将军训作为基本训练的一部分。然而军事作为制度规训形式中的另类模式没有理由作为一般社会模式来运用。也见下面第五章注释164。

140.《规训与惩罚》，第168－169页。

141. 见霍奈特，《权力批评》，第五章。

142. F. 恩格斯，《英国工人阶级的状况》(*The Condition of the Work-*

ing Class in England）（London：Granada，1969），第 58 页。

第四章　英国的规范性

1．G. W. F. 黑格尔，《法哲学原理》，前言，第 21 页。诺克斯译本上有费希特要人民在护照上签字，并在上面印上他们的肖像。

2．同上书，第 261 页。详情见《护照简史》（*A Brief History of Passports*）（London：UK Passport agency，1992）．也见 B．特纳，《公民身份与资本主义》（*Citizenship and Capitalism*）（London：Allen & Unwin，1986），第 80 页，第 119 页，第 128 页。

3．T. H. 马歇尔，“公民身份与社会阶级”，载 T. H. 马歇尔和 T. 博特摩尔，《公民身份与社会阶级》（*Citizenship and Social Class*）（London：Pluto press，1992），第 18 页。

4．B．特纳，“当代公民身份理论问题”，载 B．特纳（编），《公民身份与社会理论》（*Citizenship and Social Theory*）（London：Sage，1993），第 10 页，以及《公民身份与资本主义》，第 85 页。

190 5．M．曼，《社会权力的来源》，第二卷，《阶级与民族国家的兴起（1760－1914）》（*The Rise of Classes and Nation-States*，1760－1914）（Cambridge：CUP，1993），第 122 页，第 513 页，第 523－525 页，第 533－535 页。

6．引自 M．本特利，《没有民主的政治学（1760－1914）》（*Politics Without Democracy* 1815－1914）（London：Fontana，1984），第 80 页。

7．麦考莱，“1831 年 3 月 2 日的讲演”，再版于 J．B．科纳彻，《19 世纪英国议会民主的出现》（*The Emergency of British Parliamentary Democracy in the Nineteenth Century*）（London：John Wiley，1971），

第 24 页；W. 白芝浩，《英国宪法》(*The English Constitution*)(London: Fontana, 1963)，第 278 – 280 页。

8. P. 安德森，“资产阶级革命的概念”，载《英国问题》(*English Questions*)(London: Verso, 1992)。

9. K. 马克思，“基佐论英国革命一书的书评”，SE，第 254 – 255 页，前面的重点号是本人所加。也见《资本论》第二版前言，载《资本论》第一卷(Harmondsworth: Pengui，与《新左派评论》杂志社联合出版，1976)，第 97 页。这样的解释在“共产党宣言”中也可以读到。它表明，与英国等其他欧洲国家不同，德国没有出现过资产阶级革命。见“1848 年革命”，第 98 页。

10. 详情见本特利，《没有民主的政治学》，第 88 页；N. 加什，《贵族与人民》(*Aristocracy and People*)(London: Edward Arnold, 1979)，第 152 页；A. 伍德，《19 世纪的英国》(1815 – 1914)(*Nineteenth Century Britain 1815 – 1914*)，第二版(London: Longman, 1981)，第 785 页；W. L. 古茨曼，《英国政治精英》(*The British Political Elite*)(London: Macgibbon & Kee, 1965)，第二、四章。

11. 加什，《贵族与民主》，第 152 页。D. C. 穆尔认为，1832 年不是被普遍地视为向中产阶级让步的年代，而是被普遍地视为“治疗”选举制度缺陷和选区代表故障的年代。D. C. 穆尔，“改革的另类面相”，《维多利亚研究》(*Victorian Studies*)，第 5 卷(1961)，第 6 – 34 页；“让步还是治疗：第一改革法案的社会学前提”，《历史杂志》(*The Historical Journal*)，第 9 卷，第 1 期(1966)，第 39 – 59 页。关于批判性讨论见 E. P. 亨诺克，“第一改革法案的社会学前提：批评注释”，《维多利亚研究》，第 14 卷(1971)，第 321 – 347 页。

12. 黑格尔："在改革法案之下，议会立法仍然掌握在这种阶级的手中，这种阶级在迄今为止存在的财产法中，拥有自己的利益，更拥有自己固定的习惯。"见"英国改革法案"，载《黑格尔政治著作集》(Hegel's Political Writings)，T. M. 诺克斯译(Oxford: OUP, 1964)，第309页。
13. "英国宪法"，SE，第282页；"宪章派"，SE，第263页。
14. 安德森的文章("当今危机的起源"，载《新左派评论》，23(1964)，第26-53页；"民族文化的组成部分"，载《新左派评论》，50(1968)，第3-57页；"持不同政见者"(The Figures of Dissent)，载《新左派评论》，161(1987)，第20-77页)都收录在《英国问题》一书中。也见"社会主义与虚假的帝国主义"，载《新左派评论》，35(1966)，第2-42页。T. 奈恩，"英国政治精英"，载《新左派评论》，23(1964)，第19-25页；"英国工人阶级"，载《新左派评论》，24(1964)，第43-57页；"工党的解剖构造-I"，载《新左派评论》，27(1964)，第38-65页；工党的解剖构造-II"，载《新左派评论》，28(1964)，第33-62页；"致命的全盛期"(The Fateful Meridian)，《新左派评论》，60(1970)，第3-35页；"英国国家的黄昏"(The Twilight of the British State)，《新左派评论》，101(1976)，第3-61页，重印载于《英国的崩溃》(*The Break-up of Britain*)(London: Verso 1981)。
191 15. 安德森，"当今危机的起源"，载《英国问题》，第22页。
16. 奈恩，《英国政治精英》，第20页。
17. E. P. 汤普森，"英国的特殊性"，载《理论的贫困》(London: Merlin, 1978)，第255页。
18. 这也是在马克思主义之外阐述的主题，例如见M. J. 威纳，《英国文化与工业精神的衰落(1850-1980)》(*English Culture*

and the Decline of the Industrial Spirit 1850 – 1980)(London: Penguin, 1985)。也见 W. D. 鲁宾斯坦,《英国资本主义、文化与衰落,1750 – 1990》(*Capitalism, Culture and Decline in Britain, 1750 – 1990*)(London: Routledge, 1993)。

19. 安德森,"起源",第 24 页。

20. 这类似于巴林顿·穆尔所追溯的三条"通向现代世界的道路"——导致资本主义和政治民主的资产阶级革命,导致威权资本主义(法西斯主义)的上层革命,以及导致共产主义的农民的革命。B. 穆尔,《专制与民主的社会起源:现代世界形成过程中的贵族与农民》(*Social Origins of Dictatorship and Democracy; Lord and Peasant in the Making of the Modern World*)(London: Penguin, 1967)。关于巴林顿·穆尔与安德森之间的比较,见 R. 约翰逊,《英国道路的特殊性:巴林顿·穆尔, 佩里·安德森与英国社会的发展》(*Peculiarities of the English Route: Barrington Moore, Perry Anderson and English Social Development*)(Birmingham University: 当代文化研究中心应制论文, 1976)。在其《绝对主义国家的谱系》(*Lineages of the Absolutist State*)(London: New Left Books, 1974)中,安德森本人也用到上层革命与下层革命的区分,第 431 页。

21. 在葛兰西的著作中,我们可以看到他对"意大利的特殊性"的关注,见本书第二章。关于德国情况的讨论见 D. 布莱克本和 G. 埃利,《德国历史的特殊性:19 世纪德国资产阶级社会与政治学》(*The Peculiarities of German History: Bourgeois Society and Politics in Nineteenth-Century Germany*)(Oxford: OUP, 1984),以及 R. J. 埃文斯,"德国错失革命的神话",《新左派评论》,149 (1985),第 67 – 94 页。寻找这些特殊性导致它自身的某些特殊性。正如埃利和 K. 尼尔德所写道的那样:“尽管 1914 年以前,英国没有人民大众支持的独立的工人阶级政党,这一点被看做是需要加以特别解释的反常情况,但是在德国,恰恰是由于存在着这样的一个政党而引起人们的注意:‘社会历史为何忽视了政治学?’”《社会历史》,第 5 卷,第 2 期(1980),第249－271 页,第 256 页。

22. A. J. 迈耶,《旧制度的持续:通往世界大战的欧洲》(*The Persistence of the Old Regime: Europe to the Great War*)(London: Croom Helm, 1981)。

23. 马克思在《资本论》第一卷第 29 章中的讨论在这里也用得上。西蒙·克拉克正确地指出,安德森与奈恩的阐释助长了这样的“错觉”:英国的统治阶级并不是资产阶级。见 S. 克拉克,“国家论战”,载 S. 克拉克(编),《国家论战》(*The State Debate*)(London: Macmillan, 1991),第 19 页。

24. 安德森,“起源”,第 30 页。

25. 普兰扎斯,“英国马克思主义政治理论”,《新左派评论》,43(1967),第 57－74 页。事实上,对葛兰西的依赖远胜于把领导权用作概念工具。正如致力于运用这种特殊性的知识来理解左派必须使用的策略一样,对国家历史特殊性的关注继续了葛兰西特别关注的观点之一。安德森后来承认,葛兰西式的分析因素导致了过于“文化”的转向。——见“持不同政见者”,载《英国问题》,第 167 页。

192 26. 安德森,“起源”,第 33 页。

27. 奈恩,“英国国家的黄昏”,载《英国的崩溃》,第 49 页。汤普森认为,阶级的“领导权”/“社团”性质只是对传统上社会主义者使用“革命”和“改革主义者”这样的词汇这种方法的重新阐述,而这并没有建构新的分析工具。这是一种误导,理由有二:第一,正如安德森本人所回答的那样,它表明,在把维多利亚式的帝国主义的意识形态描述为"领导权的"意识形态时,安德森和奈恩认为这种意识形态是"革命的"意识形态,这是一个不公平的描述。(见安德森,"社会主义与虚伪的帝国主义",第27页)第二,更为重要的是,它没有看到,使用"社团"这个术语表明把工人阶级具体地概念化为一个消极的客体。这是一个需要解决的问题,因为工人阶级被概念化为积极的历史动力(或至少潜在地是),这一点基本上是国家理论的主线。这一点我们在下文还有阐释。

28. 安德森,"起源",第26页;奈恩,"英国工人阶级",第44页。

29. 奈恩,"英国国家的黄昏",第50页。即便是法西斯主义和斯大林主义,在某种意义上也是这种失败的产物——《英国工人阶级》,第52页。

30. 我从R.约翰逊那里借用了"寻求理论的概念"这个用语,见"教育教育者:'专家'与国家,1833-1839",载A.P.多那吉格罗茨基(编),《19世纪英国的社会控制》(*Social Control in Nineteenth Century Britain*)(London: Croom Helm, 1977)。约翰逊只是用它来描述"社会控制"。

31. 见多那吉格罗茨基(编),《19世纪英国的社会控制》;D.梅洛西,《社会控制的国家》(*The State of Social Control*)(Cambridge: Polity, 1990);P.塞恩(编),《英国社会政策的起源》(*Origins of British Social Policy*)(London, Croom Helm, 1978)。E.卡门卡和A.泰伊(编),《法律与社会控制》(*Law and Social Control*)(London: Edward Arnold, 1980)。S.柯亨和A.斯卡尔(编),《社会控制和国家》(*Social Control and the State*)(Oxford: Blackwell,

1983)。这一概念也有另外的解释。例如,见F. 皮文和R. 克洛尔德,《对穷人的管制:公共福利的功能》(*Regulating the Poor: The Function of Public Welfare*)(London: Tavistock, 1974),第3页,第7页。

32. J. R. 海伊,"'雇主'对社会政策的态度与社会控制概念,1900-1920",载塞恩(编),《英国社会政策的起源》,第108页;也见多那吉格罗茨基,《19世纪英国的社会控制》导论,第9页;梅洛西,《社会控制的国家》,第3页,第172-175页。

33. 引自海伊,同上书,第109页。

34. J. 布朗,"社会控制与社会政策的现代化,1890-1929",载塞恩(编),《英国社会政策的起源》,第128页。

35. J. 迈耶,"对历史分析中所使用的社会控制定义的注解",载于柯亨和斯卡尔(编),《社会控制与国家》,第22页。迈耶接着说,需要克服对社会控制概念的这种扩展。就我的理解而言,这一点是对他本人所认识到的问题的重复和多样化。反之,斯坦利·柯亨认识到了社会控制概念所具有的问题,同时寻求扩展和缩小它。——见"社会控制谭:讲述修改变迁的故事",载D. 加兰德和P. 杨(编),《惩罚的权力:当代惩罚与社会分析》(*The Power to Punish: Contemporary penalty and Social Analysis*)(Aldershot: Gower, 1989),第102页。

36. V. 贝利,"'救世军暴乱','骷髅军队'(Skeletal Army)与地方市镇的法律机关",载多那吉格罗茨基(编),《19世纪英国的社会控制》。

193 37. 海伊,"'雇主'的态度",第110页。

38. G. 斯特德曼·琼斯,《阶级语言:英国工人阶级历史研究》(*Languages of Class: Studies in English Working Class History, 1832*

– *1982*)(Cambridge: CUP, 1983), 第 80 页。

39. 多那吉格罗茨基, "导论", 第 10 页;H. F. 穆尔豪斯, "历史, 社会学与英国工人阶级的沉静",《社会历史》,第 4 卷, 第 3 期(1979),第 481 – 490 页, 第 484 页。

40. S. 柯亨和 A. 斯卡尔, "导论:历史与社会学中的社会控制",《社会控制和国家》, 第 6 期。正如尼可拉斯·罗斯所指出的那样, 柯亨和斯卡尔终结了将社会控制这一翻新的版本用作解救自身失败的方案的做法。N. 罗斯, "超越公/私部门:法律权力与家庭",载 P. 菲茨帕特里克和 A. 亨特(编),《批判法律研究》(*Critical Legal Studies*)(Oxford: Blackwell, 1987), 第 76 页, 注释 28。比较我在上面的注释 35 中柯亨的评论。

41. 海伊, "'雇主'的态度", 第 108 页;多那吉格罗茨基, "导论", 第 13 页;梅洛西,《社会控制的国家》,第 4 页, 第 173 页。

42. 埃利和尼尔德, "为什么社会历史忽视了政治学?", 第 252 页; K. 尼尔德和 J. 锡德, "等待葛兰西",《社会历史》, 第 6 卷, 第 2 期(1981), 第 209 – 227 页, 第 210 页。

43. R. 约翰逊, "教育教育者", 第 91 页。也见他的"关于英国工人阶级教育的笔记 1780 – 1850",载 R. 达尔等(编),《教育与资本主义》(Schooling and Capitalism)(London: Routledge, 1976), 在本书中,他认为"工人 – 文化控制"比"社会控制要好"。

44. 他试图用新葛兰西学派的方式来运用葛兰西的某些其他概念。这一点可以看作是对英国国家发展的替代性解释。在 M. 兰根和 B. 施瓦茨主编的《英国国家的危机(1880 – 1930)》(*Crises in the British State 1880 – 1930*)(London: Hutchinson, 1985)一书的导言中, 霍尔和施瓦茨认为,这一时期是讨论的焦点,其时国家危机重重,从历史上看,它标志着与前一时期的彻底断裂。因此可以将它视为自由主义的危机,新自由主义就是从这里产生的。由于这些情况的出现,发展出一系列集体形式来保持国家的管制,从而导致了对国家与市民社会之间边界的重新界定。从一个层面上来说,这完全是按照葛兰西自己的理解得出的观点,即从1870年起,国家日益复杂化,出现了市民领导权,因此需要发展一种阵地战。从这一点出发,霍尔和施瓦茨认为,“葛兰西表达了……对国家与市民社会之间关系的重建,‘政治学’观念的扩展,以及19世纪民族国家中的人民大众的整合的思想。”(第12页)他们宣称,整个历史过程,包括社会主义运动的发展,选举权的扩展,统治阶级内部派系林立,自由主义的发展,集体主义的出现,国家管制的成长,以及对每一个特殊国家的情况都有自己的特殊性的确认,都能通过葛兰西的“消极革命”概念得到最好的理解。其中,革命是上层发动的革命,目的是抢在下层的威胁之前行动,而人民大众并没有参加这样的革命,也没有在其中得到政治上的主动权。这标志着对国家与市民社会进行基本的重新调整。因此“一次世界大战后在英国占统治地位的政治策略形成了一种明显的消极变迁”。新自由主义和费边主义的意识形态事实上是对这种消极变迁的理论总结(第25–27页)。

194 这一观点的麻烦是,它实际上根本没有对这一时期英国国家的发展做出任何解释。他们注意到大量领域发生了根本性的变化,注意到一些具有重要意义的相当明显的发展。这些变化都被拉到一起,放在“消极革命”的标题下,藉此希望这个概念充当解释工具。但是事实上,它所起的作用只是推行一个葛兰西的概念。这一点回到葛兰西自己的著作就看得最清楚了。在葛兰西自己的著作中,这个概念也有很多困境。

在《狱中杂记》中，葛兰西用“消极革命”这个概念描述的既是没有大众参与的革命——国家通过一系列的改革所实现的现代化——又是一种“分子式的”社会变迁——资产阶级慢慢地给官方政治力量施加压力。因此它试图将它视为葛兰西式的“资产阶级革命”的版本。然而在“关于意大利历史的笔记”中，葛兰西既是在与其他欧洲国家又是在与意大利的整个发展关系中来使用这个概念的。他认为，1789年以来，一直到新政和法西斯主义，整个欧洲的历史都包含着一个消极的方面。——《狱中杂记》，第118－120页。

关键的问题在于，这个概念是一个非常明显的双重定义，又被尽其可能地应用到各种不同的历史事件上，因此它看起来能在一个如此一般性的层面上起作用，以致缺乏明确的解释力量。可以说，葛兰西在使用“消极革命”这个概念时，至少认识到国家的回应和发展，以便避免非消极的革命变革，但是作为一种理论工具，在考察具体的历史时期和特定的国家时，它缺乏针对性。在霍尔和施瓦茨的导论中反映了这一点：所引入的这个概念提供了特定的理论方向，但是没有给其他的有用分析增色。从这一点出发，就会得出这样的结论：在一个葛兰西概念看起来有用的地方，它被用来描述处境，假定这是一种充分的解释。这一点还可以用到其他的葛兰西概念上：知识的增加与知识所关注的集团的管理是由“有组织的国家知识分子”完成的。（霍尔和施瓦茨，第19页）

45. 梅洛西，《社会控制的国家》，第169－176页，第184－185页。我们发现，那些运用葛兰西方法的人觉得福柯的某些概念很合用，这并不令人奇怪。因此霍尔和施瓦茨宣称（第19页），他们认为英国国家的发展是一种消极革命的形式，可以被称之为福柯所说的“话语繁殖”的典范，其中新的社会主体看起来是管制的潜在客体。也见 R. 戴维森“游移在‘控制’与‘规训’之间”，载《后维多利亚与爱德华时代的英国白厅与劳工问题》(*Whitehall and the Labour Problem in Late-Victorian and Edwardian Britain*)(London: Croom Helm, 1985)，第 157 – 160 页。

46. J. 福斯特，《阶级斗争与工业革命》(*Class Struggle and the Industrial Revolution*)(London: Weidenfield & Nicolson, 1974)，第 254 页。也见他的“英国帝国主义与工人贵族”，载 J. 斯凯利(编)，《总罢工，1926》(*The General Strike, 1926*)(London: Lawrence & Wishart, 1976)。

47. R. 格雷，《维多利亚时代爱丁堡的工人贵族》(*The Labour Aristocracy in Victorian Edinburgh*)(Oxford: Clarendon Press, 1976)，第 188 – 189 页。

48. F. 恩格斯，“1845 – 1885 年的英国”，重印时作为 1892 年《英国
195 工人阶级的状况》英文版前言的一部分，(London: Granada, 1969)，第 31 页。

49. 见 V. I. 列宁，《作为资本主义最高阶段的帝国主义》，尤其是为法文、德文版所写的前言，以及《帝国主义与社会主义的分裂》。在后面这篇文章(1916 年 8 月)中，他做出了工人贵族是高工资的机会主义者这一列宁主义的经典解释。然而在(1917 年 1 月，刚好三个月之后)《关于 1905 年革命的讲演》中，他认为工人阶级最先进的部分就是高工资者。这两篇文章都被收在《列宁选集》(London: Lawrence & Wishart, 1964)第 23 卷中。见 J. 凯利，《工会与社会主义政治》(*Trade Unions and Socialist Politics*)(London: Verso, 1988)，第 33 页。

50. G. 麦克莱伦，《马克思主义与历史方法论》(Marxism and the

Methodologies of History)(London: Verso, 1981),第209页。

51. E. 霍布斯邦,“19世纪英国的工人贵族”,载《劳动者:劳工历史研究》(*Labouring Men: Studies in the History of Labour*)(New York: Anchor, 1967),第322页。也见他的“列宁与工人贵族”,载斯威齐和H. 马格多夫(编),《今日列宁》(New York: Monthly Review, 1970);“工人贵族论战”和“工人贵族反思”,载于他的《劳工世界:劳工历史再研究》(*Worlds of Labour: Further Studies in the History of Labour*)(London: Weidenfeld & Nicolson, 1984)。

52. 福斯特,《工人阶级与工业革命》;格雷,《维多利亚时代爱丁堡的工人贵族》,第9-10章;G. 克罗西克,《维多利亚时代社会的工匠精英》(*An Artisan Elite in Victorian Society*)(London: Croom Helm, 1978),第19页;F. 赫恩,《统治,正当性,与反抗:19世纪英国工人阶级的整合》(*Domination, Legitimation, and Resistance: The Incorporation of the Nineteenth Century English Working Class*)(Westport, Conn.: Greewood Press, 1978),第166-167页;T. 拉米斯,《工人贵族,1851-1914》(*The Labour Aristocracy, 1851-1914*)(Aldershot: Scolar Press, 1994);T. 莱恩,《工会使我们强大》(*The Union Makes Us Strong*)(London: Arrow Books, 1974),第二章:在社会历史中可以发现一种有用的批判性论战,第3卷(1978)。

53. 霍布斯邦,“19世纪英国的工人贵族”,第322页,第325页,第335-342页。

54. 福斯特,《阶级斗争与工业革命》,第29-30页。

55. E. P. 汤普森,《英国工人阶级的形成》(Harmondsworth, Penguin, 1968),第262页。

56. 斯特德曼·琼斯,《阶级语言》,第62-63页。

57. 福斯特,《英国帝国主义与工人贵族》,第 24 页。

58. 麦克莱伦,《马克思主义与历史方法论》,第 228 页。

59. 在这个意义上,奈恩将工人阶级的形成描述为巨大的悲剧是对的(《英国工人阶级》,第 52 页)。

60. 正如安德森和奈恩所宣称的那样。见 P. 安德森,《英国马克思主义的观点》(*Arguments Within English Marxism*)(London: Verso, 1980),第二章。

61. 尽管霍布斯邦关注的是它的后期,但是他完全是用"文化主义"的名词来讨论的,如:鱼与船、布帽、足球等等。E. 霍布斯邦,"英国工人阶级的形成(1870 - 1914)",载《劳工世界》,第 194 - 213 页。

62. 在第二章我们已经论证了阿尔都塞在局外有效地描绘了阶级斗争。在这里我们可以发展这一点。例如,普兰扎斯不断地提到阶级斗争,但是他对资本主义阶级结构的解释很大程度
196 上是受统治阶级而不是由工人阶级的活动决定。工人阶级是如此屈从于资产阶级领导权和意识形态的机器,以致人们纳闷,统治阶级到底在反对什么。尽管普兰扎斯批判米利班德、安德森和奈恩,认为他们把阶级斗争归结为阶级意识,但是他本人却不遗余力地关注阶级斗争的意识形态和政治维度。普兰扎斯运用阿尔都塞的层面概念,从概念上对各种层面进行了区分,大多只是探讨政治的和意识形态的层面。当开始真正讨论阶级斗争时,普兰扎斯最后步履维艰,被迫退回到含混的"阶级本能"上了,这一点与福柯的"平民精神"有些类似:"即使是在资产阶级意识形态的影响下,在工人阶级之中也总是存在列宁所说的工人阶级的'阶级本能'的重大突破"。——见《当代资本主义社会的阶级》(*Classes in Contempo-*

rary Capitalism)(London: NLB, 1975),第288页,第16-17页,第31页,以及《政治权力与社会阶级》(*Political Power and Social Classes*)(London: NLB, 1973),第124-128页。见本书第三章注释111。关于这一点上对普兰扎斯和福柯进行的对比,见B.杰索普,《国家理论:资本主义国家的适当地位》,第231-232页。这使得普兰扎斯陷入各种困境之中。例如,当他讨论法西斯主义的时候,他认为,经济斗争看起来只是发生在统治阶级各个不同的党派之间;对于工人阶级来说,"在法西斯主义的背景中,这种'阶级本能'与马克思列宁主义的意识形态没有任何联系,它所面对的是……小资产阶级的意识形态,是在后者的影响下形成的。"《法西斯主义与专制》(*Fascism and Dictatorship*)(London: Verso, 1979), 第146页。

与普兰扎斯相反, 约翰·霍洛韦和索尔·皮西奥托关注的是资本主义增长的规律,他们的分析植根于政治经济和作为形式的国家。他们认为,这一点可以使得他们更为关注斗争:"'形式分析'方法的最大优点在于,……为理解以阶级斗争的形式和内容的辩证法为基础的国家确立基本的前提条件。"见"导论:唯物主义国家理论之探讨",载J. 霍洛韦和S. 皮西奥托(编),《国家与资本:一种马克思主义的论战》(*State and Capital: A Marxist Debate*)(London: Edward Arnold, 1978), 第8-9页。然而, 西蒙·克拉克指出,由于这一论点是在霍洛韦和皮西奥托的著作中阐述的,因此它们看起来并没有看到他们对阶级斗争的强调,相反它们只是重视对资本的需求,而没有重视作为主要决定因素的工人阶级的斗争。它是资本的逻辑,而不是有待研究的斗争的逻辑。见克拉克,《国家论战》,第43页。

63. W. 伯纳菲尔德，“社会建构与资本主义国家的形式”，载 W. 伯纳菲尔德等(编)，《开放的马克思主义·第1卷：辩证法与历史》(Open Marxism Vol. I: Dialectics and History) (London: Pluto, 1992)，第93页。

64. M. 霍克海默尔，《批判理论》(*Critical Theory*)，M. J. 奥康奈尔等译(New York: Herder, 1972)，第213页。

65. N. 普兰扎斯，《国家，权力与社会主义》(*State, Power, Socialism*)(London: Verso, 1980)，第144页。

66. T. 阿道尔诺，“文化与管理”，《文化产业》(*The Culture Industry*)(London: Routledge, 1991)，第98页。

67. 《牛津英语词典》(*Oxford English Dictionary*)，第一卷，第二版(Oxford: Clarendon Press, 1989)，第163页。

68. G. 凯伊和 J. 莫特，《政治秩序与劳动法》(*Political Order and the Law of Labour*)(London: Macmillan, 1982)，第96页。

69. 它们是僵化的残余，就此而言，我们在这里也是在致力于一种
197 考古学的形式，尽管可能不是福柯所说的那种考古学。

70. R. F. 汉密尔顿，《资产阶级时代：马克思、恩格斯论英国，法国和德国》(*The Bourgeois Epoch: Marx and Engels on Britain, France and Germany*)(Chapel Hill: University of North Carolina Press, 1991)，第40页。也见 G. 加米雷尔，“‘资产阶级革命’批判”，载《法国革命反思：马克思与修正主义者的挑战》(*Rethinking the French Revolution: Marxism and the Revisionist Challenge*)(London: Verso, 1987)。关于通过思考结果而不是它的原因来“捍卫”资产阶级革命，以及这里所提出的“捍卫”的细微差别，见 C. 摩尔斯，《欧洲资产阶级的形成：绝对主义，革命和英国、德国和法国资本主义的兴起》(*The Making of Bourgeois Europe: Abso-*

lutism, *Revolution and the Rise of Capitalism in England*, *France and Germany*)(London: Verso, 1991)。

71. 这个词汇我引自 P. 金斯伯格,“葛兰西与意大利资产阶级革命的时代”,载 J. A. 戴维斯(编),《葛兰西与意大利的消极革命》(*Gramsci and Italy's Passive Revolution*)(London: Croom Helm, 1979), 第 37 页;也见布莱克本和埃利,《德国历史的特殊性》(*The Peculiarities of German History*), 第 167 页。

72. K. 马克思,“政治经济学批判”前言, 也见《资本论》,第一卷,第 29 – 31 章以及“巴枯宁《国家主义与无政府主义》概要”, FIA, 第 334 页, 在这里,马克思谴责了巴枯宁对社会革命没有任何理解,只有社会革命的一些政治词汇。在“共产党宣言”(Revs1848, 第 69 页)中, 他表述了资产阶级为何是“漫长发展过程中自身的产物,是生产和交换方式中一系列革命的产物”,它的每一步都“伴随着相应的政治发展”的方式。

73. “不足 100 年”的统治,见“共产党宣言”,Reus1848, 第 72 页。

74. 载布莱克本和埃利,《德国历史的特殊性》, 第 82 页;布莱克本在这本书的一篇文章中称之为沉默的资产阶级革命。我采纳了金斯伯格在过程与时刻之间所作出的区分,见“葛兰西与意大利资产阶级革命的时代”。

75. 马克思引自阿尔托普勋爵,见约翰·罗素勋爵,《关于英国的论文》(*Articles on Britain*)(London: Lawrence & Wishart, 1962), 第 452 页。也见罗素勋爵的评论(第 454):“改革法案的目的,就是要增加土地利益的主导地位,旨在解决一个伟大的宪法问题。”

76. P. 科里甘和 D. 塞耶尔,《伟大的拱门:作为文化革命的英国国家的形成》(*The Great Arch*: *English State Formation as Cultural*

Revolution)，第二版(Oxford: Blackwell, 1991)，第130页。

77. 马克思，"宪章派"，SE，第265页。

78. 汤普森，《英国的特殊性》，第260页；《英国工人阶级的形成》，第216－217页。

79. 汤普森，《英国的特殊性》，第261页；W. L. 朗格，《1832－1852年的政治与社会动乱》(*Political and Social Upheaval 1832－1852*)(New York: Harper Torchbooks, 1969)，第51页。事实上，这些观点还是有些小问题。如果金钱确实买到了"权力"，那么就可以论证说，贵族一直有一个更大的诉求。在1858－1879年间，从人口的百分比来说，500 000英镑以上的财富是以土地为基础的，而商业、金融和制造业的财富分别只有69英镑、19英镑和12英镑。见汉密尔顿在《资产阶级时代》(*The Bourgeois Epoch*)，第44页。另一方面，如果所给出的这种特征包括了资本主义的农业阶级，那么资产阶级倒是确实很有"钱"。诚然这一点并不是关于金钱本身的，而是关于阶级权力历史动力学的。

80. S. G. 切克兰德，《1815－1885年英国工业社会的兴起》(*The*
198 *Rise of Industrial Society in England 1815－1885*)(London: Longman, 1964)。关于联盟是如何利用工人阶级藉由宪章运动进行骚乱的问题，见L. 布朗，"宪章运动与反谷物法联盟"，见A. 布里格斯(编)，《宪章运动研究》(*Chartist Studies*)(London: Macmillan, 1962)。

81. 马克思，"托利党与辉格党"，SE，第257页。

82. M. 巴拉特·布朗，"远离所有伟大的拱顶：安德森的英国资本主义历史"，《新左派评论》，167 (1988)，第22－51页，第34页；A. 卡利尼科斯，"例外抑或先兆？英国的危机与世界体系”,载《新左派评论》, 169(1988), 第97-106页;E. M. 伍德,《资本主义的崭新文化:旧制度与现代国家史论》(*The Pristine Culture of Capitalism: A Historical Essay on Old Regimes and Modern States*)(London: Verso, 1991)。

83. 葛兰西,SPN, 第243-244页。

84. 安德森,《起源》, 第28页。

85. P. 高恩, “管理精英的起源”,《新左派评论》, 162(1987),第4-34页;B. S. 西尔伯曼,《理性的牢笼:法国、日本、美国和英国理性国家的兴起》(*Cages of Reason: The Rise of the Rational State in France, Japan, the United States, and Britain*)(Chicago: University of Chicago Press, 1993), 第10-12章。

86. 引自N. 加什,《皮尔时代的政治学:议会代表技术研究,1830-1850》(*Politics in the Age of Peel: A Study in the Technique of Parliamentary Representation, 1830-1850*)(Brighton: Harvester Press, 1977), 第347页。也见特里维廉对德亨和格拉德斯通的评论:“我们的高等贵族一直习惯于将《文职人员编制法》(the Civil Establishment)用作为提供给他们家族的流浪儿的手段”。引自O. 麦克唐纳,《早期维多利亚时代的政府(1830-1870)》(*Early Victorian Government, 1830-1870*)(London: Weidenfeld & Nicolson, 1977), 第199页。也见高恩, “管理精英的起源”,第20-22页, 以及J. 哈特, “洛斯科特-特里维廉报告的起源”,载G. 萨塞兰(编),《19世纪政府发展研究》(*Studies in the Growth of Nineteenth-century Government*)(London: Routledge, 1972)。

87. 引自麦克唐纳,《早期维多利亚政府》, 第203页。

88. 麦克唐纳的观点, 同上书,第二章。

89. H. C. G. 马休,《格拉德斯通, 1809 – 1874》(*Gladstone, 1809 – 1874*)(Oxford: OUP, 1988), 第 85 页。高恩,“管理精英的起源”,第 24 – 30 页, 很好地描述了格拉德斯通思想的柯勒律治方面(Coleridgean aspects)。也见 W. H. 格里利夫,《英国政治传统》(*The British Political Tradition*), 第三卷(London: Methuen, 1987), 第 157 – 159 页。

90. 高恩,《管理精英的起源》,第 18 – 19 页。

91. 引自 A. 布里格斯,《维多利亚时代的人民》(*Victorian People*)(Harmondsworth: Penguin, 1965), 第 169 页, 重点号为本人所加。

92. 格拉德斯通,“1854 年给约翰·罗素勋爵的信”, 引自 V. 克伦威尔,《革命还是进化:19 世纪英国政府》(*Revolution or Evolution: British Government in the Nineteenth Century*)(London: Longman, 1977), 第 139 – 140 页。

93. 见 1853 年 11 月 23 日格拉德斯通致洛斯科特的信, 全信见哈特,“洛斯科特 – 特里维廉报告的起源”。

94. 西尔伯曼,《理性的牢笼》,第 294 页,第 363 – 368 页。

95. 高恩,《管理精英的起源》,第 11 页、第 13 页以及第 31 – 32 页; 格里利夫,《英国政治传统》,第 249 页;麦克唐纳,《早期维多利亚政府》, 第 210 页。

96. 白芝浩,《英国宪法》。他指出,“传统的”部分就是要征服普通大众(第 65 页)。

97. 引自科里甘和塞耶尔,《伟大的拱顶》, 第 153 页。

199 第五章 英国的政治管理

1. P. 科洪引自 M. 迪安,《对穷人的建构》(*The Constitution of Pover-*

ty)(London: Routledge, 1991), 第 174 页。

2. J. 边沁,"论济贫法",引自 L. C. 博拉勒维,《边沁与被压迫者》(*Bentham and the Oppressed*)(Berlin: European University Inglitute, 1984), 第 98 页。
3. 《1834 年济贫法报告》(*Poor Law Report of 1834*), S. G. 和 E. O. A. 切克兰德编(Harmondsworth: Penguin, 1974), 第 334 页。在该法通过后 3 年,为了捍卫该法,查德威克论证说,"委员会可能会补充说,贫穷……是自然现象,是原初状态,是人的一般的、不可改变的状态;正如劳动是财富的源泉一样,贫穷是劳动的源泉。驱赶贫穷,就是驱赶财富。因此,贫穷并不是罪恶,只有赤贫才是罪恶,消除罪恶才是济贫法的真正目的。对赤贫者可以提供生活所需……但是任何根除贫穷的企图除了带来坏结果之外,不会有任何其他的结果。"引自迪安,《对穷人的建构》,第 175 页。
4. R. 托尼,《宗教与资本主义的兴起》(*Religion and the Rise of Capitalism*)(Harmondsworth: Penguin, 1938), 第 269 页;M. 布劳格,"老济贫法的神话与新济贫法的形成",《经济史杂志》(*Journal of Economic History*), 第 23 期(1963), 第 151 - 184 页。但是也见他在"济贫法再考察"一文中的评论,载《经济史杂志》,第 24 期(1964), 第 229 - 245 页。
5. S. G. & E. O. A. 切克兰德,《1834 年新济贫法报告》导论。
6. D. 弗雷泽,《英国福利国家的演变》(*The Evolution of the British Welfare State*)(London: Macmillan, 1973), 第 39 页;G. 希梅尔法伯,《贫穷的观念:工业时代初期的英国》(*The Idea of Poverty: England in the Early Industrial Age*)(London: Faber, 1985), 第 163 页。

7.《济贫法报告》,第 82 – 128 页。

8. 同上书,第 335 页。

9. 弗雷泽,《英国福利国家的演变》,第 41 页。在这里,由于与“穷人”这个词本身联系在一起,因此贫穷的劳动者与赤贫者之间的区分还不是很明显。济贫法委员会反对用“穷人”这个词来指称独立的劳动者和依附公共基金的人,因为他们认为这会导致混淆穷人本身,因为他们没有认识到,并不是每个人都有资格领取公共基金的;事实上,他们希望:因为他们被称作“穷人”,因此他们有资格领取基金。因为这一原因,委员会认为,1601 年的老济贫法的目的根本就不是给“勤劳的人”救济金,而是给病弱的人救济金。

10.《济贫法报告》,第 119 页,第 337 页,第 418 – 419 页。

11. G. 凯伊和 J. 莫特,《政治秩序与劳动法》(*Political Order and the Law of Labour*)(London: Macmillan, 1982),第 105 – 106 页。

12. N. 金斯伯格,《阶级,资本与社会政策》(*Class, Capital and Social Policy*)(London: Macmillan, 1979),第 51 页。

13. 例如,见,F. F. 皮文和 R. A. 克洛尔德,《管制穷人》(*Regulating the Poor*)(London: Tavistock, 1974);J. L. 哈蒙德和 B. 哈蒙德,《乡村劳动者》(*The Village Labourer*)(London: Longman, 1966);C. 琼斯和 T. 诺瓦克,“国家与社会政策”,载 P. 科里甘(编),《资本主义,国家形成与马克思主义理论》(*Capitalism, State Formation and Marxist Theory*)(London: Quartet, 1980);切克兰德和切克兰德,“导论”。

14. E. 霍布斯邦,《工业与帝国》(*Industry and Empire*)(Harmondsworth: Penguin, 1968),第 73 页;E. P. 汤普森,《英国工人阶级的形成》,第 737 页。

15. 希梅尔法伯,《贫穷的观念》, 第158页。 200

16.《济贫法报告》,第148-149页。

17. 弗雷泽,《英国福利国家的演变》,第37-38页;皮文和克洛尔德,《管制穷人》, 第21页。

18. 该报告引用1817年平民院委员会的话说,税收“将耗费财产的利润,利润率可能就是在此基础上核算的”,并认为维持穷人生计的费用耗费了我国的整个价值。第140-141页。

19.《济贫法报告》, 第156页。

20. 弗雷泽,《英国福利国家的演化》, 第38页。

21.《济贫法报告》, 第114页。

22. 同上书,第82页。

23. K. 威廉姆斯,《从赤贫到贫穷》(*From Pauperism to Poverty*)(London: Roudedge, 1981)。

24. 同上书,统计资料附录, 第158-163页。

25. 正如下文所表明的那样,50年后“失业”才变成了管理的一个范畴。

26. K. 马克思,《资本论》,第一卷,第28章。也就是说,马克思已经有了关于法律的产物、建构物和权力的观点。

27. S. E. 芬纳,《埃德温·查德威克爵士的生平和时代》(*The Lift and Times of Sir Edwin Gnadwick*)(London: Methuen, 1952), 第77页。

28. 关于解剖法,见R. 理查森,《死亡,解剖和穷人》(*Death, Dissection and the Destitute*)(London: Penguin, 1988),关于互助会见B. 苏普, “立法与德性:19世纪初工人阶级的自助与国家”,见N. 麦肯德里克(编),《历史视角:英国思想与社会研究》(*Historical Perspectives: Studies in English Thought and Society*)(London:

Europa, 1974)。

29. 凯伊和莫特,《政治秩序与劳动法》, 第106页。

30. O. 麦克唐纳,“19世纪的治理革命:再研究”,《历史杂志》,第1卷, 第11期(1958), 第52–67页;H. 帕里斯,“19世纪的治理革命:对再研究的再研究”,《历史杂志》,第3卷, 第1期(1960), 第17–37页, 以及《宪法上的官僚机构》(*Constitutional Bureaucracy*)(London: Allen & Unwin, 1969), 第九章;V. 克伦威尔,《革命与演化:19世纪的英国政府》(*Revolution or Evolution: British Government in the Nineteenth-Century*)(London: Longman, 1977)。

31. D. 罗伯茨,《维多利亚时代英国福利国家的起源》(*Victorian Origins of the British Welfare State*)(New Haven, Conn.: Yale University Press, 1960), 第93–95页。

32. 罗伯茨,《维多利亚时代英国福利国家的起源》, 第109–110页;芬纳,《埃德温·查德威克爵士的生平与时代》, 第88–90页。

33. A. 迪格比,《赤贫的宫殿》(*Pauper Palaces*)(London: Routledge, 1978), 第75页。

34. 芬纳,《埃德温·查德威克爵士的生平与时代》, 第88页。

35. 福柯,《规训与惩罚》, 第197页。

36. P. 斯奎尔斯,《反社会政策:福利,意识形态与规训国家》(*Anti-Social Policy: Welfare, Ideology and the Disciplinary State*)(Hemel Hempstead: Harvester, 1990),第49页, 第72页, 第83页。也见D. 梅洛西,“社会控制的建构与资本主义的工作组织”,载B. 芬纳等(编),《资本主义与法治》(*Capitalism and the Rule of Law*)(London: Hutchinson, 1979)。也见F. 德赖弗,《权力与赤

贫:济贫院制度(1834－1884)》(*Power and Pauperism: The Workhouse System 1834－1884*)(Cambridge: CUP, 1993)。济贫法“本质上”是规训的,这样的解读也延伸到了非福柯学派。例如,见M. 克劳瑟,《1834－1929年的济贫院制度》(*The Workhouse System, 1834－1929*)(London: Methuen, 1981),第65－66页。

37. 例如,凯伊－沙特尔沃斯评论说,济贫院应该“尽可能像监狱 201
一样”。塔夫内尔评论说,“当前,它们类似监狱的外貌……使人对它们望而生畏。”引自克劳瑟,《济贫院的制度》,第41页。汤普森,《英国工人阶级的形成》,第295页,引自一个委员会的观点:“我们的目的并不是建立一种严厉和令人生厌的规训,使得它们令穷人感到恐惧,拒人于门外。”

38. M. 休伊特,“生物政治学与社会政策:福柯的福利观”,载M. 费瑟斯通等(编),《身体》(*The Body*)(London: Sage, 1991),第242页。

39. J. B. 科纳彻,《19世纪英国议会民主的起源》(*The Emergence of British Parliamentary Democracy in the Nineteenth Century*)(London: John Wiley, 1971),第75－76页。

40. 德比勋爵将它描述为是盲目的冒险。我用H. F. 穆尔豪斯的话说它是“受控制的试验”(controlled experiment),“英国工人阶级的政治整合:一种解释”,载《社会学》,第7卷,第3期(1973),第341－359页。1866年的自由党政府估计,如果一个城镇的财产门槛被减至6英镑,那么新的工匠投票人数就会增加至大约250 000人;如果减至7英镑,那么投票人数就会是150 000人。1867年的保守党政府认识到居民资格在策略上的重要性,郡选区以及多次投票的“精选选举权”(“fancy franchises” of plural voting)的财产门槛是15英镑。这一结果是巨大的政治变革的表现,但是在这一变革中,最多只有30%的城市工人阶级的男性成人获得选举权。

41. 这最后一段的阐述是通过反思大量作家的著作而发展的。关于分类,见T. 理查兹,《帝国档案:知识与帝国的幻想》(*The Imperial Archive: Knowledge and the Fantasy of Empire*)(London: Verso, 1993),以及I. 哈金,《驯服概率》(*The Taming of Chance*)(Cambridge: CUP, 1990)。关于工人阶级的分解,见S. 克拉克,《国家论战》,载S. 克拉克(编),《国家论战》(*The State Debate*)(London: Macmillan, 1991),第33页;J. 霍洛韦"作为阶级实践的国家",载《政治经济研究》(*Research in Political Economy*), 3 (1980),第1-25页,以及"国家与日常斗争",载S. 克拉克(编),《国家论战》。关于"共同体",见E. & S. 耶欧,"关于'共同体'的用法:从欧文主义到当代",载S. 耶欧(编),《合作的新观点》(*New Views of Co-operation*)(London: Routledge, 1988),以及C. 科伯恩,《地方政府:关于城市与人民的管理》(*The Local State: Management of Cities and People*)(London: Pluto, 1977),第158-163页。以及论"想象的共同体",B. 安德森,《想象的共同体》(*Imagined Communities*)(London: Verso, 1983)。

42. T. H. 马歇尔,"公民身份与社会阶级",载T. H. 马歇尔和T. 博特摩尔,《公民身份与社会阶级》(*Citizenship and Social Class*)(London: Pluto, 1992)。

43. 同上书,第18页,第40页。

44. 同上书,第49页。

45. 同上书,第25页。

46. J. M. 巴巴雷特,《公民身份:权利,斗争与不足》(*Citizenship: Rights, Struggle and Inequality*)(Milton Keynes: Open UP, 1988),

第31页。

47. 马歇尔,《公民身份与社会阶级》,第20页。

48. 同上书,第28页。

49. 同上书,第10页。

50. A. 吉登斯,《社会理论概况与批判》(*Profiles and Critiques in Social Theory*)(London: Macmillan, 1982),第172页。

51. 马歇尔,《公民身份与社会阶级》,第21页,第25–26页。后来 202 在一篇谈论向身份的回归的文章中,这一点得到了严格的限定,即工资水平存在着差别,工人阶级被组织成了集团;换言之,他还是没有真正解决身份的核心问题。这一点我们将会在下文看到。

52. 吉登斯,《概况与批判》,第171–173页。

53. G. 斯特德曼·琼斯,《被抛弃的伦敦:维多利亚社会阶级关系研究》(*Outcast London: A Study in the Relationship Between Classes in Victorian Society*)(Harmondsworth: Penguin, 1976),第268页。

54. 威廉姆斯,《从赤贫到贫穷》,第98页。

55. 斯特德曼·琼斯,《被抛弃的伦敦》,第271–274页;C. 罗恩,"儿童福利与工人阶级家庭",载M. 兰根和B. 施瓦茨(编),《英国的危机,1880–1930》(*Crises in the British State, 1880–1930*)(London: Hutchinson, 1985)。

56. 克劳瑟,《济贫院制度》,第72–73页。

57. 弗雷泽,《福利国家的演变》,第121–122页。

58. 福柯,《规训与惩罚》,第191页。

59. J. 多泽罗特,《对家庭的监管》(*The Policing of Families*),R. 赫尔利译(London: Hutchinson, 1979),第117–122页,第66–68页。

60. G. 普洛卡西，“社会经济与治理贫困”，载 G. 伯切尔等（编），《福柯的效应》（*The Foucault Effect*）（Hemel Hempstead: Harvester, 1991），第 165 页；P. 斯奎尔斯，《反社会政策》，第 96 – 98 页；也见第 56 – 57 页。

61. 例如，斯奎尔斯的《反社会政策》，但是也见 J. 菲多，“1869 – 1900 年伦敦的慈善组织协会与社会工作”，载 A. P. 多那吉格罗茨基（编），《19 世纪英国的社会控制》（*Social Control in Nineteenth Century Britain*）（London: Croom Helm, 1977）；B. 韦布，《我的学徒生涯》（*My Apprenticeship*）（London: Longmans, Gree & Co., 1929），第 177 页；K. 伍德罗夫，《从慈善到社会工作：英国与美国》（*From Charity to Social Work, in England and the United States*）（London: Routledge, 1962），第二章。

62. B. 鲍桑葵，《关于国家的哲学理论》（*The Philosophical Theory of the State*）（London: Macmillan, 1899）。关于唯心主义与 COS 之间的关系以及国家的重要性的阐述，见 A. 文森特和 R. 普兰特，《哲学，政治学与公民身份：英国唯心主义者的生平与思想》（*Philosophy, Politics and Citizenship: The Life and Thought of the British Idealists*）（Oxford: Blackwell, 1984），第六章。

63. 引自威廉姆斯，《从赤贫到贫困》，第 130 页。

64. 同上书，第 130 – 134 页；克劳瑟，《济贫院制度》，第 87 页。

65. M. 巴雷特和 M. 麦金托什，《反社会家庭》（*The Anti-Social Family*）（London: Verso, 1982），第 47 页。

66. L. 斯通，《1500 – 1800 年英国的家庭，性与婚姻》（*The Family, Sex and Marriage in England 1500 – 1800*）（London: Penguin, 1977），第 28 页。

67. K. 马克思，“共产党宣言”，Revs 1848，第 70 页，第 83 页；R.

威廉姆斯,《关键词》(*Keywords*)(London: Fontana, 1976),第108–111页。

68.《国家,权力与社会主义》(*State, Power, Socialism*)(London: Verso, 1980),第72页。

69. 正如巴雷特和麦金托什所指出的那样,见《反社会政策》,第100–111页,多泽罗特本人对这一问题的回答是:因为。

70. E. 扎列茨基,《资本主义,家庭与个人生活》(*Capitalism, The Family, and Personal Life*)(London: PlutoPress, 1976),第61页。

71. 斯特德曼·琼斯,《被抛弃的伦敦》,第292页。有些人认为这场暴乱没有什么重要意义,最终只是增加了向梅杰勋爵基金的捐款,例如,见G. D. H. 科尔和R. 波斯特盖特,《平民》(*The Common People*)(London: Methuen, 1961),第422页。下面的几页将说明为什么说这种观点是完全没有道理的。

72. A. 马歇尔关于老年穷人的问题致皇家委员会,引自B. B. 吉尔伯特,《英国国民保险的演进》(*The Evolution of National Insur-* 203
ance in Great Britain)(London: Michael Joseph, 1966),第27页。

73. 鉴于"当人类……能够拯救的时候,这是它给自己确立的唯一任务"(马克思,"1859年前言"),因此国家只能接受它能管理的问题。

74. 见J. 汤姆林森,《1870–1945年英国的经济政策问题》(*Problems of British Economic Policy 1870 – 1945*)(London: Methuen, 1981),第一章,以及R. 戴维森,《白厅与后维多利亚和爱德华时代英国的劳工问题》(*Whitehall and the labour Problem in late-Victorian and Edwardian Britain*)(London: Croom Helm, 1985),第42页。这并不是说此前的语义指称上没有"失业"和"失业人员"这样的词汇。汤普森指出,这些范畴在工会中以及1820年

和1830年的激进派和欧文派的著作中都有(《英国工人阶级的形成》,第853-854页),但是它忽视了这一点,这些范畴是从1880年才开始成为国家管理的范畴的。此外,从1880年代开始,"失业者"被描述为社会状况而不是个人状况,这才与"闲散人员"区别开来。R. 威廉姆斯,《关键词》。

75. 这并不是说管理只是对个体的管理,下面几节将予以阐明。

76. 吉尔伯特,《国民保险的演进》,第258-262页;M. 兰根,"重组劳工市场:失业,国家与劳工运动,1880-1914",载兰根和施瓦茨(编),《英国国家的危机》,第110-111页。

77. 吉尔伯特,《国民保险的演进》,第276-277页,讨论关于捐赠的适当标准的论战。

78. 互助会,1900年会员总数大约560万人,为病人和老人提供保险。见P. 塞恩,"1880-1914英国的工人阶级与国家'福利'",《历史杂志》,第27卷(1984),第877-900页;吉尔伯特,《国民保险的演进》,第182-198页;D. 格林,《工人阶级病人与医疗机构:从19世纪中叶到1948年英国的自助》(*Working-Class Patients and the Medical Establishment: Self-Help in Britain from the Mid-Nineteenth Century to 1948*)(Aldershot: Gower, 1985)。

79. 这有赖于这一时期将工会和企业形式巩固为劳工与资本的法律主体性。下面将予以讨论。

80. W. 丘吉尔,《日常信件》(*Daily Mail*),1909年9月16日,引自兰根,《重组劳工市场》,第112页。

81. 引自弗雷泽,《福利国家的演进》,第129页。

82. 引自吉尔伯特,《国民保险的演进》,第253页。

83. A. 马歇尔,《经济学原理》,第六版(London: Macmillan, 1910),第714页。

84. 兰根,《重组劳工市场》,第 114 - 118 页。

85. 这并不是意味着工人阶级需要改革,像有些论者所认为的那样。马歇尔的公民权利三阶段论主要依赖于他所说的“大众需求”。悉尼·韦布认为,“集体主义就是民主的经济层面”,(引自吉尔伯特,《国民保险的演进》,第 25 - 26 页)这种观点依赖的是这样的假设,工人阶级将会运用,而且过去已经运用了自己的权力要求 1906 - 1911 年间所引进的那种改革。有些马克思主义者同样认为,社会“动乱”造成了对这种立法的“大众需求”。——V. 拉法罗,《阶级斗争,国家与医疗:英国医疗 204
部门的历史与当代分析》(*Class Struggle, The State and Medicine: An Historical and Contemporary Analysis of the Medical Sector in Great Britain*)(London: Martin Robertson, 1978),第 11 页。但是很难表明 1890 - 1893 年间及以后的罢工活动(拉法罗的例子)与 15 年之后的立法有什么直接的联系。社会改革也不是主要的选举问题,正如 J. R. 海伊所表明的那样。见《1906 - 1914 年自由主义福利改革的起源》(*The Origins of the Liberal Welfare Reforms 1906 - 1914*)(London: Macmillan, 1975)。1886 年的选举主要是关于爱尔兰问题的战斗,在 1892 年, 1895 年和 1900 年的选举中,社会改革不是重大的议程项目。即便是在 1906 年的选举中,主要的问题也是塔利夫改革、签有契约的中国劳工与 1902 年的教育法。事实上,由于上议院对 1909 年的预算的反对,在自由主义的福利改革中间,1910 年的两次选举主要也不是关于改革的。

亨利·佩林已经指出,工人阶级事实上是反对改革的,它们本身被视为是不需要增长的国家权力的一部分。——《后维多利亚时期英国的大众政治学与社会》(*Popular Politics and*

Society in Late Victorian Britain)(London: Macmillan, 1968),第6－13页。两个最大的互助会是:曼彻斯特共济会联盟(the Manchester Unity of Oddfellows)和弗罗斯特共济会(the Ancient Order of Foresters)(1899年的会员人数分别为713 000人和666 000人),它们都反对加强国家干预,迟至1911年9月的《共济会杂志》(*Oddfellows Magazine*),还认为该法否定了工人阶级自治的权利。"工人阶级意识到,这是一种狡诈的企图,它想从工人阶级手中夺走它们自己建立的大型自愿组织的管理权,将未来的控制权交给统治阶级收买的奴仆。"(引自格林,《工人阶级的病人与医疗机构》,第111页)有鉴于此,有人可能会说,尽管工人阶级为了得到社会承认而斗争,但是,它们也抗拒自己被整合到国家之中。由于国家与市民社会边界的转变,随着对社会秩序、对处在转变核心的工人阶级的管理的关注,工人阶级不再是变化的消极客体,而是积极反对整合的主体。然而事实上,这种斗争帮助打造了后来被用来反对它们的管理机器。

86. R. 米利班德,《英国的资本主义民主》(*Capitalist Democracy in Britain*)(Oxford: OUP, 1982),以及T. 克拉克和L. 克莱门茨编的论文集,《资本主义之下的工会》(*Trade Unions Under Capitalism*)(Brighton: Harvester, 1978)。

87. C. 克劳奇,《阶级冲突与劳资关系危机》(*Class Conflict and the Industrial Relations Crisis*)(London: Heinemann, 1977),第147页,第192页。

88. 见O. 麦克唐纳,"前变化:维多利亚时期的英国",载E. 卡门卡和A. E. －S. 泰伊(编),《法律与社会控制》(*Law and Social Control*)(London: Edward Arnold, 1980),第127－128页。

89. B. 阿贝尔 - 史密斯和 R. 史蒂文斯,《法律人与法庭:1750 - 1965 年英国法律制度的社会学研究》(*Lawyers and the Courts: A Sociological Study of the English Legal System, 1750 - 1965*)(London: Heinemann, 1967), 第 114 页;O. 卡恩 - 弗罗因德,《劳工与法律》(*Labour and the Law*), 第三版(London: Stevens, 1983), 第 89 页, 第 158 - 159 页, 第 299 页;K. W. 韦德伯恩,《工人与法律》(*The Worker and the Law*), 第二版(Harmondsworth: Penguin, 1971), 第 24 - 30 页, 第 345 - 350 页。

90. F. 恩格斯,《英国工人阶级的状况》(*The Condition of the Working* 205
Class in England)(London: Granada, 1969), 第 254 页。

91. E. P. 汤普森,《理论的贫困》(*The Poverty of Theory*)(London: Merlin, 1978), 第 281 页。也见 J. 萨维尔,《1848 年:英国国家与宪章运动》(*1848: The British State and the Chartist Movement*)(Cambridge: CUP, 1987), 第七章, 以及 E. M. 伍德,《资本主义的原初文化》(*The Pristine Culture of Capitalism*)(London: Verso, 1991), 第 74 - 75 页。

92. H. 珀金,《现代英国社会的起源,1780 - 1880》(*The Origins of Modem English Society, 1780 - 1880*)(London: Routledge, 1969), 第 400 - 402 页。

93. 米利班德,《英国的资本主义民主》, 第 54 页;P. 安德森, "工会法的局限与可能性",载克拉克和克莱门茨(编),《资本主义之下的工会》, 第 335 页。

94. R. 戴维森,《白厅与劳工问题》,以及 E. 希金斯, "1841 - 1911 年为职业人口调查所进行的斗争",载 R. 麦克劳德(编),《政府与专家:专家、管理者和专业人员》(*Government and Expertise: Specialists, Administrators, and Professionals*)(Cambridge: CUP,

1988)，第 82 页。

95. 戴维森，《白厅与劳工问题》，第 258 页。

96. E. 霍布斯邦，《劳动者：劳工史研究》(*Labouring Men: Studies in the History of Labour*)(New York: Anchor Books, 1967)，第 397－398 页。

97. P. 科里甘和 D. 塞耶尔，《伟大的拱门：作为文化革命的英国国家的形成》(*The Great Arch: English State Formation as Cultural Revolution*)，第二版(Oxford: Blackwell, 1991)，第 92 页。

98. 因此，下面的观点是对保罗·赫斯特观点的回应。保罗·赫斯特认为，马克思主义的国家观一直非常薄弱，因为马克思主义者忽视了合股公司和有限责任所提出的问题。——见《论法律与意识形态》(*On Law and Ideology*)(London: Macmillan, 1979)，第 96－153 页。

99. 见 B. C. 亨特，《英国公司法人的发展(1800－1867)》(*The Development of the Business Corporation in England, 1800－1867*)(New York: Russell & Russell, 1969)，有全面的解释。

100. L. C. B. 高尔，《现代公司法的高尔原则》(*Gower's Principles of Modern Company Law*)，第五版(London: Stevens & Sons, 1992)，第三章。1856 年的法案整合了 1855 年的有限责任法，忽视了后者的诸如临时登记的某些安全条款。

101. 简单地说，阿伦·萨洛蒙将他名下的 40 000 英镑分为 1 英镑的 40 000 股，给他的妻子、4 个儿子和一个女儿每人 1 股。如果公司破产了，那么问题就依赖于萨洛蒙本人是否是个人负责，假设公司不是股份公司，其他的持股人看起来不是“诚信的”(bona fide)。上议院裁定一人(或二人、三人等等)公司并没有滥用 1862 年的法案。也见 Lee v. Lee Air Farming Ltd (1961)。

关于后者,高尔指出(《原则》, 第125页)"法人人格的魔力使得他(李(Lee))同时既是主人又是仆人"。

102. P. 爱尔兰,"1856–1914年公司法律形式的胜利",载J. 亚当斯(编),《克利弗·施米特霍夫文集》(*Essays For Clive Schmitthoff*)(Abingdon: Professional Books, 1983)以及"有限责任公司的兴起",《法律社会学国际杂志》(*International Journal of the Sociology of law*), 12(1984), 第239–260页。

103. 爱尔兰,"有限责任公司的兴起", 第241页。

104. P. L. 佩恩,《19世纪英国的企业家》(*British Entrepreneurship in the Nineteenth Century*)(London: Macmillan, 1974), 第20页。

105. 中产阶级和工人阶级投资与储蓄精选人员委员会(1850年)发现,合伙法阻断了想将自己的钱和劳动合并到工业企业中去的工人团体的道路。引自亨特,《公司法人的发展》(*Development of the Business Corporation*), 他认为,有限责任的观点明显具有社会改良的痕迹(第120页)。高尔,《原则》将它描述为"花招",可能说得更对(第42页)。 206

106. K. 马克思,《资本论》, 第三卷,第567页(比较《资本论》,第一卷,第452页)。凯恩斯也认为合股公司是"结束自由放任"的一个环节。——见1926年的《论说服》(*Essays in Persuasion*)(London: Macmillan, 1933)中的一篇论文。卡恩–弗罗因德,在他对K. 伦纳的《私法制度及其社会功能》(*The Institutions of Private Law and Their Social Functions*), A. 施瓦茨奇尔德译(London: Roudedge, 1949), 一书的注释中说,它为社会化准备了基础(第224页)。

107. 此语引自卡恩–弗罗因德对伦纳一书的注释242, 见《私法制度》, 第224页。

108. 见 P. 爱尔兰, I. 格里格 - 斯帕尔和 D. 凯利, "现代公司法的概念基础", 载 P. 菲茨帕特里克和 A. 亨特(编),《批判法律研究》(*Critical Legal Studies*) (Oxford: Blackwell, 1987)。

109. 同样,"公司"一词过去用的是复数而不是单数,而现在常见的是单数。

110. 上诉法院法官格里尔,见 *Stepnty Corporation v. Osofsky* (1937), 引自高尔,《原则》, 第 93 页。事实显然是这样的:按照教皇英诺森四世的敕令, 法人是不能开除教籍的,因为它们既没有心智,也没有灵魂,它们是无罪的。——见 F. W. 梅特兰, 为 O. 基尔克的《中世纪的政治理论》(*Political Theories of the Middle Age*)(Cambridge: CUP, 1987)所写的导论。更为重要的或许是,在第二次世界大战期间,一家私人公司的所有人员都被炸弹炸死,然而公司本身却幸免于难。正如高尔所指出的(第 93 页):"甚至一颗氢弹也摧毁不了它。"看起来,国家创造的有些东西甚至连核武器都摧毁不了。

111. 见 M. A. 皮克林, "作为单独法律实体的公司", 载《现代法律评论》(*Modern Law Review*), 第 31 卷, 第 5 期(1968), 第 481 - 511 页。

112. E. 巴克, O. 基尔克,《自然法与社会理论(1500 - 1800 年)》(*Natural Law and the Theory of Society*, 1500 to 1800)译者导言, (Boston: Beacon Press, 1960), 第 lxvii 页。

113. G. W. F. 黑格尔,《法哲学原理》, 第 71 节。

114. 在 1865 年, 引自亨特,《公司法人的发展》, 第 146 页。

115. 这种阐述是我从 A. 伯利的《没有财产的权力》(1959)一书中借用的,换成了英国的说法,并加以引申。引自皮克林,《作为单独法律实体的公司》, 第 499 页。柯亨, L. J. 在 *Hood* -

Barrs v. IRC (1946)一案中说,股东"对任何具体的财产都没有财产权或权利。他只有让经理按照公司制度管理财产的权利"。同样波特勋爵在 *Short v. Treasury Commissioners* (1948)一案中说:"在土地案件中,土地所有者拥有有形财产,而股东不能直接分享公司的财产,他只有备忘录和合约条款赋予他的那些权利,而没有任何别的权利。"

116. 伦纳,《私法制度》,第 198 – 201 页;C. B. 麦克弗森,"资本主义与财产概念的变化",载 E. 卡门卡和 R. S. 尼尔(编),《封建主义、资本主义及其后》(*Feudalism, Capitalism and Beyond*)(London: Edward Arnold, 1975),第 114 页。 207

117. 因此人 – 物(*persona-res*)作为法律的形式。这个词的起源是古希腊剧院中的演员戴的面罩,*persona* 正好体现了资本所戴的法人形式的面罩。而且正如巴克所指出的(见译者导言,第 xxii 页),正是国家提供了法人这样的面罩。法人面罩对于当代资本主义的重要性一直到最近才被上诉法院法官斯莱德在上诉法院的 *Adams v. Cape Industries pic* (1990) 一案中才确认;见韦德伯恩勋爵,《劳动法与自由》(*Labour Law and Freedom*)(London: Lawrence & Wishart, 1995),第 83 页,第 114 页。

118. L. 阿尔都塞和 E. 巴利巴尔,《阅读资本》,第 267 页。

119. R. 戈登,"法学中的历史主义",载《泰勒法律杂志》(*Tale Law Journal*),90(1981),第 1017 – 1056 页,第 1035 页。

120. 伦纳,《私法制度》,第 88 页。

121. 马克思,《资本论》,第三卷,第 969 页。

122. 自从有限责任开始以来,事实一直就是这样,但是直到 1985 年的公司法才确定下来。

123. T. 哈登,《公司法与资本主义》(*Company Law and Capitalism*),第二版(London: Weidenfeld & Nicolson, 1977),第 337 页。

124. 高尔,《原则》,第 108 页。

125. B. 伯卡森,"工人、企业与英国的劳动法中的法律",载 R. 刘易斯(编),《英国的劳动法》(*Labour Law in Britain*)(Oxford: Blackwell, 1986),第 137 页。

126. 1904 年,平民院在审议该法案时,鲍尔弗说工会是法人,下面的人吼道:"工会不是法人。"他只能回答说"我知道,我讲的是英语,而不是法律";引自 F. W. 梅特兰,"道德人格与法律人格",载《文选》(*Collected Papers*),第三卷(Cambridge: CUP, 1911),第 305 页。

127. 见 H. 斯特里特,《越权原理文集》(*A Treatise on the Doctrine of Ultra Vires*)(London: Sweet & Maxwell, 1930),第 24 页。上议院高级法官认识到注册工会与注册公司之间的相似性,希望将捐助基金的行为宣布为越权的政治目的,上议院裁定工会只能是准法人;见韦德伯恩,《工人与法律》(*Worker and the Law*),第 413 - 414 页。就此而言,值得注意的是,TULRCA 允许赋予工会真正法人身份的"特殊注册机构",但是因此之故它们就不得不涉及维护专业标准了,要么依照 1985 年的公司法注册,要么被特许状整合。

128. K. 米德尔马斯,《工业社会的政治:1911 年以来英国制度的经验》(*Politics in Industrial Society: The Experience of the British System Since 1911*)(London: Andre Deutsch, 1979),第 371 页。

129. 前一个用语引自 L. 帕里奇,《危机中的工人阶级的政治:论劳工与国家》(*Working Class Politics in Crisis: Essays on Labour and the State*)(London: Verso, 1986),第 133 页,后一个用语引

自米德尔马斯,《工业社会的政治》,第 13 章。

130. F. 恩格斯,《家庭、私有制和国家的起源》(*The Origin of the Family, Private Property and the State*)(Loftdon: Lawrence & Wishart, 1972), 第 142 页。(中文译文引自《马克思恩格斯选集》,第 4 卷,第 75 - 76 页。——译者注)

131. A. V. 戴雪,《英宪精义》(*An Introduction to the Study of the Law of the Constitution*), 第十版(London: Macmillan, 1959), 第 203 页, 以及第 12 章。关于批判,见 W. I. 詹宁斯,《法与宪法》(*The Law and the Constitution*)(London: University of London Press, 1933), 附录 2。戴雪后来开始认识到他在进行一场失败的战争,到 1915 年,他认可行政法的引进已经向前迈出了 208 "相当大的步伐";但是仍然坚持保持法治,这"对于行政法的真正存在是至关重要的"。见"英国行政法的发展,载《法律评论季刊》(*Law Quarterly Review*), 31 (1915), 第 148 - 153 页。诚然,现在很明显有大量的行政法,但是正如 C. H. 西森在《英国管理的精神》(*The Spirit of British Administration*)(London: Faber, 1959), 第 49 页所指出的那样, 英国大多数行政人员发现很难说清楚行政法是什么。

132. E. B. 帕舒卡尼斯,《法律与马克思主义:总论》(*Law and Marxism: A General Theory*), B. 艾因霍恩译(London: Ink Links, 1978)。也可见 (一般认为是个糟糕的译本)J. 哈泽德(编),《苏联法哲学》(*Soviet Legal Philosophy*)(Cambridge, Mass.: Harvard University Press, 1951)。后者还有 1930 年帕舒卡尼斯所做的"自我批判":"苏维埃国家与法律中的革命"。

133.《法律与马克思主义》, 第 121 页。

134. 同上书,第 94 页。

135. 同上书,第143页。帕舒卡尼斯后来在1930年的自我批判中对这些错误稍有更正，因为,尽管他同意他早期的分析将国家的作用推向了"狭隘"法律方法的背景之中,但是他仍然认为司法概念源于市场经济。

136. S. 雷德黑德,"资产阶级法律自由裁量的魅力",载《批判》(*Critique*),9(1978),第113-120页。

137. C. 哈洛和R. 罗林斯,《行政法》(*Administrative Law*)(London: Weidenfeld & Nicolson, 1984),第1页。

138. P. S. 阿提亚,《契约自由的兴衰》(*The Rise and Fall of Freedom of Contract*)(Oxford: Clarendon Press, 1979),第三部分。

139. H. W. 阿瑟斯,《"没有法律":19世纪英国的行政审判与法律多元主义》("*Without the Law*": *Administrative Justice and Legal Pluralism in Nineteenth-Century England*)(Toronto: University of Toronto Press, 1985),第103-105页。

140. 同上书,第109页。

141. 见阿贝尔-史密斯和史蒂文斯,《法律人与法院》,第115-116页;阿提亚,《契约自由的兴衰》,第697-708页;H. W. 阿瑟斯,"特殊法院,特殊法律:19世纪英国的法律多元主义",载D. 休格曼和G. R. 鲁宾(编),《法律,经济与社会:1750-1914年英国法律史论文集》(*Law, Economy and Society: Essays in the History of English Law 1750-1914*)(Oxford: Professional Books, 1984),第404-411页。

142. 阿贝尔-史密斯和史蒂文斯,《法律人与法院》,第117页;E. C. S. 韦德和A. W. 布莱德利,《宪法》(*Constitutional Law*),第7版,(London: Longmans, 1965),第602页,第697页;D. 休格曼和G. 鲁宾,"导论:英国法律与物质社会的新历史之探讨,1750－1914”,载休格曼和鲁宾(编),《法律,经济与社会》,第74页;J. 福尔布鲁克,《行政审判与失业者》(*Administrative Justice and the Unemployed*)(London: Mansell, 1978),第8章。同样的趋势在后来的福利法的发展中可以看到。例如,贝弗里奇意识到,如果侵权法适用于贝弗里奇计划,那么社会保险制度所准予的救济金可能会提供低于法院就相同的侵权赔偿所判定的救济金。解决方案就是受益人放弃向法院寻求主张。见D. E. 阿什福德,“贫穷的建构”,载R. 托斯滕达尔(编),《国家理论与国家历史》(*State Theory and State History*) 209
(London: Sage, 1992),他指出(第153－154页),“穷人的状况处在法律救济之外。”

143. B. B. 吉尔伯特,《1914－1939年英国的社会政策》(*British Social Polity 1914－1939*)(London: Batsford, 1970),第181页。见福尔布鲁克,《行政审判与失业者》,第161页,第164页。

144. T. 莱恩斯,“1930年代的失业帮助法院”,载M. 阿德勒和A. 布莱德利(编),《正义,自由裁量与贫困》(*Justice, Discretion and Poverty*)(London: Professional Books, 1975);T. 普罗瑟,“贫困、意识形态与合法性:补助利益上诉法院及其先行者”,载《英国法律与社会杂志》(*British Journal of Law and Society*),第4卷,第1期(1977),第39－60页。

145. 1931年11月12日与1932年1月23日之间的收入调查设法减掉了193 542名男人和77 995名妇女的救济金,而那些仍然享受救济金的人也发现他们的救济幅度从17先令减到了15先令3便士。1932年,在格拉斯哥、罗奇代尔、伦敦、卡迪夫、顿迪、贝尔法斯特和默西塞德,警察与工人和失业者之间发生了对阵战。在伯尔肯黑德,战斗持续了4天,大量外地警察用船运送到这里,城镇看起来像是一座兵营。见 W. 汉宁顿,《1919 - 1936 年失业者的斗争》(*Unemployed Struggles 1919 - 1936*)(London: Lawrence & Wishart, 1977)。

146. 从贝弗里奇报告建议成立的失业帮助委员会中创设的。

147. 伦纳,《私法制度》,第 297 - 298 页。

148. 见 A. 哈奇逊, "行政法律和学术的兴起与骗术"(The Rise and Ruse of Administrative Law and Scholarship), 载《现代法律评论》(*Modern Law Review*), 48(1985), 第 293 - 324 页, 第 294 页。

149. G. 凯伊, "权利与武力:对契约与国家的马克思主义批判", 载 M. 威廉姆斯(编),《价值,社会形式与国家》(*Value, Social Form and the State*)(London: Macmillan, 1988), 第 130 页。关于法律主义的病理学见 R. 蒂特马斯, "福利'权利'法与自由裁量",载《政治季刊》(*Political Quarterly*), 42 (1971), 第 113 - 132 页。

150. 霍布斯认为,法人乱用政治团体的法律,就像自然人身体中的蠕虫一样。见《利维坦》(*Leviathan*)(London: Dent, 1973), 第 177 页。

151. 见 F. W. 梅特兰, "小镇与自治市",载《梅特兰历史文选》(*Selected Historical Essays of F. W Maitland*)(Cambridge: CUP, 1957), 第 13 页, 以及同一卷中的"道德人格与法律人格";A. V. 戴雪,《关于 19 世纪法律与公共意见之间关系的讲演》(*Lectures on the Relation Between Law and Public Opinion During the Nineteenth Century*)(London: Macmillan, 1914), 第 283 - 284 页; 麦克唐纳,《前变迁》, 第 131 页。值得注意的是,很多关于从契约到"身份"的解释都掩盖了梅因使用后者的真正意义。见 O. 卡恩 - 弗罗因德, "关于英国劳动法中身份与契约的注

释”,载《现代法律评论》,30(1967),第635-644页。
152. 阿提亚,《契约自由的兴衰》,第725页。
153. 凯伊和莫特,《政治秩序与劳动法》,第115页。
154. 1965-1968年工会与雇主协会皇家委员会,Cmnd. 3623(HMSO,1968),第470节。1974年工会与劳工关系法中具有法律效力的观点。
155. 凯伊和莫特,《政治秩序与劳动法》,第115页。TUC也一直不愿意将行政赔偿裁判所变成司法机构,或者说不愿意准许律师介入。见阿什福德,《对贫困的建构》,第163页。 210
156. 阿提亚,《契约自由的兴衰》,第726页。
157. 见卡恩-弗罗因德,“关于身份与契约的注释。”戴维·休格曼,《韦伯的精神:法律,现代性与“英国的特殊性”》(*In the Spirit of Weber: Law, Modernity and "The Peculiarities of the English"*)(University of Wisconsin-Madison Law School: Institute of Legal Studies, Working Papers Series 2, 1987),讨论了该问题与韦伯关于英国法中理性与非理性困境之间的关系。
158. 韦德和布莱德利,《宪法》,第602页,第622页,第698页,第703页。也见阿瑟斯,《没有法律》,第89页,第113-117页,第132页,以及他的《特殊法院,特殊法律》,第382页,第406页。关于作为立法者的管理者,见西森,《英国管理的精神》,第71-73页。关于英国与其他欧洲国家之间的差别,尤其是与行政与法院之间的关系,见T. 拉姆,“‘工人’参与,劳工代表与特殊的劳动法庭”,载B. 赫普尔(编),《欧洲劳动法的形成》(*The Making of Labour Law in Europe*)(London: Mansell, 1986)。
159. H. W. R. 韦德和C. F. 福赛思,《行政法》(*Administrative*

Law)，第7版(Oxford：OUP，1994)，第910页。

160. 罗伯茨，《维多利亚时代英国福利国的起源》，第113－114页。也见帕里斯，《宪政官僚机构》，第6章。大部分已经为英国国家本身所接受：1932年的关于内阁权力的委员会同意，1834年的济贫法标志着这种委任立法的诞生。见W. H. 格里利夫，《英国政治传统》(*The British Political Tradition*)，第3卷(London：Methuen，1987)，第533页。

161. 韦德和福赛思，《行政法》，第908页，第956－963页。正如格里利夫所指出的那样，"除交通肇事外，大街上的人最有可能涉及的是行政裁判所的诉讼，而不是普通法院的诉讼。"见《英国政治传统》，第600页。

162. P. 菲茨帕特里克，《现代法律神话》(*The Mythology of Modern Law*)(London：Routledge，1992)，第154页。

163. 阿什福德，《对贫困的建构》，第156页。

164. 例子见 *Chandler v. DPP* (1964)，在该案中，里德爵士认为，司法机关不能审查"属于"政府的某些范围。在对GCHQ案件进行审查时，法院认为国民保险问题得由政府而不是法院决定，国民保险是否适用行政程序得由政府而不是由法院决定。关于"规训"机构，见戈夫爵士在 *Rv. Board of Visitors of HM Prison, 1 he Maze, ex parte Hone* (1988)中的判决：律师的一般权利不适用于一个行使规训司法权的机构(见菲茨帕特里克，《现代法律神话》，第156－159页，以及阿瑟斯，《特殊法院，特殊法律》，第407页)，和丹宁勋爵在 *Fraser v. Mudge* (1975)案件中的评论，引自上书第3章，注释139。因此，"刑罚学教科书和报告的一贯趋势是要把[司法领域]的论据，换成[行政领域]的论据，强调它们所作的任何建议都应该用行政术语而不是用司法术语来理解和评估。"这种观点值得注意。——戴维·加兰德，《刑罚与福利：刑罚策略简史》(*Punishment and Welfare: A History of Penal Strategies*)(Aldershot: Gower, 1986)，第190页。

165. 西森，《英国管理的精神》，第23页，第77页和第79页。关于它们之间"神秘的整合"，见菲茨帕特里克，《现代法律神 211
话》，第146－150页，以及凯伊和莫特，《政治秩序与劳动法》，第93－97页。

166. 见E. P. 汤普森，《辉格党与捕猎者》(*Whigs and Hunters*)(Harmondsworth: Penguin, 1975)，第261页，以及《理论的贫困》，第288页。

参考书目

Abel-Smith, B. and Stevens, R. *Lawyers and the Courts: A Sociological Study of the English Legal System 1750–1965*. London, Heinemann, 1967.
Adams, J. (ed.), *Essays for Clive Schmitthoff*. Abingdon, Professional Books, 1983.
Adamson, W. *Hegemony and Revolution: A Study of Antonio Gramsci's Political and Cultural Theory*. Los Angeles and London, University of California Press, 1980.
Adler, M. and Bradley, A. (eds), *Justice, Discretion and Poverty*. London, Professional Books, 1975.
Adorno, T. *Negative Dialectics*, trans. E.B. Ashton. London, Routledge, 1973.
Adorno, T. 'Society' in Bronner, E. and Kellner, D. (eds), 1989.
Adorno, T. *The Culture Industry: Selected Essays on Mass Culture*, edited by J.M. Bernstein. London, Routledge, 1991.
Adorno, T. and Horkheimer, M. *Dialectic of Enlightenment*, trans. J. Cumming. London, Verso, 1979.
Althusser, L. *For Marx*, trans. B. Brewster. Harmondsworth, Penguin, 1966.
Althusser, L. *Lenin and Philosophy and Other Essays*, trans. B. Brewster. London, New Left Books, 1971.
Althusser, L. and Balibar, E. *Reading Capital*, trans. B. Brewster. London, New Left Books, 1970.
Anderson, B. *Imagined Communities*. London, Verso, 1983.
Anderson, P. 'Origins of the Present Crisis', *New Left Review*, 23, 1964.
Anderson, P. 'Socialism and Pseudo-Empiricism', *New Left Review*, 35, 1966.
Anderson, P. 'Components of the National Culture', *New Left Review*, 50, 1968.
Anderson, P. *Lineages of the Absolutist State*. London, New Left Books, 1974.
Anderson, P. *Considerations on Western Marxism*. London, New Left Books, 1976.
Anderson, P. 'The Antinomies of Antonio Gramsci', *New Left Review*, 100, 1976–77.
Anderson, P. 'The Limits and Possibilities of Trade Union Action' in Clarke, T. and Clements, L. (eds), 1978.
Anderson, P. *Arguments Within English Marxism*. London, Verso, 1980.
Anderson, P. *In the Tracks of Historical Materialism*. London, Verso, 1983.
Anderson, P. 'The Figures of Dissent', *New Left Review*, 161, 1987.
Anderson, P. *English Questions*. London, Verso, 1992.
Arato, A. 'Civil Society Against the State: Poland 1980–81, *Telos*, 47, 1981.
Arato, A. 'Empire vs. Civil Society: Poland 1981–82', *Telos*, 50, 1981–2.
Arato, A. 'Reconstructing Hegel's Theory of Civil Society' in Cornell, D., Rosenfield, D. and Carlson, D.G. (eds), 1991.
Arthur, C.J. *Dialectics of Labour: Marx and his Relation to Hegel*. Oxford, Blackwell, 1986.
Arthurs, H.W. 'Special Courts, Special Law: Legal Pluralism in Nineteenth Century England' in Sugarman, D. and Rubin, G.R. (eds), 1984.
Arthurs, H.W. *'Without the Law': Administrative Justice and Legal Pluralism in Nineteenth-Century England*. Toronto, University of Toronto Press, 1985.
Ashford, D.E. 'The Constitution of Poverty' in Torstendahl, R. (ed.), 1992.

Atiyah, P.S. *The Rise and Fall of Freedom of Contract*. Oxford, Clarendon Press, 1979.
Avineri, S. *The Social and Political Thought of Karl Marx*. Cambridge, Cambridge University Press, 1968. 213
Avineri, S. *Hegel's Theory of the Modern State*. Cambridge, Cambridge University Press, 1972.
Bagehot, W. *The English Constitution*. London, Fontana, 1963.
Bailey, V. 'Salvation Army Riots, the "Skeletal Army" and Legal Authority in the Provincial Town' in Donajgrodzki, A.P. (ed.), 1977.
Barbalet, J.M. *Citizenship: Rights, Struggle and Class Inequality*. Milton Keynes, Open University Press, 1988.
Barker, E. 'Translator's Introduction' to Gierke, O. 1960.
Barratt Brown, M. 'Away With All the Great Arches: Anderson's History of British Capitalism', *New Left Review*, 167, 1988.
Barrett, M. and McIntosh, M. *The Anti-Social Family*. London, Verso, 1982.
Baudrillard, J. *Forget Foucault*. New York, Semiotext(e), 1987.
Bauman, Z. *Intimations of Postmodernity*. London, Routledge, 1992.
Bellamy, R. *Modern Italian Social Theory: Ideology and Politics From Pareto to the Present*. Cambridge, Polity, 1987.
Bellamy, R. and Schecter, D. *Gramsci and the Italian State*. Manchester, Manchester University Press, 1993.
Benhabib, S. *Critique, Norm and Utopia: A Study of the Foundations of Critical Theory*. New York, Columbia University Press, 1986.
Bennett, F., Campbell, B. and Coward, R. 'Feminists – The Degenerates of the Social?', *Politics and Power*, 3. London, Routledge, 1981.
Bentley, M. *Politics Without Democracy 1815–1914*. London, Fontana, 1984.
Benton, T. *The Rise and Fall of Structural Marxism: Althusser and His Influence*. London, Macmillan, 1984.
Bercusson, B. 'Workers, Corporate Enterprise and the Law' in Lewis, R. (ed.), 1986.
Berki, R.N. 'Perspectives in the Marxian Critique of Hegel's Political Philosophy' in Pelczynski, Z. (ed.), 1971.
Bernauer, J. and Rasmussen, D. (eds), *The Final Foucault*. London, MIT Press, 1988.
Bernstein, E. *Evolutionary Socialism: A Criticism and Affirmation*, trans. E. Harvey. New York, Schoken Books, 1961.
Bernstein, E. *The Preconditions of Socialism*, trans. H. Tudor. Cambridge, Cambridge University Press, 1993.
Bernstein, J. 'Right, Revolution and Community: Marx's "On the Jewish Question" ' in Osborne, P. (ed.), 1991.
Blackbourn, D. and Eley, G. *The Peculiarities of German History: Bourgeois Society and Politics in Nineteenth-Century Germany*. Oxford, Oxford University Press, 1984.
Blaug, M. 'The Myth of the Old Poor Law and the Making of the New', *Journal of Economic History*, Vol. 23, 1963.
Blaug, M. 'The Poor Law Re-examined', *Journal of Economic History*, Vol. 24, 1964.
Bloch, E. *On Karl Marx*, trans. J. Maxwell. New York, Herder & Herder, 1971.
Bobbio, N. 'Gramsci and the Concept of Civil Society' in Keane, J. (ed.), 1988.

Bobbio, N. *Which Socialism? Marxism, Socialism and Democracy*, trans. R. Griffen. Cambridge, Polity, 1986.
214 Bobbio, N. *Democracy and Dictatorship*, trans. P. Kennealy. Cambridge, Polity, 1989.
Bocock, R. *Hegemony*. London, Tavistock, 1986.
Bonefeld, W. 'Social Constitution and the Form of the Capitalist State' in Bonefeld, W. et al. (eds), 1992.
Bonefeld, W., Gunn, R. and Psychopedis, K. (eds), *Open Marxism, Vol. 1. Dialectics and History*. London, Pluto Press, 1992.
Bonefeld, W., Gunn, R., Holloway, J. and Psychopedis, K. (eds), *Open Marxism, Vol. 3. Emancipating Marx*. London, Pluto Press, 1995.
Boralevi, L.C. *Bentham and the Oppressed*. Berlin, European University Institute, 1984.
Bosanquet, B. *The Philosophical Theory of the State*. London, Macmillan, 1899.
Bottomore, T. *Sociology as Social Criticism*. London, Allen & Unwin, 1974.
Bottomore, T. *Political Sociology*, London, Hutchinson, 1979.
Bottomore, T. *Sociology and Socialism*. Brighton, Wheatsheaf, 1984.
Briggs, A. (ed.), *Chartist Studies*. London, Macmillan, 1962.
Briggs, A. *Victorian People*. Harmondsworth, Penguin, 1965.
Bronner, E. and Kellner, D. (eds), *Critical Theory and Society: A Reader*. London, Routledge, 1989.
Brown, J. 'Social Control and the Modernisation of Social Policy, 1890–1929' in Thane, P. (ed.), 1978.
Brown, L. 'Chartists and the Anti-Corn Law League' in Briggs, A. (ed.), 1962.
Brown, P. *The Body and Society: Men, Women and Sexual Renunciation in Early Christianity*. London, Faber, 1988.
Buci-Glucksman, C. *Gramsci and the State*. London, Lawrence & Wishart, 1980.
Bukharin, N. *Selected Writings on the State and the Transition to Socialism*. London, Spokesman, 1982.
Bukharin, N. *Imperialism and World Economy*. London, Merlin, 1987.
Burchell, G., Gordon, C. and Miller, P. (eds), *The Foucault Effect: Studies in Governmentality*. Hemel Hempstead, Harvester, 1991.
Cain, M. 'Gramsci, The State and the Place of Law' in Sugarman, D. (ed.), 1983.
Callinicos, A. *Is There A Future For Marxism?*. London, Macmillan, 1982.
Callinicos, A. 'Exception or Symptom? The British Crisis and the World System', *New Left Review*, 169, 1988.
Callinicos, A. *Against Postmodernism: A Marxist Critique*. Cambridge, Polity, 1989.
Castoriadis, C. *Political and Social Writings, Volume 3*. Minneapolis, University of Minnesota Press, 1993.
Checkland, S.G. *The Rise of Industrial Society in England 1815–1885*. London, Longman, 1964.
Checkland, S.G. and Checkland, E.O.A. (eds), *Poor Law Report of 1834*. Harmondsworth, Penguin, 1974.
Clark, M. *Antonio Gramsci and the Revolution That Failed*. New Haven and London, Yale University Press, 1977.
Clarke, S. 'The State Debate' in Clarke, S. (ed.), 1991.
Clarke, S. *Marx, Marginalism and Modern Sociology: From Adam Smith to Max Weber*, 2nd edn. London, Macmillan, 1991.

Clarke, S. (ed.), *The State Debate*. London, Macmillan, 1991.
Clarke, T. and Clements, L. (eds), *Trade Unions Under Capitalism*. Brighton, Harvester, 1978. 215
Cockburn, C. *The Local State: Management of Cities and People*. London, Pluto, 1977.
Cohen, J. *Class and Civil Society: The Limits of Marxian Critical Theory*. Amherst, University of Massachussetts Press, 1982.
Cohen, J. and Arato, A. *Civil Society and Political Theory*. Cambridge, Mass., MA, MIT, 1992.
Cohen, S. 'Social-Control Talk: Telling Stories about Correctional Change' in Garland, D. and Young, P. (eds), 1989.
Cohen, S. and Scull, A. (eds), *Social Control and the State*. Oxford, Blackwell, 1983.
Cohen, S.F. *Bukharin and the Bolshevik Revolution: A Political Biography 1888–1938*. New York, Vintage, 1975.
Cole, G.D.H. and Postgate, R. *The Common People*. London, Methuen, 1961.
Comay, R. 'Excavating the Repressive Hypothesis: Aporias of Liberation in Foucault', *Telos*, 67, 1986.
Comninel, G. *Rethinking the French Revolution: Marxism and the Revisionist Challenge*. London, Verso, 1987.
Conacher, J.B. *The Emergence of British Parliamentary Democracy in the Nineteenth Century*. London, John Wiley, 1971.
Corfield, P. (ed.), *Language, History and Class*. Oxford, Blackwell, 1991.
Cornell, D., Rosenfield, M. and Carlson, D.G. (eds), *Hegel and Legal Theory*. London, Routledge, 1991.
Corrigan, P. (ed.), *Capitalism, State Formation and Marxist Theory*. London, Quartet, 1980.
Corrigan, P. and Sayer, D. *The Great Arch: English State Formation as Cultural Revolution, 2nd edn*. Oxford, Blackwell, 1991.
Cousins, M. and Hussain, A. *Michel Foucault*. London, Macmillan, 1984.
Cromwell, V. *Revolution or Evolution: British Government in the Nineteenth Century*. London, Longman, 1977.
Crossick, G. *An Artisan Elite in Victorian Society*. London, Croom Helm, 1978.
Crouch, C. *Class Conflict and the Industrial Relations Crisis*. London, Heinemann, 1977.
Crowther, M.A. *The Workhouse System 1834–1929*. London, Methuen, 1983.
Cullen, B. *Hegel's Social and Political Thought: An Introduction*. Dublin, Gill and Macmillan, 1979.
Dale, R., Esland, G. and MacDonald, M. (eds), *Schooling and Capitalism*. London, Routledge, 1976.
Davidson, A. *The Theory and Practice of Italian Communism*. London, Merlin, 1982.
Davidson, R. *Whitehall and the Labour Problem in Late-Victorian and Edwardian Britain*. London, Croom Helm, 1985.
Davis, J.A. (ed.), *Gramsci and Italy's Passive Revolution*. London, Croom Helm, 1979.
Dean, M. *The Constitution of Poverty: Towards a Genealogy of Liberal Governance*. London, Routledge, 1991.
Dean, M. *Critical and Effective Histories: Foucault's Methods and Historical Sociology*. London, Routledge, 1994.

Deleuze, G. 'The Rise of the Social', Foreward to Donzelot, J. *The Policing of Families* (1979).

216 Deleuze, G. and Guattari, F. *Anti-Oedipus: Capitalism and Schizophrenia*, trans. R. Hurley et.al. London, Athlone, 1984.

Deleuze, G. and Guattari, F. *A Thousand Plateaus: Capitalism and Schizophrenia*, trans. B. Massumi. London, Athlone, 1988.

Dews, P. 'The "Nouvelle Philosophie" and Foucault', *Economy and Society*, Vol. 8, 1979.

Dews, P. *Logics of Disintegration: Post-Structuralist Thought and the Claims of Critical Theory*. London, Verso, 1987.

Dews, P. 'The Return of the Subject in Late Foucault', *Radical Philosophy*, 51, 1989.

Dicey, A.V. *Lectures on the Relation Between Law and Public Opinion During the Nineteenth Century*. London, Macmillan, 1914.

Dicey, A.V. 'The Development of Administrative Law in England', *Law Quarterly Review*, 31, 1915.

Dicey, A.V. *An Introduction to the Study of the Law of the Constitution, 10th edn*. London, Macmillan, 1959.

Digby, A. *Pauper Palaces*. London, Routledge, 1978.

Donajgrodzki, A.P. (ed.), *Social Control in Nineteenth Century Britain*. London, Croom Helm, 1977.

Donzelot, J. *The Policing of Families: Welfare Versus the State*, trans. R. Hurley. London, Hutchinson, 1979.

Donzelot, J. 'The Poverty of Political Culture', *Ideology and Consciousness*, 5, 1979.

Donzelot, J. 'The Promotion of the Social', *Economy and Society*, Vol. 17, No. 3, 1988.

Donzelot, J. 'The Mobilization of Society' in Burchell, G. et al. (eds), 1991.

Dreyfus, H.L. and Rabinow, P. *Michel Foucault: Beyond Structuralism and Hermeneutics*. Brighton, Harvester, 1982.

Driver, F. *Power and Pauperism: The Workhouse System 1834–1884*. Cambridge, Cambridge University Press, 1993.

Eagleton, T. *Ideology*. London, Verso, 1991.

Eagleton, T. *Heathcliffe and the Great Hunger: Studies in Irish Culture*. London, Verso, 1995.

Elders, F. (ed.), *Reflexive Water: The Basic Concerns of Mankind*. London, Souvenir Press, 1974.

Eley, G. and Nield, K. 'Why Does Social History Ignore Politics?', *Social History*, Vol. 5, No. 2, 1980.

Elliott, G. *Althusser: The Detour of Theory*. London, Verso, 1987.

Engels, F. *The Condition of the Working Class in England*. London, Granada, 1969.

Engels, F. *The Origin of the Family, Private Property and the State*. London, Lawrence & Wishart, 1972.

Eribon, D. *Michel Foucault*. London, Faber, 1991.

Evans, R.J. 'The Myth of Germany's Missing Revolution', *New Left Review*, 149, 1985.

Ewald, F. 'Norms, Discipline and the Law', *Representations*, 30, 1990.

Featherstone, M., Hepworth, M. and Turner, B. (eds), *The Body: Social Process and Cultural Theory*. London, Sage, 1991.

Fido, J. 'The Charity Organisation Society and Social Casework in London 1869–1900' in Donajgrodzki, A.P. (ed.), 1977.
Fine, B. 'Hegel's "Philosophy of Right" and Marx's Critique: A Reassessment' in Bonefeld, W. et al. (eds), 1995. 217
Fine, B., Kinsey, R., Lea, J., Picciotto, S. and Young, J. (eds), *Capitalism and the Rule of Law: From Deviancy Theory to Marxism*. London, Hutchinson, 1979.
Finer, S.E. *The Life and Times of Sir Edwin Chadwick*. London, Methuen, 1952.
Fitzgerald, E. 'Prison Discipline and the Courts' in Maguire, M., Vagg, J. and Morgan, R. (eds), 1986.
Fitzpatrick, P. (ed.), *Dangerous Supplements: Resistance and Renewal in Jurisprudence*. London, Pluto Press, 1991.
Fitzpatrick, P. *The Mythology of Modern Law*. London, Routledge, 1992.
Fitzpatrick, P. and Hunt, A. (eds), *Critical Legal Studies*. Oxford, Blackwell, 1987.
Foster, J. *Class Struggle and the Industrial Revolution*. London, Weidenfeld & Nicolson, 1974.
Foster, J. 'British Imperialism and the Labour Aristocracy' in Skelley, J. (ed.), 1976.
Foucault, M. *Madness and Civilisation: A History of Insanity in the Age of Reason*, trans. R. Howard. London, Routledge, 1967.
Foucault, M. *The Order of Things: An Archaeology of the Human Sciences*. London, Tavistock, 1970.
Foucault, M. 'Orders of Discourse', *Social Science Information*, Vol. 10, No. 2, 1971.
Foucault, M. *The Archaeology of Knowledge*, trans. A. Sheridan. London, Routledge, 1972.
Foucault, M. *The Birth of the Clinic: An Archaeology of Medical Perception*, trans. A. Sheridan. London, Routledge, 1973.
Foucault, M. 'Human Nature: Justice Versus Power' in Elders, F. (ed.), 1974.
Foucault, M. 'The Politics of Crime', *Partisan Review*, Vol. 43, No. 3, 1976.
Foucault, M. *Language, Counter-Memory, Practice: Selected Essays and Interviews by Michel Foucault*, ed. D. Bouchard. Oxford, Basil Blackwell, 1977.
Foucault, M. *Discipline and Punish: The Birth of the Prison*, trans. A. Sheridan. Harmondsworth, Penguin, 1977.
Foucault, M. *The History of Sexuality: An Introduction*, trans. R. Hurley. Harmondsworth, Penguin, 1978.
Foucault, M. 'War in the Filigree of Peace', *Oxford Literary Review*, Vol. 4, No. 2, 1980.
Foucault, M. *Power/Knowledge: Selected Interviews and Other Writings 1972–1977*, ed. C. Gordon. Brighton, Harvester, 1980.
Foucault, M. 'History of Systems of Thought, 1979' – 'Foucault at the Collège de France II: A Course Summary with an Introduction by James Bernauer', *Philosophy and Social Criticism*, Vol. 8, No. 3, 1981.
Foucault, M. 'Is It Useless to Revolt?', *Philosophy and Social Criticism*, Vol. 8, No. 1, 1981.
Foucault, M. 'Omnes et Singulatim: Towards a Criticism of "Political Reason"' in McMurrin, S. (ed.), 1981.
Foucault, M. 'The Subject and Power' Afterword to H. Dreyfus and P.Rabinow *Michel Foucault: Beyond Structuralism and Hermeneutics*. Brighton, Harvester, 1982.

Foucault, M. *The Foucault Reader*, ed. P. Rabinow. London, Penguin, 1984.

Foucault, M. 'Preface' to G. Deleuze and F. Guattari *Anti-Oedipus: Capitalism and Schizophrenia*. London, Athlone, 1984.

218 Foucault, M. *Politics, Philosophy, Culture: Interviews and Other Writings 1977–1984*, ed. L. Kritzman. London, Routledge, 1988.

Foucault, M. 'The Political Technology of Individuals' in Martin, L. et al. (eds), 1988.

Foucault, M. 'The Ethic of Care for the Self as a Practice of Freedom' in Bernauer, J. and Rasmussen, D. (eds), 1988.

Foucault, M. *Remarks on Marx*. New York, Semiotext(e), 1991.

Foucault, M. 'Governmentality' in Burchell, G. et al. (eds), 1991.

Frank, M. *What is Neostructuralism?*, trans. S. Wilke and R. Gray. Minneapolis, University of Minnesota Press, 1989.

Frankel, B. *Beyond The State? Dominant Theories and Socialist Strategies*. London, Macmillan, 1983.

Fraser, D. *The Evolution of the British Welfare State*. London, Macmillan, 1973.

Fulbrook, J. *Administrative Justice and the Unemployed*. London, Mansell, 1978.

Garland, D. *Punishment and Welfare: A History of Penal Strategies*. Aldershot, Gower, 1986.

Garland, D. and Young, P. (eds), *The Power to Punish: Contemporary Penality and Social Analysis*. Aldershot, Gower, 1989.

Garton Ash, T. *The Uses of Adversity: Essays on the Fate of Central Europe*. Cambridge, Granta in association with Penguin Books, 1991.

Gash, N. *Politics in the Age of Peel: A Study in the Technique of Parliamentary Representation, 1830–1850*. Brighton, Harvester Press, 1977.

Gash, N. *Aristocracy and People*. London, Edward Arnold, 1979.

Giddens, A. *Central Problems in Social Theory*. London, Macmillan, 1979.

Giddens, A. *Profiles and Critiques in Social Theory*. London, Macmillan, 1982.

Giddens, A. *The Nation-State and Violence: Volume Two of a Contemporary Critique of Historical Materialism*. Los Angeles, University of California Press, 1985.

Giddens, A. *The Constitution of Society*. Cambridge, Polity, 1986.

Giddens, A. *The Consequences of Modernity*. Cambridge, Polity, 1990.

Giddens, A. and Turner, J.H. (eds), *Social Theory Today*. Cambridge, Polity, 1987.

Gierke, O. *Natural Law and the Theory of Society, 1500–1800*, trans. E. Barker. Boston, Beacon Press, 1960.

Gierke, O. *Political Theories of the Middle Age*, trans. F.W. Maitland. Cambridge, Cambridge University Press, 1987.

Gilbert, B.B. *The Evolution of National Insurance in Great Britain*. London, Michael Joseph, 1966.

Gilbert, B.B. *British Social Policy 1914–39*. London, Batsford, 1970.

Ginsberg, N. *Class, Capital and Social Policy*. London, Macmillan, 1979.

Ginsborg, P. 'Gramsci and the Era of Bourgeois Revolution in Italy' in Davis, J.A. (ed.), 1979.

Goffman, E. *Asylums*. Harmondsworth, Penguin, 1968.

Gordon, C. 'The Soul of the Citizen: Max Weber and Michel Foucault on Rationality and Government' in Whimster, S. and Lash, S. (eds), 1987.

Gordon, C. 'Governmental Rationality: An Introduction' in Burchell, G. et al. (eds), 1991.

Gordon, R. 'Historicism in Legal Scholarship', *Yale Law Journal*, 90, 1980.
Gouldner, A. *The Coming Crisis of Western Sociology*. London, Heinemann, 1971.
Gouldner, A. *The Two Marxisms*. London, Macmillan, 1980. 219
Gowan, P. 'The Origins of the Administrative Elite', *New Left Review*, 162 (1987).
Gower, L.C.B. *Gower's Principles of Modern Company Law, 5th edn*. London, Stevens, 1992.
Gramsci, A. *Selections From Prison Notebooks*, trans. and eds Q. Hoare and G. Nowell Smith. London, Lawrence & Wishart, 1971.
Gramsci, A. *Political Writings 1910–1920*, trans. J. Matthews, ed. Q. Hoare. London, Lawrence & Wishart, 1977.
Gramsci, A. *Political Writings 1921–26*, trans. and ed. Q. Hoare. London, Lawrence & Wishart, 1978.
Gramsci, A. *Pre-Prison Writings*, trans. V. Cox, ed. R. Bellamy. Cambridge, Cambridge University Press, 1994.
Gray, R. *The Labour Aristocracy in Victorian Edinburgh*. Oxford, Clarendon Press, 1976.
Green, D. *Working-Class Patients and the Medical Establishment: Self-Help in Britain from the Mid-Nineteenth Century to 1948*. Aldershot, Gower, 1985.
Green, T.H. *Lectures on the Principles of Political Obligation*. Cambridge, Cambridge University Press, 1986.
Greenleaf, W.H. *The British Political Tradition, Vol. III*. London, Methuen, 1987.
Gutting, G. (ed.), *The Cambridge Companion to Foucault*. Cambridge, Cambridge University Press, 1994.
Guttsman, W.L. *The British Political Elite*. London, Macgibbon & Kee, 1965.
Habermas, J. *The Philosophical Discourse of Modernity*, trans. F. Lawrence. Cambridge, Polity, 1987.
Hacking, I. *The Taming of Chance*. Cambridge, Cambridge University Press, 1990.
Hadden, T. *Company Law and Capitalism, 2nd edn*. London, Weidenfeld & Nicolson, 1977.
Hall, S. and Schwarz, B. 'State and Society, 1880–1930' in Langan, M. and Schwarz, B. (eds), 1985.
Hamilton, R.F. *The Bourgeois Epoch: Marx and Engels on Britain, France and Germany*. Chapel Hill and London, University of North Carolina Press, 1991.
Hammond, J.L. and Hammond, B. *The Village Labourer*. London, Longman, 1966.
Hannington, W. *Unemployed Struggles 1919–1936*. London, Lawrence & Wishart, 1977.
Harding, N. *Lenin's Political Thought Vol. I: Theory and Practice in the Democratic Revolution*. London, Macmillan, 1977.
Harding, N. *Lenin's Political Thought Vol. II: Theory and Practice in the Socialist Revolution*. London, Macmillan, 1981.
Harlow, C. and Rawlings, R. *Administrative Law*. London, Weidenfeld & Nicolson, 1984.
Hart, J. 'The Genesis of the Northcote-Trevelyan Report' in Sutherland, G. (ed.), 1972.
Hay, J.R. *The Origins of the Liberal Welfare Reforms 1906–1914*. London, Macmillan, 1975.

Hay, J.R. 'Employers' Attitudes to Social Policy and the Concept of "Social Control", 1900–1920' in Thane, P. (ed.), 1978.

220 Hazard, J. (ed.), *Soviet Legal Philosophy*. Cambridge, Mass, Harvard University Press, 1951.

Hearn, F. *Domination, Legitimation, and Resistance: The Incorporation of the Nineteenth Century English Working Class*. Westport, Conn., Greenwood Press, 1978.

Hearn, F. *Reason and Freedom in Sociological Thought*. London, Allen & Unwin, 1985.

Hegel, G.W.F. *Hegel's Philosophy of Right*, trans. T.M. Knox. Oxford, Clarendon Press, 1952.

Hegel, G.W.F. *Lectures on the History of Philosophy*, trans. E.S. Haldane. London, Routledge & Kegan Paul, 1955.

Hegel, G.W.F. *Lectures on the Philosophy of History*, trans. J. Sibree. New York, Dover, 1956.

Hegel, G.W.F. *Hegel's Political Writings*, trans. T.M. Knox, ed. Z. Pelczynski. Oxford, Clarendon Press, 1964.

Hegel, G.W.F. *Science of Logic*, trans. A.V. Miller. London, Allen & Unwin, 1969.

Hegel, G.W.F. *Elements of the Philosophy of Right*, trans. H.B. Nisbet, ed. A. Wood. Cambridge, Cambridge University Press, 1991.

Hennock, E.P. 'The Sociological Premises of the First Reform Act: A Critical Note', *Victorian Studies*, Vol. 14, 1971.

Hepple, B. (ed.), *The Making of Labour Law in Europe*. London, Mansell, 1986.

Hewitt, M. 'Bio-politics and Social Policy: Foucault's Account of Welfare' in Featherstone, M. et al. (eds), 1991.

Higgs, E. 'The Struggle for the Occupational Census 1841–1911' in MacLeod, R. (ed.), 1988.

Hill, C. 'The Poor and the People in Seventeenth Century England' in Krantz, F. (ed.), 1985.

Himmelfarb, G. *The Idea of Poverty: England in the Early Industrial Age*. London, Faber, 1985.

Hirst, P. *On Law and Ideology*. London, Macmillan, 1979.

Hirst, P. 'The Genesis of the Social', *Politics and Power 3*. London, Routledge, 1981.

Hirst, P. *Law, Socialism and Democracy*. London, Allen & Unwin, 1986.

Hobbes, T. *Leviathan*. London, Dent, 1973.

Hobsbawm, E. *Labouring Men: Studies in the History of Labour*. New York, Anchor Books, 1967.

Hobsbawm, E. *Industry and Empire*. Harmondsworth, Penguin, 1968.

Hobsbawm, E. 'Lenin and the "Aristocracy of Labour" ' in Sweezy, P. and Magdoff, H. (eds), 1970.

Hobsbawm, E. *Worlds of Labour: Further Studies in the History of Labour*. London, Weidenfeld & Nicolson, 1984.

Hoffman, J. *The Gramscian Challenge: Coercion and Consent in Marxist Political Theory*. Oxford, Blackwell, 1984.

Holloway, J. 'State as Class Practice', *Research in Political Economy*, 3, 1980.

Holloway, J. 'The State and Everyday Struggle' in Clarke, S. (ed.), 1991.

Holloway, J. and Picciotto, S. (eds), *State and Capital: A Marxist Debate*. London, Edward Arnold, 1978.

Honneth, A. *The Critique of Power: Reflective Stages in a Critical Social Theory*, trans. K. Baynes. Cambridge, Mass., MIT Press, 1991.

Horkheimer, M. *Critical Theory*, trans. M.J. O'Connell et al. New York, Herder & Herder, 1972. 221

Hoy, D.C. (ed.), *Foucault: A Critical Reader*. Oxford, Blackwell, 1986.

Hunt, A. *Explorations in Law and Society: Towards a Constitutive Theory of Law*. London, Routledge, 1993.

Hunt, A. and Wickam, G. *Foucault and Law: Towards a Sociology of Law as Governance*. London, Pluto, 1994.

Hunt, B.C. *The Development of the Business Corporation in England, 1800–1867*. New York, Russell & Russell, 1969.

Hunt, G. 'Gramsci, Civil Society and Bureaucracy', *Praxis International*, Vol. 6, No. 2, 1986.

Hunt, G. 'The Development of the Concept of Civil Society in Marx' in Jessop, B. and Malcolm-Brown, C. (eds), 1990.

Hussain, C. 'Foucault's History of Sexuality', *m/f*, Vol. 5, No. 6, 1981.

Hutchinson, A. 'The Rise and Ruse of Administrative Law and Scholarship', *Modern Law Review*, 48, 1985.

Ignatieff, M. 'State, Civil Society and Total Institutions: A Critique of Recent Social Histories of Punishment' in Sugarman, D. (ed.), 1983.

Ignatieff, M. *A Just Measure of Pain: The Penitentiary in the Industrial Revolution 1750–1850*. London, Penguin, 1989.

Ilting, K.-H. 'Hegel's Concept of the State and Marx's Early Critique' in Pelczynski, Z. (ed.), 1984.

Ireland, P. 'The Triumph of the Company Legal Form, 1856–1914' in Adams, J. (ed.), 1983.

Ireland, P. 'The Rise of the Limited Liability Company', *International Journal of the Sociology of Law*, 12, 1984.

Ireland, P., Grigg-Spall, I. and Kelly, D. 'The Conceptual Foundations of Modern Company Law' in Fitzpatrick, P. and Hunt, A. (eds), 1987.

Jacoby, R. *Dialectic of Defeat: Contours of Western Marxism*. Cambridge, Cambridge University Press, 1981.

Jay, M. *Marxism and Totality: The Adventures of a Concept from Lukács to Habermas*. Cambridge, Polity, 1984.

Jennings, W.I. *The Law and the Constitution*. London, University of London Press, 1933.

Jessop, B. *The Capitalist State*. Oxford, Blackwell, 1982.

Jessop, B. *State Theory: Putting Capitalist States in their Place*. Cambridge, Polity, 1990.

Jessop, B. and Malcolm-Brown, C. (eds), *Karl Marx's Social and Political Thought: Critical Assessments Vol. IV*. London, Routledge, 1990.

Johnson, R. *Peculiarities of the English Route: Barrington Moore, Perry Anderson and English Social Development*. Birmingham University, Centre for Contemporary Cultural Studies Occasional Paper, 1976.

Johnson, R. 'Notes on the Schooling of the English Working Class, 1780–1850' in Dale, R. et al. (eds), 1976.

Johnson, R. 'Educating the Educators: "Experts" and the State 1833–9' in Donajgrodzski, A.P. (ed.), 1977.

Jones, C. and Novak, T. 'The State and Social Policy' in Corrigan, P. (ed.), 1980.

Kahn-Freund, O. 'A Note on Status and Contract in British Labour Law', *The Modern Law Review*, 30, 1967.
Kahn-Freund, O. *Selected Writings*. London, Stevens, 1978.
222 Kahn-Freund, O. *Labour and the Law, 3rd edn*. London, Stevens, 1983.
Kamenka, E. and Neale, R.S. (eds), *Feudalism, Capitalism and Beyond*. London, Edward Arnold, 1975.
Kamenka, E. and Tay, A.E.-S. (eds), *Law and Social Control*. London, Edward Arnold, 1980.
Kant, I. *Political Writings*, trans. H.B. Nisbet, ed. H. Reiss. Cambridge, Cambridge University Press, 1991.
Kautsky, K. *The Dictatorship of the Proletariat*, trans. H.J. Stenning. Michigan, Ann Arbor Paperback, 1964.
Kautsky, K. *Selected Political Writings*. London, Macmillan, 1983.
Kay, G. 'Right and Force: A Marxist Critique of Contract and the State' in Williams, M. (ed.), 1988.
Kay, G. and Mott, J. *Political Order and the Law of Labour*. London, Macmillan, 1982.
Keane, J. 'Despotism and Democracy' in Keane, J. (ed.), 1988.
Keane, J. *Democracy and Civil Society*. London, Verso, 1988.
Keane, J. (ed.), *Civil Society and the State*. London, Verso, 1988.
Keat, R. 'The Human Body in Social Theory: Reich, Foucault and the Repressive Hypothesis', *Radical Philosophy*, 42, 1986.
Kelly, J. *Trade Unions and Socialist Politics*. London, Verso, 1988.
Keynes, J.M. *Essays in Persuasion*. London, Macmillan, 1933.
Khilnani, S. *Arguing Revolution: The Intellectual Left in Postwar France*. New Haven and London, Yale University Press, 1993.
Krantz, F. (ed.), *History From Below*. Oxford, Blackwell, 1985.
Kumar, K. 'Civil Society: An Inquiry into the Usefulness of an Historical Term', *British Journal of Sociology*, Vol. 44, No. 3, 1993.
Laclau, E. and Mouffe, C. *Hegemony and Socialist Strategy: Towards a Radical Democratic Politics*. London, Verso, 1985.
Lane, T. *The Union Makes Us Strong*. London, Arrow Books, 1974.
Langan, M. 'Reorganising the Labour Market: Unemployment, the State and the Labour Movement 1880–1914' in Langan, M. and Schwarz, B. (eds), 1985.
Langan, M. and Schwarz, B. (eds), *Crises in the British State 1880–1930*. London, Hutchinson, 1985.
Langer, W.L. *Political and Social Upheaval 1832–1852*. New York, Harper Torchbooks, 1969.
Lea, J. 'Discipline and Capitalist Development' in Fine, B. et al. (eds), 1979.
Lenin, V.I. *Selected Works in Twelve Volumes*. London, Lawrence & Wishart, 1936.
Lenin, V.I. *Selected Works in Two Volumes*. Moscow, Foreign Languages Publishing House, 1947.
Lenin, V.I. 'Introduction' to Bukharin, N. *Imperialism and World Economy*. London, Merlin, 1987.
Lentricchia, F. *Ariel and the Police*. Brighton, Harvester, 1988.
Lewis, R. (ed.), *Labour Law in Britain*. Oxford, Blackwell, 1986.
Livingstone, S. and Owen, T. *Prison Law: Texts and Materials*. Oxford, Oxford University Press, 1993.

Lukács, G. *Lenin: A Study On the Unity of His Thought*, trans. N. Jacobs. London, New Left Books, 1970.

Lukács, G. *History and Class Consciousness*, trans. R. Livingstone. London, Merlin, 1971. 223

Lummis, T. *The Labour Aristocracy, 1851–1914*. Aldershot, Scolar Press, 1994.

Luxemburg, R. *Rosa Luxemburg Speaks*, ed. M.-A. Walters. New York, Pathfinder Press, 1970.

Lynes, T. 'Unemployment Assistance Tribunals in the 1930s' in Adler, M. and Bradley, A. (eds), 1975.

McCarney, J. 'The True Realm of Freedom: Marxist Philosophy After Communism', *New Left Review*, 189, 1991.

McCarthy, T. 'The Critique of Impure Reason', *Political Theory*, Vol. 18, No. 3, 1990.

MacDonagh, O. 'The Nineteenth-Century Revolution in Government: A Reappraisal', *The Historical Journal*, Vol. 1, No. 1, 1958.

MacDonagh, O. *Early Victorian Government, 1830–1870*. London, Weidenfeld & Nicolson, 1977.

MacDonagh, O. 'Pre-transformations: Victorian Britain' in Kamenka, E. and Tay, A.E.-S. (eds), 1980.

Macey, D. *The Lives of Michel Foucault*. London, Hutchinson, 1993.

McKendrick, N. (ed.), *Historical Perspectives: Studies in English Thought and Society*. London, Europa, 1974.

McLellan, G. *Marxism and the Methodologies of History*. London, Verso, 1981.

MacLeod, R. (ed.), *Government and Expertise: Specialists, Administrators, and Professionals*. Cambridge, Cambridge University Press, 1988.

McMurrin, S. (ed.), *The Tanner Lectures on Human Values, Vol. II*. Cambridge, Cambridge University Press, 1981.

Macpherson, C.B. *The Political Theory of Possessive Individualism*. Oxford, Oxford University Press, 1962.

Macpherson, C.B. 'Capitalism and the Changing Concept of Property' in Kamenka, E and Neale, R.S. (eds), 1975.

Maguire, M., Vagg, J. and Morgan, R. (eds), *Accountability and Prisons: Opening Up a Closed World*. London, Tavistock Publications, 1985.

Maitland, F.W. *Collected Papers, Vol. 3*. Cambridge, Cambridge University Press, 1911.

Maitland, F.W. *Selected Historical Essays of F.W. Maitland*. Cambridge, Cambridge University Press, 1957.

Maitland, F.W. 'Introduction' to Gierke, O. (1987).

Mann, M. *The Sources of Social Power, Vol. 2. The Rise of Classes and Nation-States, 1760–1914*. Cambridge, Cambridge University Press, 1993.

Marcuse, H. *Reason and Revolution: Hegel and the Rise of Social Theory*. London, Routledge, 1955.

Marcuse, H. *Negations*, trans. J.J. Shapiro. Harmondsworth, Penguin, 1972.

Marshall, A. *Principles of Economics, 6th edn*. London, Macmillan, 1910.

Marshall, T.H. and Bottomore, T. *Citizenship and Social Class*. London, Pluto, 1992.

Martin, L., Gutman, P. and Hutton, P. (eds), *Technologies of the Self: A Seminar with Michel Foucault*. London, Tavistock, 1988.

Marx, K. *Capital, Vol. I*. Moscow and London, Lawrence & Wishart, 1954.

Marx, K. *Articles on Britain*. London, Lawrence & Wishart, 1962.

Marx, K. *Contribution to a Critique of Political Economy*, trans. S.W. Ryazanskaya. London, Lawrence & Wishart, 1970.

224 Marx, K. *Grundrisse*, trans. M. Nicolaus. Harmondsworth, Penguin in association with New Left Review, 1973.

Marx, K. *Surveys From Exile*, ed. D. Fernbach. Harmondsworth, Penguin, in association with New Left Review, 1973.

Marx, K. *The Revolutions of 1848*, ed. D. Fernbach. Harmondsworth, Penguin, in association with New Left Review, 1973.

Marx, K. *The First International and After*, ed. D. Fernbach. Harmondsworth, in association with New Left Review, 1974.

Marx, K. *Early Writings*, ed. L. Colletti. Harmondsworth, Penguin, in association with New Left Review, 1975.

Marx, K. *Collected Works, Vol. 4*. London, Lawrence & Wishart, 1975.

Marx, K. *Capital, Vol. 1*, trans. B. Fowkes. Harmondsworth, Penguin in association with New Left Review, 1976.

Marx, K. *Collected Works, Vol. 8*. London, Lawrence & Wishart, 1977.

Marx, K. *Capital, Vol. III*, trans. D. Fernbach. (London, Penguin, in association with New Left Review, 1981.

Marx, K. and Engels, F. *The Holy Family*. Moscow, Foreign Languages Publishing House, 1956.

Marx, K. and Engels, F. *The German Ideology*, ed. C.J. Arthur. London, Lawrence & Wishart, 1970.

Matthew, H.C.G. *Gladstone, 1809–1874*. Oxford, Oxford University Press, 1988.

Mayer, A.J. *The Persistence of the Old Regime: Europe to the Great War*. London, Croom Helm, 1981.

Mayer, J. 'Notes Towards a Working Definition of Social Control in Historical Analysis' in Cohen, S. and Scull, A. (eds), 1983.

Melossi, D. 'Institutions of Social Control and Capitalist Organisation of Work' in Fine, B. et al. (eds), 1979.

Melossi, D. *The State of Social Control*. Cambridge, Polity Press, 1990.

Melossi, D. and Pavarini, M. *The Prison and the Factory*. London, Macmillan, 1981.

Merquior, J.G. *Western Marxism*. London, Paladin, 1986.

Msz ros, I. *Marx's Theory of Alienation*. London, Merlin, 1970.

Michnik, A. 'The Promise of a Civil Society', *Times Literary Supplement*, 19 February 1988.

Middlemas, K. *Politics in Industrial Society: The Experience of the British System Since 1911*. London, André Deutsch, 1979.

Miliband, R. *Capitalist Democracy in Britain*. Oxford, Oxford University Press, 1982.

Miliband, R. *Class Power and State Power: Political Essays*. London, Verso, 1983.

Miller, J. *The Passion of Michel Foucault*. London, HarperCollins, 1993.

Minson, J. *Genealogies of Morals: Nietzsche, Foucault, Donzelot and the Eccentricity of Ethics*. London, Macmillan, 1985.

Mooers, C. *The Making of Bourgeois Europe: Absolutism, Revolution and the Rise of Capitalism in England, France and Germany*. London, Verso, 1991.

Moore Jr, B. *Social Origins of Dictatorship and Democracy: Lord and Peasant in the Making of the Modern World*. Harmondsworth, Penguin, 1967.

Moore, D.C. 'The Other Face of Reform', *Victorian Studies*, Vol. 5, 1961.

Moore, D.C. 'Concession or Cure: The Sociological Premises of the First Reform Act', *The Historical Journal*, Vol. 9, No. 1, 1966. 225

Moorhouse, H.F. 'The Political Incorporation of the British Working Class: An Interpretation', *Sociology*, Vol. 7, No. 3, 1973.

Moorhouse, H.F. 'The Marxist Theory of the Labour Aristocracy', *Social History*, Vol. 3, No. 1, 1978.

Moorhouse, H.F. 'History, Sociology and the Quiescence of the British Working Class', *Social History*, Vol. 4, No. 3, 1979.

Mouffe, C. (ed.), *Gramsci and Marxist Theory*. London, Routledge, 1979.

Mouzelis, N. 'Marxism or Post-Marxism?', *New Left Review*, 167, 1988.

Nairn, T. 'The British Political Elite', *New Left Review*, 23, 1964.

Nairn, T. 'The English Working Class', *New Left Review*, 24, 1964.

Nairn, T. 'The Anatomy of the Labour Party', *New Left Review*, 27 and 28, 1964.

Nairn, T. 'The British Meridian', *New Left Review*, 60, 1970.

Nairn, T. 'The Twilight of the British State', *New Left Review*, 101, 1976.

Nairn, T. *The Break-up of Britain*. London, Verso 1981.

Navarro, V. *Class Struggle, The State and Medicine: An Historical and Contemporary Analysis of the Medical Sector in Great Britain*. London, Martin Robertson, 1978.

Neocleous, M. 'From Civil Society to the Social', *British Journal of Sociology*, Vol. 46, No. 3, 1995.

Neocleous, M. 'Perpetual War, or, "War and War Again": Schmitt, Foucault, Fascism', *Philosophy and Social Criticism*, Vol. 22, No. 2, 1996.

Nield, K. and Seed, J. 'Waiting for Gramsci', *Social History*, Vol. 6, No. 2, 1981.

Nietzsche, F. *On the Genealogy of Morality*, trans. C. Diethe, ed. K. Ansell-Pearson. Cambridge, Cambridge University Press, 1994.

O'Brien, P. *The Promise of Punishment: Prisons in Nineteenth Century France*. New Jersey, Princeton University Press, 1982.

Ollman, B. *Alienation: Marx's Conception of Man in Capitalist Society*. Cambridge, Cambridge University Press, 1971.

Osborne, P. 'Radicalism Without Limit? Discourse, Democracy and the Politics of Identity' in Osborne, P. (ed.), 1991.

Osborne, P. (ed.), *Socialism and the Limits of Liberalism*. London, Verso, 1991.

Owen, D. *Maturity and Modernity: Nietzsche, Weber and the Ambivalence of Reason*. London, Routledge, 1994.

Panitch, L. *Working Class Politics in Crisis: Essays on Labour and the State*. London, Verso, 1986.

Parris, H. 'The Nineteenth-Century Revolution in Government: A Reappraisal Reappraised', *The Historical Journal*, Vol. 3, No. 1, 1960.

Parris, H. *Constitutional Bureaucracy*. London, Allen & Unwin, 1969.

Pashukanis, E. 'The Soviet State and the Revolution in Law' in Hazard, J. (ed.), 1951.

Pashukanis, E. *Law and Marxism: A General Theory*, trans. B. Einhorn. London, Ink Links, 1978.

Pasquino, P. 'Theatrum Politicum: The Genealogy of Capital – Police and the State of Prosperity', *Ideology and Consciousness*, 4, 1978.

Pasquino, P. 'Political Theory of War and Peace: Foucault and the History of Modern Political Theory', *Economy and Society*, Vol. 22, No. 1, 1993.

Payne, P.L. *British Entrepreneurship in the Nineteenth Century*. London, Macmillan, 1974.

226 Pelczynski, Z. (ed.), *Hegel's Political Philosophy: Problems and Perspectives*. Cambridge, Cambridge University Press, 1971.

Pelczynski, Z. (ed.), *The State and Civil Society: Studies in Hegel's Political Philosophy*. Cambridge, Cambridge University Press, 1984.

Pelling, H. *Popular Politics and Society in Late Victorian Britain*. London, Macmillan, 1968.

Perkin, H. *The Origins of Modern English Society*. London, Routledge, 1969.

Pickering, M.A. 'The Company as a Separate Legal Entity', *Modern Law Review*, Vol. 31, No. 5, 1968.

Pierson, C. *Marxist Theory and Democratic Politics*. Cambridge, Polity Press, 1986.

Piven, F. and Cloward, R. *Regulating the Poor: The Function of Public Welfare*. London, Tavistock, 1974.

Polan, A.J. *Lenin and the End of Politics*. London, Methuen, 1984.

Poulantzas, N. 'Marxist Political Theory in Britain', *New Left Review*, 43, 1967.

Poulantzas, N. *Political Power and Social Classes*, trans. T. O'Hagan. London, Verso, 1973.

Poulantzas, N. *Fascism and Dictatorship: The Third International and the Problem of Fascism*, trans. J. White. London, New Left Books, 1974.

Poulantzas, N. *Classes in Contemporary Capitalism*, trans. D. Fernbach. London, New Left Books, 1975.

Poulantzas, N. *State, Power, Socialism*, trans. P. Camiller. London, Verso, 1980.

Printz, A.M. 'Background and Ulterior Motive of Marx's "Preface" of 1859', *Journal of the History of Ideas*, 30, 1969.

Procacci, G. 'Social Economy and the Government of Poverty' in Burchell, G. et al. (eds), 1991.

Prosser, T. 'Poverty, Ideology and Legality: Supplementary Benefit Appeals Tribunals and Their Predecessors', *British Journal of Law and Society*, Vol. 4, No. 1, 1977.

Ramm, T. 'Workers' Participation, the Representation of Labour and Special Labour Courts' in Hepple, B. (ed.), 1986.

Redhead, S. 'The Discrete Charm of Bourgeois Law: A Note on Pashukanis', *Critique*, 9, 1978.

Renner, K. *The Institutions of Private Law and Their Social Functions*, trans. A. Schwarzschild. London, Routledge, 1949.

Richards, T. *The Imperial Archive: Knowledge and the Fantasy of Empire*. London, Verso, 1993.

Richardson, R. *Death, Dissection and the Destitute*. London, Penguin, 1988.

Riedel, M. *Between Tradition and Revolution: The Hegelian Transformation of Political Philosophy*. Cambridge, Cambridge University Press, 1984.

Roberts, D. *Victorian Origins of the British Welfare State*. New Haven, Conn., Yale University Press, 1960.

Rose, G. *Hegel Contra Sociology*. London, Athlone, 1981.

Rose, G. *Dialectic of Nihilism: Post-Structuralism and Law*. Oxford, Blackwell, 1984.

Rose, N. 'The Psychological Complex: Mental Measurement and Social Administration', *Ideology and Consciousness*, 5, 1979.

Rose, N. 'Beyond the Public/Private Division: Law, Power and the Family' in Fitzpatrick, P. and Hunt, A. (eds), 1987.

Rose, N. *Governing the Soul: The Shaping of the Private Self.* London, Routledge, 1989.
Rose, N. 'Government, Authority and Expertise in Advanced Liberalism', *Economy and Society,* Vol. 22, No. 3, 1993. 227
Rose, N. and Miller, P. 'Political Power Beyond the State: Problematics of Government', *British Journal of Sociology,* Vol. 43, No. 2, 1992.
Rose, N. and Miller, P. 'Governing Economic Life', *Economy and Society,* Vol. 19, No. 1, 1990.
Rouse, J. 'Power/Knowledge' in Gutting, G. (ed.), 1994.
Rowan, C. 'Child Welfare and the Working Class Family' in Langan, M. and Schwarz, B. (eds), 1985.
Royal Commission on Trade Unions and Employers Associations, Chairman: Lord Donovan, Cmnd 3623. HMSO, 1968.
Rubinstein, W.D. *Capitalism, Culture and Decline in Britain, 1750–1990.* London, Routledge, 1993.
Rundell, J. *Origins of Modernity: The Origins of Social Theory from Kant to Hegel to Marx.* Cambridge, Polity, 1987.
Said, E. *The World, the Text, the Critic.* London, Faber, 1984.
Salvadori, M. 'Gramsci and the PCI: Two Conceptions of Hegemony' in Mouffe, C. (ed.), 1979.
Salvadori, M. *Karl Kautsky and the Socialist Revolution 1880–1938, 2nd edn.* London, Verso, 1990.
Saville, J. *1848: The British State and the Chartists.* Cambridge, Cambridge University Press, 1987.
Sawer, M. 'The Genesis of "State and Revolution" ', *The Socialist Register,* 1977.
Seigel, J. 'Avoiding the Subject: A Foucaultian Itinery', *Journal of the History of Ideas,* Vol. 51, No. 2, 1990.
Showstack Sassoon, A. *Gramsci's Politics.* London, Croom Helm, 1980.
Silberman, B.S. *Cages of Reason: The Rise of the Rational State in France, Japan, the United States, and Britain.* Chicago, University of Chicago Press, 1993.
Sisson, C.H. *The Spirit of British Administration.* London, Faber, 1959.
Skelley, J. (ed.), *The General Strike, 1926.* London, Lawrence & Wishart, 1976.
Sloterdijk, P. *Critique of Cynical Reason,* trans. M. Eldred. London, Verso, 1988.
Soper, K. *Humanism and Anti-Humanism.* London, Hutchinson, 1986.
Sorel, G. *The Illusions of Progress,* trans. J. and C. Stanley. Berkeley, Calif., University of California Press, 1969.
Squires, P. *Anti-Social Policy: Welfare, Ideology and the Disciplinary State.* Hemel Hempstead, Harvester, 1990.
Stedman Jones, G. *Outcast London: A Study in the Relationship Between Classes in Victorian Society.* Harmondsworth, Penguin, 1974.
Stedman Jones, G. *Languages of Class: Studies in English Working Class History, 1832–1982.* Cambridge, Cambridge University Press, 1983.
Stone, L. *The Family, Sex and Marriage in England 1500–1800.* London, Penguin, 1977.
Street, H. *A Treatise on the Doctrine of Ultra Vires.* London, Sweet & Maxwell, 1930.
Sugarman, D. (ed), *Legality, Ideology and the State.* London, Academic Press, 1983.
Sugarman, D. *'In the Spirit of Weber: Law, Modernity and "The Peculiarities of the English" '.* University of Wisconsin- Madison Law School, Institute of Legal Studies, 1987.

Sugarman, D. and Rubin, G. 'Introduction: Towards a New History of Law and Material Society in England, 1750–1914' in Sugarman, D. and Rubin, G. (eds), 1984.

228 Sugarman, D. and Rubin, G. (eds), *Law, Economy and Society: Essays in the History of English Law, 1750–1914*. Oxford, Professional Books, 1984.

Supple, B. 'Legislation and Virtue: An Essay on Working Class Self-Help and the State in the Early Nineteenth Century' in McKendrick, N. (ed.), 1974.

Sutherland, G. (ed.), *Studies in the Growth of Nineteenth-century Government*. London, Routledge, 1972.

Sweezy, P. and Magdoff, H. (eds), *Lenin Today*. New York, Monthly Review, 1970.

Swingewood, A. *Marx and Modern Social Theory*. London, Macmillan, 1979.

Synott, A. *The Body Social: Symbolism, Self and Society*. London, Routledge, 1993.

Tawney, R. *Religion and the Rise of Capitalism*. Harmondsworth, Penguin, 1938.

Taylor, C. *Hegel*. Cambridge, Cambridge University Press, 1975.

Thane, P. (ed.), *Origins of British Social Policy*. London, Croom Helm, 1978.

Thane, P. *The Foundations of the Welfare State*. London, Longman, 1982.

Thane, P. 'The Working Class and State "Welfare" in Britain 1880–1914', *The Historical Journal*, Vol. 27, 1984.

Therborn, G. 'The Rule of Capital and the Rise of Democracy', *New Left Review*, 103, 1977.

Therborn, G. *Science, Class and Society*. London, Verso, 1980.

Therborn, G. 'The Right to Vote and the Four Routes To/Through Modernity' in Torstendahl, R. (ed.), 1992.

Thompson, E.P. *The Making of the English Working Class*. Harmondsworth, Penguin, 1968.

Thompson, E.P. *Whigs and Hunters: The Origin of the Black Act*. Harmondsworth, Penguin, 1975.

Thompson, E.P. *The Poverty of Theory and Other Essays*. London, Merlin, 1978.

Titmuss, R. 'Welfare "Rights" Law and Discretion', *Political Quarterly*, 42, 1985.

Togliatti, P. *On Gramsci and Other Writings*. London, Lawrence & Wishart, 1979.

Tomlinson, J. *Problems of British Economic Policy 1870–1945*. London, Methuen, 1981.

Torstendahl, R. (ed.), *State Theory and State History*. London, Sage, 1992.

Tudor, H. and Tudor, J.M. (eds), *Marxism and Social Democracy: The Revisionist Debate 1896–1898*. Cambridge, Cambridge University Press, 1988.

Turner, B. *The Body and Society: Explorations in Social Theory*. Oxford, Blackwell, 1984.

Turner, B. *Citizenship and Capitalism: The Debate Over Reformism*. London, Allen & Unwin, 1986.

Turner, B. *Regulating Bodies: Essays in Medical Sociology*. London, Routledge, 1992.

Turner, B. 'Contemporary Problems in the Theory of Citizenship' in Turner, B. (ed.), 1993.

Turner, B. (ed.), *Citizenship and Social Theory*. London, Sage, 1993.

UK Passport Agency, *A Brief History of Passports*. London, UK Passport Agency, 1992.

Urry, J. *The Anatomy of Capitalist Societies: The Economy, Civil Society and the State*. London, Macmillan, 1981.

Van Horn Melton, J. 'The Emergence of "Society" in Eighteenth- and Nineteenth-Century Germany' in Corfield, P. (ed.), 1991.

Veneziani, B. 'The Evolution of the Contract of Employment' in Hepple, B. (ed.), 1986. 229

Vincent, A. and Plant, R. *Philosophy, Politics and Citizenship: The Life and Thought of the British Idealists*. Oxford, Blackwell, 1984.

Visker, R. *Michel Foucault: Genealogy as Critique*. London, Verso, 1995.

Wade, E.C.S. and Bradley, A.W. *Constitutional Law, 7th edn*. London, Longman, 1965.

Wade, E.C.S., and Forsyth, C.F. *Administrative Law*, 7th edn. Oxford, Oxford University Press, 1994.

Wallerstein, I. 'World-Systems Analysis' in Giddens, A. and Turner, J. (eds), 1987.

Walzer, M. 'The Politics of Michel Foucault', in Hoy, D.C. (ed.), 1986.

Wartenberg, T.E. 'Poverty and Class Structure in Hegel's Theory of Civil Society', *Philosophy and Social Criticism*, Vol. 18, No. 2, 1981.

Webb, B. *My Apprenticeship*. London, Longmans, Green, 1929.

Weber, M. *From Max Weber: Essays in Sociology*, trans. and eds H.H. Gerth and C. Wright Mills. London, Routledge, 1948.

Weber, M. *The Methodology of the Social Sciences*, trans. E.A. Shils and H.A. Finch. New York, Free Press, 1949.

Wedderburn, K.W. *The Worker and the Law*, 2nd edn. Harmondsworth, Penguin, 1971.

Wedderburn, Lord, *Labour Law and Freedom: Further Essays in Labour Law*. London, Lawrence & Wishart, 1995.

Whimster, S. and Lash, S. (eds), *Max Weber, Rationality and Modernity*. London, Allen & Unwin, 1987.

Wiener, M. *English Culture and the Decline of the Industrial Spirit 1850–1980*. Harmondsworth, Penguin, 1985.

Williams, K. *From Pauperism to Poverty*. London, Routledge, 1981.

Williams, M. (ed.), *Value, Social Form and the State*. London, Macmillan, 1988.

Williams, R. *Keywords*. London, Fontana, 1976.

Wood, A. *Nineteenth Century Britain 1815–1914*. London, Longman, 1981.

Wood, E.M. 'The Uses and Abuses of "Civil Society" ', *Socialist Register*, 1990.

Wood, E.M. *The Pristine Culture of Capitalism: An Essay on Old Regimes and Modern States*. London, Verso, 1991.

Woodroofe, K. *From Charity to Social Work, in England and the United States*. London, Routledge, 1962.

Yeo, E. and Yeo, S. 'On the Uses of "Community": From Owenism to the Present' in Yeo, S. (ed.), 1988.

Yeo, S. (ed.), *New Views of Co-operation*. London, Routledge, 1988.

Zaretsky, E. *Capitalism, the Family, and Personal Life*. London, Pluto Press, 1976.

索 引

图书在版编目(CIP)数据

管理市民社会——国家权力理论探讨/〔英〕尼奥克里尔斯著;陈小文译.—北京:商务印书馆,2008
(公法名著译丛)
ISBN 978-7-100-05791-2

I. 管… II. ①尼… ②陈… III. 公法-研究-英国 IV. D951.81

中国版本图书馆 CIP 数据核字(2008)第 034996 号

公法名著译丛
管理市民社会
——国家权力理论探讨
〔英〕马克·尼奥克里尔斯 著
陈小文 译

商务印书馆出版
(北京王府井大街36号 邮政编码 100710)
商务印书馆发行
北京瑞古冠中印刷厂印刷
ISBN 978-7-100-05791-2

2008年6月第1版 开本 880×1230 1/32
2008年6月北京第1次印刷 印张 11⅛
定价: 22.00元